Eleições 2022 e a reconstrução da democracia no Brasil

Eleições 2022 e a reconstrução da democracia no Brasil

Leonardo Avritzer
Eliara Santana
Rachel Callai Bragatto
(ORGS.)

autêntica

EDITORAS RESPONSÁVEIS
Rejane Dias
Cecília Martins

REVISÃO
Mariana Faria
Marina Guedes

CAPA
Diogo Droschi

DIAGRAMAÇÃO
Waldênia Alvarenga

Dados Internacionais de Catalogação na Publicação (CIP)
(Câmara Brasileira do Livro, SP, Brasil)

Eleições 2022 e a reconstrução da democracia no Brasil / organização Leonardo Avritzer, Eliara Santana , Rachel Callai Bragatto. -- 1. ed. -- Belo Horizonte : Autêntica, 2023.

Bibliografia.

ISBN 978-65-5928-252-4

1. Brasil - Política e governo 2. Campanha eleitoral - Brasil 3. Democracia 4. Eleições - Brasil 5. Presidentes - Brasil I. Avritzer, Leonardo. II. Santana, Eliara. III. Bragatto, Rachel Callai.

22-139114 CDD-321.81

Índices para catálogo sistemático:
1. Brasil : Democracia e cidadania : Ciências políticas 321.81

Aline Graziele Benitez - Bibliotecária - CRB-1/3129

GRUPO **AUTÊNTICA**

Belo Horizonte
Rua Carlos Turner, 420
Silveira . 31140-520
Belo Horizonte . MG
Tel.: (55 31) 3465 4500

São Paulo
Av. Paulista, 2.073, Conjunto Nacional
Horsa I . Sala 309 . Bela Vista
01311-940 . São Paulo . SP
Tel.: (55 11) 3034 4468

www.grupoautentica.com.br
SAC: atendimentoleitor@grupoautentica.com.br

Governabilidade e futuro da democracia

Apresentação

Este livro é resultado do trabalho desenvolvido pelo Observatório das Eleições durante o processo eleitoral de 2022. Iniciativa do Instituto da Democracia e da Democratização da Comunicação – que faz parte do Programa de Institutos Nacionais de Ciência e Tecnologia (INCT) –, o Observatório das Eleições existe desde 2018 e oferece subsídio acadêmico e explicação pedagógica aos diferentes atores políticos, à sociedade civil, à comunidade universitária e à imprensa para o debate sobre as questões centrais envolvidas nos processos eleitorais. Em 2020, em parceria com o UOL, publicamos cerca de 130 artigos, com aproximadamente 500 mil visualizações. Nas eleições de 2022, ampliamos o leque de parceiros, incluindo o jornal *O Globo*, a revista *Carta Capital*, os portais de notícias *GGN* e Viomundo, Nexo Jornal, Jota, Congresso em Foco, Revista Nordeste e Mídia Ninja. No total, foram publicados quase 200 artigos entre os meses de agosto e outubro de 2022.

A partir do intenso processo de pesquisa e produção no Observatório nesse período eleitoral, este livro está organizado em quatro partes e tem como objetivo alinhavar, a partir de reflexões abrangentes e que despontam em várias áreas, uma conexão importante entre as Eleições 2022, o resultado eleitoral e a governabilidade nos próximos quatro anos, situando o leitor em relação à reconstrução democrática no nosso país.

O processo eleitoral de 2022 – cujas abordagens são apresentadas nas três primeiras partes do livro – pode ser considerado um dos mais complicados das últimas décadas no Brasil, em especial, no que toca aos abusos de poder e ao desrespeito às regras do jogo.

Na primeira parte desta publicação, "Erosão democrática e processo eleitoral", mostramos que existiu uma forte continuidade entre o processo de degradação da democracia, de polarização política e o próprio processo eleitoral. O início desse processo envolveu uma enorme desigualdade no que diz respeito às condições de competitividade, uma polarização que impediu que os atores sociais, os atores políticos de fato, avaliassem as diferentes propostas conjuntamente. Ao mesmo tempo, uma enorme polarização política, com radicalização das posições do presidente em relação às questões de gênero e meio ambiente, mostrou que a disputa política travada no Brasil deu-se em um campo semidemocrático construído pelo bolsonarismo. As pesquisas eleitorais refletiram esse aspecto, assim como refletiram o uso da máquina pública pelo governo Bolsonaro.

A segunda parte do livro, "Redes sociais e o ecossistema de desinformação", abordou o campo obscuro da disputa nas redes sociais. Nessa seção, apresentamos uma descrição do funcionamento de um ecossistema de desinformação. A partir do diagnóstico de que não se trata mais apenas da disseminação de *fake news*, mas sim de um sistema integrado de desinformação, articulado a partir do presidente e de um conjunto de atores públicos com atuação marcante nas redes sociais, mostramos a maneira como esse ecossistema funcionou produzindo desinformação em larga escala no processo eleitoral. Além disso, apresentamos os resultados do mapeamento das diferentes campanhas e suas estratégias digitais, analisando as dificuldades da campanha de Bolsonaro de repetir a performance de 2018 e a mudança assertiva na campanha de Lula, que ocupou importantes espaços nas redes.

Na terceira parte, "Democracia em dois turnos", tratamos de duas questões que são bastante importantes e que irão definir a representação política nos próximos anos no Brasil. Em um primeiro momento, mostramos que o resultado das eleições, tanto para a Câmara quanto para o Senado, revelou que a direita se tornou majoritária, ainda que tenham sido abertos espaços de negociação em relação à centro-direita e seu apoio ao novo governo. Na sequência, mostramos também que, seja na questão da representação política das mulheres, seja na questão da representação política dos negros, ainda estamos muito distantes de um quadro de equilíbrio na representação política no Brasil. Ao final, apresentamos um quadro multifacetado de algumas campanhas, organizadas pela direita no Brasil, especialmente aquelas em relação aos grupos armamentistas, tentando esclarecer sua estratégia durante as eleições.

A quarta e última parte do livro, "Governabilidade e futuro da democracia", aborda os desafios para a governabilidade e para o exercício da democracia no Brasil. Mostramos que a governabilidade será um desafio para o governo Lula e que existem diferentes jogos políticos possíveis no Congresso Nacional. Ao mesmo tempo, salientamos que o bolsonarismo tem algum futuro como oposição, mas que esse futuro ainda é incerto, especialmente no campo da organização do sistema político. Por fim, tratamos da questão mais importante que se coloca no nosso país, que é o futuro da democracia. Nesse sentido, ressaltamos que ela depende da estabilização da governabilidade a partir de uma ampla coalizão, cujo elemento central tem de ser a adesão à própria democracia e a oposição à forma como o bolsonarismo atuou em relação às instituições democráticas nesses últimos quatro anos.

Acreditamos que, apesar do curto prazo transcorrido desde as Eleições 2022, finalizadas em 30 de outubro do mesmo ano, conseguimos apresentar ao leitor uma visão bastante ampla e multifacctada do processo eleitoral e dos desafios para a governabilidade e a reconstrução democrática no Brasil. Boa leitura!

Os organizadores

Erosão democrática e processo eleitoral

Eleições e democracia

Leonardo Avritzer

Entre os brasileiros, há uma opinião ambígua em relação à democracia que se formou durante a recente crise política no país. Felizmente, essa perspectiva começou a se desfazer no início do processo eleitoral de 2022, abrindo uma nova perspectiva de reconstrução democrática no dia 30 de outubro com a eleição de Luiz Inácio Lula da Silva para a presidência da República. Ela possibilita que o Brasil transite de uma concepção de relativização da democracia – que foi hegemônica entre 2018 e 2022 – para uma concepção de reconstrução democrática – que se abriu a partir da eleição de Lula, com o discurso do presidente da Câmara, Arthur Lira, reconhecendo o resultado eleitoral e com as movimentações do presidente eleito entre as diversas instituições democráticas: Câmara, Senado e Supremo Tribunal Federal (STF).

Neste artigo de abertura do livro *Eleições 2022 e reconstrução da democracia no Brasil*, mostraremos que há uma recuperação parcial da confiança dos brasileiros na democracia, mas que ainda existe um longo caminho a ser trilhado na recuperação das instituições democráticas e na reconquista da governabilidade.

Desde 2018, o Instituto da Democracia e da Democratização da Comunicação (INCT/IDDC) realiza uma pesquisa na abertura do processo eleitoral, intitulada "A cara da democracia no Brasil", na qual aferimos a satisfação e a confiança dos brasileiros na democracia. Ao se iniciar o processo eleitoral de 2022, nossa pesquisa foi realizada utilizando perguntas idênticas àquelas feitas em 2018. Em 2022, a nova versão da pesquisa colheu respostas mais positivas em relação à democracia. A boa notícia para o país foi que aumentou o número de brasileiros que não aceitariam um golpe de Estado – para 59% dos entrevistados, a democracia é preferível a qualquer outra forma de governo; sobretudo, a pesquisa mostrou também que a maioria dos brasileiros não aceita um golpe, nem mesmo em um cenário de muita corrupção ou de aumento da criminalidade.

Portanto, esses dados positivos mostrados pela pesquisa ganham ainda mais relevância ao lembrarmos o pano de fundo político no qual essas perguntas foram realizadas. No mês de junho de 2022, as Forças Armadas insistiam em promover uma auditoria técnica nas urnas como resultado de um convite, realizado no ano anterior pelo ministro Luís Roberto Barroso, para que os militares fizessem parte da Comissão Externa de Transparência instituída pelo Tribunal Superior Eleitoral (TSE). A entrada dos militares na comissão de transparência acabou gerando um relatório pouco fundamentado, mas que foi utilizado pelo presidente Jair Bolsonaro para tentar conturbar o início do processo eleitoral. No dia 19 de junho de 2022, a poucas semanas do início da campanha eleitoral, Bolsonaro repetiu notícias reconhecidamente falsas sobre as urnas eletrônicas completarem votos automaticamente, notícias estas baseadas em vídeos que já haviam sido reconhecidos como manipulados e editados. Dessa forma, não foi pouca coisa tal reconhecimento, pela opinião pública brasileira, da importância da democracia e a oposição a uma ruptura política que não era apenas hipotética, mas também se tornava concreta devido ao discurso e às ações do então presidente Jair Bolsonaro.

No entanto, mesmo diante desses aspectos positivos em relação à democracia, outro fenômeno vinha sendo detectado em nossas pesquisas desde 2021, tornando-se extremamente relevante ao longo do processo eleitoral de 2022: o crescimento da extrema direita no Brasil. Quando realizamos nossa primeira pesquisa, em 2018, detectamos que 21% dos respondentes se autoclassificaram como de direita, o que constituía uma mudança importante em um país no qual ninguém se declarava abertamente assim no início da década de 2010. O dado observado pela pesquisa à época representou, sem dúvida, o fim do fenômeno comumente denominado de "direita envergonhada" – ou seja, parte dos brasileiros não tinha mais vergonha de assumir uma identidade política com as pautas e as diretrizes da direita, e a conotação negativa de "ser de direita" não era mais motivo de incômodo ou preocupação.

Em 2022, a pesquisa "A cara da democracia" revelou algo ainda mais inquietante: o aumento do número de brasileiros que se declaravam de direita, especialmente nos pontos extremos da tabela de autoclassificação, como mostrado a seguir.

GRÁFICO 1 – Autoposicionamento ideológico ("A cara da democracia" – 2021)

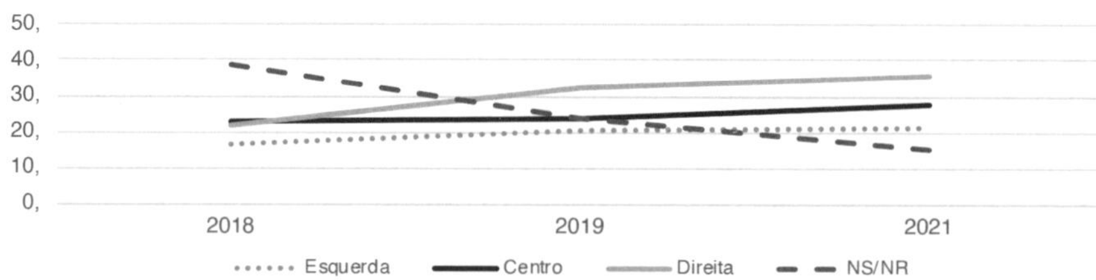

Fonte: Pesquisa "A cara da democracia" (2022).

Ou seja, o processo eleitoral se iniciou com um grupo de brasileiros intensamente polarizado cujas posições já havíamos percebido como extremamente radicais em relação à pandemia, à vacina e ao isolamento social durante os anos 2020 e 2021. Esses brasileiros foram progressivamente se afastando do centro político e assumindo uma posição de apoio a Jair Bolsonaro a qualquer preço. Dessa forma, podemos evidenciar que o processo eleitoral começou sob a sombra de um forte crescimento da extrema direita, cujo apoio passou de 22% para 36% entre 2018 e 2022. Ao mesmo tempo, vale a pena também ressaltar que o então presidente Bolsonaro – que pode ser considerado tanto um presidente quanto um líder de um movimento antipolítico de extrema direita – passou a atuar tendo em vista formas não institucionalizadas de apoio político nas ruas, um processo que, mesmo depois das eleições de 2022, não chegou ao seu final.

Foi nesse contexto de aumento do extremismo que assistimos à transformação das comemorações dos 200 anos da Independência do Brasil em um movimento de reforço de valores conservadores e de ataque ao sistema político. Vale recordar que o presidente já havia utilizado o evento para a divulgação pública de suas agendas e para a ameaça aos outros poderes da República. No dia 7 de setembro de 2021, Jair Bolsonaro atacou fortemente os poderes, em especial o Judiciário, ao convocar caminhoneiros a Brasília para defender o fechamento do STF e desafiar o ministro Alexandre de Moraes. Bolsonaro, naquele evento, afirmou: "Ou o chefe desse Poder enquadra o seu ou esse Poder pode sofrer aquilo que não queremos, porque nós valorizamos, reconhecemos e sabemos o valor de cada Poder da República" (Avritzer; Santana, 2022). Ou seja, ameaças reais ao STF foram feitas em 2021.

Em 2022, a mobilização em torno do Sete de Setembro foi diferente, mas ainda assim muito significativa do ponto de vista eleitoral. Naquele momento, Bolsonaro, já candidato à reeleição, ocupou solitariamente o palanque, subtraindo da comemoração todos os demais poderes da República. No palanque, no dia do evento, o presidente estava sozinho como protagonista daquele espetáculo – ao seu lado, somente o vice-presidente, Hamilton Mourão, o presidente de Portugal, Marcelo Rebelo de Sousa, e o empresário Luciano Hang, alvo de operação da Polícia Federal (PF). Nenhum representante dos outros poderes estava ali – nem mesmo o aliado Arthur Lira, do Centrão, sinalizando um aprofundamento do isolamento institucional do presidente. Ao mesmo tempo, Bolsonaro consolidava um apoio extrainstitucional no Sete de Setembro que ele mobilizaria até o momento pós-eleitoral. Esse apoio só não foi maior porque o ministro Alexandre de Moraes emitiu uma série de proibições relativas à presença de caminhões nos atos previstos na Esplanada dos Ministérios, em Brasília.

No processo eleitoral que se iniciou a partir de agosto de 2022, o cenário projetado pelo evento do Dia da Independência se agudizou e se potencializou. O presidente Jair Bolsonaro consolidou a atuação como chefe de um grupo radicalizado de apoiadores que o acompanhou nas motociatas, nas falas de agressão ao STF e nas mudanças das regras do jogo em favor de sua candidatura e de seus apoiadores. A maior mudança nas regras do jogo foi, evidentemente, a aprovação de medidas emergenciais que permitiram que aproximadamente 1% do PIB fosse gasto por meio de diversos auxílios – emergencial, caminhoneiro, taxista – durante o processo eleitoral.

Desde essas manifestações, outro fenômeno se manifestava: o afastamento do eleitorado de centro do presidente na medida em que ele fazia campanha com foco somente em seus próprios apoiadores.

A pesquisa realizada pelo Instituto da Democracia logo após o evento comprovava essa hipótese: para 44% dos entrevistados, as chances de Bolsonaro se reeleger diminuíram após o Sete de Setembro. Portanto, é possível transformar esse evento em paradigma do comportamento eleitoral: de um lado, Bolsonaro cresceu por causa do auxílio emergencial e pelo apoio que ele conseguiu nas regiões Sul e Sudeste. Por outro lado, o então presidente sempre teve dificuldade de ultrapassar os mais de 50% de rejeição à sua candidatura, em especial quando ele realizava ações que buscavam reforçar o núcleo antidemocrático bolsonarista, que só se expressou plenamente na semana posterior ao segundo turno, com seus pedidos de intervenção militar.

Vale a pena analisar o resultado das eleições tomando separadamente o resultado de cada um dos dois turnos. O primeiro turno expressou formas clássicas de organização do sistema político. O Partido dos Trabalhadores (PT), com a candidatura do ex-presidente Lula, recuperou todos os espaços que ele havia perdido em 2018: ganhou as eleições na região Norte, em especial nos importantes estados do Amazonas e do Pará; teve não só uma votação fortíssima na região Nordeste, como também ganhou no estado de Minas Gerais e na cidade de São Paulo – apesar de ter perdido no estado por uma diferença significativa. No entanto, a votação do primeiro turno gerou também resultados desfavoráveis para o PT nas eleições para governador dos três principais estados da região Sudeste.

Nas eleições proporcionais para o Parlamento, chamou atenção a forte votação do PL, que conseguiu 99 cadeiras na Câmara, e as votações significativas para o Senado de algumas das principais lideranças bolsonaristas, tais como Damares Alves e Marcos Pontes, e a impressionante votação de Eduardo Pazuello para a Câmara dos Deputados. Esses resultados significam que, ainda que Jair Bolsonaro tenha sido derrotado para a presidência da República no primeiro turno, resultado confirmado no segundo turno, existe uma base social e política de extrema direita que seguirá existindo no Brasil por um longo período e que colocará problemas para a governabilidade no futuro próximo.

No processo eleitoral de 2022, a principal diferença entre o primeiro e o segundo turnos foi, de um lado, a ampliação da coalizão de apoio ao presidente Lula, com a adesão da candidata do Movimento

Democrático Brasileiro (MDB), Simone Tebet, e, de outro, o incremento do apoio ao presidente Jair Bolsonaro nos estados de São Paulo e Minas Gerais. Ao mesmo tempo que o panorama eleitoral permanecia relativamente estável nas regiões Norte, Nordeste, Centro-Oeste e Sul, a região Sudeste tornou-se o campo de batalha do segundo turno. Do lado da candidatura Lula, o apoio de Simone Tebet, o apoio decisivo de personalidades importantes do Partido da Social Democracia Brasileira (PSDB), como o ex-presidente Fernando Henrique Cardoso e economistas importantes do Plano Real, como Pérsio Arida e André Lara Resende, criaram uma coalizão que viabilizou o aumento do eleitorado na região Nordeste e uma melhora na intenção de voto na região Sudeste.

Ainda assim, Jair Bolsonaro conseguiu fazer com que sua candidatura crescesse muito nos estados de São Paulo e Minas Gerais, mas o resultado final da eleição mostrou que a candidatura do ex-presidente Lula foi vitoriosa, revelando uma capacidade de rearticulação do eleitorado da região Sudeste, com a vitória significativa na cidade de São Paulo, e até mesmo uma capacidade de recuperar espaços importantes na região Sul, com a vitória na cidade de Porto Alegre. Assim, o que temos como resultado das eleições de 2022 é uma vantagem apertada de uma ampla coalizão política, a maior formada desde o início da Nova República, forte o suficiente para iniciar uma reconstrução democrática do país. Ainda na noite da eleição no segundo turno, em 30 de outubro, tivemos evidências do início de um processo de reconstrução política nos dois principais discursos da noite: o do presidente eleito, Lula, e o do presidente da Câmara, Arthur Lira. Ambos sinalizaram na direção do fim da lógica amigo/inimigo e da polarização instituída pelo bolsonarismo.

No entanto, não podemos negar que assistimos, na semana seguinte às eleições, a um conjunto de manifestações de protesto, bloqueio de rodovias e pedidos de intervenção militar por parte de uma extrema direita forte e movimentalista, mostrando que o objetivo bolsonarista de fortalecimento da direita no Brasil foi alcançado, seja no que diz respeito a uma forte bancada conservadora na Câmara e no Senado, seja no que diz respeito à presença de atores anti-institucionais com força e capacidade de desestabilizar o jogo político caso não fossem contidos pelo Poder Judiciário. Assim, se a vitória de Lula expressa uma mudança na correlação de forças e uma derrota do bolsonarismo enquanto forma de governo, não podemos ter dúvidas de que a governabilidade do Brasil por parte do presidente e das forças de centro-esquerda tornou-se mais difícil e mais complexa depois das eleições.

Importantes agendas para o governo Lula e para a reconstrução democrática do Brasil

Há pelo menos três agendas muito importantes para o novo governo Lula no curto prazo. A primeira delas se refere ao estabelecimento de uma nova relação com o Congresso baseada na transparência do orçamento. Jair Bolsonaro, a princípio, não se preocupou em formar maiorias no Congresso. Mas, a partir da eleição de Arthur Lira para a presidência da Câmara, Bolsonaro mudou de postura e passou a contar com uma maioria automática e despolitizada. Foi ela que deu origem ao elemento mais fortemente antirrepublicano em toda a trajetória do Congresso Nacional, o orçamento secreto. Esse conjunto de emendas fragmenta o orçamento, rompe com o princípio da cidadania na distribuição de recursos públicos e retira o planejamento das políticas públicas das mãos do Executivo, sem colocá-lo na mão de ninguém. O governo Lula tem de retomar o controle do orçamento e publicizá-lo dentro de uma lógica de retomada do controle do Executivo sobre o orçamento público. A visita de cortesia realizada pelo presidente Lula ao Congresso foi, evidentemente, muito importante para estabelecer um espaço de negociação com um Congresso no qual ele parece não ter maioria; no entanto, a conquista desta não poderá prescindir da restauração dos princípios de transparência que o presidente prometeu reestabelecer durante a campanha eleitoral.

A segunda agenda importante é o estabelecimento de uma relação horizontal e de colaboração com o STF. Coube a essa instituição, a partir da pandemia de covid-19, em 2020, assumir protagonismo na defesa da democracia. Em especial, a partir da completa cooptação da Câmara na gestão Arthur Lira, o STF atuou como último bastião da defesa da democracia. Foi nesse papel de defensor da democracia que Alexandre de Moraes, na presidência do TSE, assumiu um protagonismo inédito ao retirar do ar centenas de perfis e canais do YouTube que faziam parte do que hoje denominamos de "ecossistema de desinformação". Esse papel continuou após as eleições, com ordens para a remoção de bloqueios das rodovias e retirada do ar de perfis que questionavam o resultado eleitoral. Evidentemente que esse papel de último bastião da democracia, assumido tanto pelo STF quanto pelo TSE, foi importante, mas é preciso ter em conta que uma relação de complementariedade entre os poderes é necessária para a restauração da democracia e da governabilidade.

Algumas arenas de políticas públicas assumiram, após a eleição, um protagonismo especial. A chamada "PEC da Transição" abriu espaço para a retomada de uma política de Estado de proteção aos setores mais vulneráveis da população. A proposta de emenda à Constituição (PEC) parecia fundamental para reestabelecer uma relação de confiança entre o Estado, o sistema político e os setores com maior vulnerabilidade entre os brasileiros. É importante destacar que a proteção dos vulneráveis implica duas agendas: a do Estado, com esses setores, e a de uma classe média, incentivada pelo bolsonarismo a ignorar os mais vulneráveis, que precisa voltar a ter solidariedade com os mais pobres. A reconstituição de um tecido social equilibrado necessita que ambos os setores se reconheçam como parte da cidadania, em suas vulnerabilidades e na noção de uma preocupação com os mais vulneráveis que tem de fazer parte da noção de nacionalidade. Restaurar o tecido social democrático envolve realizar ambos os movimentos.

Por fim, a agenda ambiental: a ida do presidente eleito à 27ª edição da Conferência do Clima da Organização das Nações Unidas (COP-27) abriu a perspectiva importante da restauração de uma relação entre o Brasil e os países preocupados com o meio ambiente e a Amazônia. Jair Bolsonaro transformou a Amazônia no ponto de conexão das divergências deles com atores progressistas no interior do país e no exterior. Ele não apenas desfez as estruturas de monitoramento em tempo real das queimadas, como também desarticulou o Instituto Brasileiro de Meio Ambiente dos Recursos Naturais Renováveis (Ibama) de forma criminosa, além de fazer vista grossa à expansão do garimpo em terras indígenas. Todos esses elementos, conjuntamente, geraram um desequilíbrio na região e, ainda mais importante, um impasse radical nas relações do Brasil com países europeus e com atores ambientalistas no restante do mundo. A Amazônia tornou-se o símbolo da tensão entre o Brasil e o mundo, e a retomada de uma política ativa de proteção da região e dos povos indígenas tem o potencial de uma restauração do papel do Brasil em uma ordem internacional democrática.

O resultado das eleições de 2022 é uma mudança precária da hegemonia política no Brasil a favor daqueles que querem uma reconstrução democrática. Apesar dessa precariedade, marcada por uma presença relevante de forças conservadoras e antidemocráticas na cena política, a mudança de hegemonia abre um enorme campo de possibilidades, tal como mostraremos em diversas contribuições neste livro. A rápida construção de uma relação positiva entre os poderes, a partir da vitória de Lula, mostrou o potencial de uma restauração democrática relativamente rápida. A amplitude da equipe de transição e uma relação colaborativa entre seus diferentes atores apontou para a mesma direção. A adoção de uma postura positiva pela imprensa em relação ao campo democrático cimentou esse circuito virtuoso de relações políticas. A reconstrução democrática do Brasil é possível, mas depende fundamentalmente da continuidade das relações positivas entre os diferentes setores do campo democrático. O bolsonarismo, como movimento, continuará enquanto essas relações forem precárias e irá se aproveitar de qualquer enfraquecimento dessas relações. Cabe aos setores que forjaram a maior aliança democrática desde a redemocratização garantir que as forças democráticas avancem e tornem permanente a reconstrução democrática que se iniciou com a eleição do presidente Lula em outubro de 2022.

A eleição que calcificou o país

Felipe Nunes
Thomas Traumann

Ao final da eleição de 2018, achávamos que o Brasil havia experimentado um processo disruptivo, no qual as campanhas de TV e rádio, o uso da máquina pública e o financiamento das campanhas deixaram de ser ferramentas decisivas (Moura; Corbellini, 2019). Quatro anos depois, no entanto, os fatos mostraram que a vitória de Jair Bolsonaro não foi disruptiva – um evento capaz de interromper definitivamente uma tendência observada na história –, mas um acontecimento fora da curva. A derrota de Bolsonaro em 2022, usando dessa vez os mesmos instrumentos que ele havia desprezado quatro anos atrás, mostrou que, mais que os instrumentos de campanha, são as profundas divisões na sociedade brasileira que, como sempre, determinam o resultado (Nicolau, 2020). A novidade é que essas divisões não se encerram mais tão claramente nas eleições.

A campanha de 2022 evidenciou a consolidação de um processo longo e estruturante que acabou por fazer do Partido dos Trabalhadores (PT) o mais importante partido brasileiro. A literatura de ciência política costumava sugerir que o partidarismo tinha pouco impacto sobre o comportamento do eleitor no Brasil. Os elementos que mais importavam eram: o desempenho pessoal do político (Samuels, 2002), o carisma dos candidatos, a campanha na TV (Figueiredo, 2008) ou mesmo os benefícios particularistas distribuídos em diferentes formatos (Ames, 1995; Samuels, 2001; Samuels, 2002). Mas como demonstrado por Samuels e Zucco (2018), logo após a redemocratização na década de 1980, mais da metade dos eleitores brasileiros expressou uma forte afinidade ou antipatia em relação a um determinado partido político.

Em particular, os contornos do partidarismo positivo e negativo no Brasil foram moldados principalmente pelo modo como as pessoas se sentem em relação ao PT. O comportamento do eleitor no Brasil tem sido amplamente estruturado em torno do sentimento a favor ou contra esse partido, e não em relação a qualquer um dos muitos outros do Brasil. O PT foi capaz de cultivar, com sucesso, o partidarismo generalizado em um ambiente difícil, mas também conseguiu criar atitude antipetista.

Em 2022, vivemos a consolidação desse processo em que a decisão do voto deixou de ser apenas a expressão de uma preferência política e passou a ser a manifestação de uma identidade. O interessante é que não se trata de mera compatibilidade partidária, mas de uma identidade consolidada em torno do sentimento do que é ser petista ou antipetista. Tomando emprestado um termo usado pelos cientistas políticos John Sides, Chris Tausanovitch e Lynn Vavreck (2022) para descrever a polarização nos Estados Unidos pós-Donald Trump, a eleição de 2022 no Brasil calcificou o processo de escolha, em que os interesses perderam força para as paixões.

Polarização e calcificação

Polarização é um fenômeno recorrente na história política brasileira – entre getulistas e antigetulistas, nos anos 1940 e 1950 (Gomes; D'Araújo , 1987), e entre PT e Partido da Social Democracia Brasileira (PSDB) entre 1994 e 2014 (Borges; Vidigal, 2018; Cervi, 2014), quando as diferenças crescentes entre petistas e antipetistas ajudaram a tornar a lealdade identitária dos brasileiros uma força cada vez mais intensa (Lavinas; Gonçalves, 2018). Mas foi durante a presidência de Bolsonaro que a separação identitária ajudou a calcificar o sentimento dos grupos que aprovavam e reprovavam o governo. Essa consolidação da identidade foi impulsionada tanto pela antipatia resoluta dos petistas quanto pelo apoio contínuo dos antipetistas.

Isso significa que não importava o que Bolsonaro fizesse, ele teria o apoio dos seus e a oposição dos petistas. Ao contrário de outros governos, durante os últimos quatro anos, a distância absoluta entre quem aprovava e quem reprovava o governo Bolsonaro esteve, em sua maior parte, próxima de zero. Como mostrado a seguir (Graf. 1), as exceções são os três primeiros meses do primeiro ano de mandato, período conhecido como lua de mel de início de governo, e os três últimos meses do terceiro ano de mandato, quando o auxílio emergencial de R$ 600 atingiu mais de 60 milhões de beneficiários. A volatilidade da diferença entre a aprovação e a reprovação dos governos Lula, Dilma e Temer é muito maior do que a que observamos no período Bolsonaro.

Gráfico 1 – Comparativo da aprovação de governo no primeiro mandato Lula, Dilma, Temer e Bolsonaro

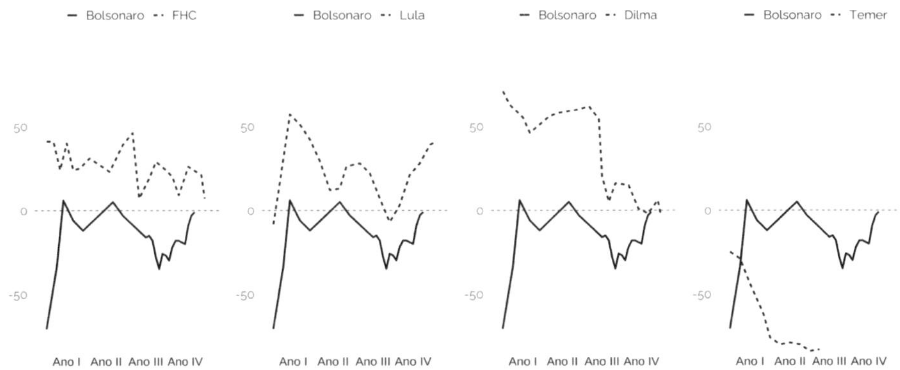

Fonte: CNI/Ibope (1994-2021) e Genial/Quaest (2021-2022).

Essa imobilidade na avaliação dos eleitores sobre Bolsonaro pouco se alterou, mesmo com os eventos que sempre tiveram impacto para alterar o humor do eleitorado, como a gestão do governo na pandemia de covid-19, a volta da inflação e o reajuste de 50% no valor do benefício Auxílio Brasil.

O embate entre Lula e Bolsonaro, ao contrário, apenas consolidou ainda mais os alinhamentos políticos criados nos anos de polarização entre PT e PSDB. O que era um "nós contra eles", que, por pior que fosse, ainda admitia a existência do outro, tornou-se um "apenas nós temos o direito legítimo de representar o Brasil".

Essa calcificação da opinião pública é visível na estabilidade das escolhas das pessoas em 2022 em comparação com as eleições de 2018, 2014 e 2010. Ao contrário de Lula, os candidatos do PT nas outras eleições – Dilma Rousseff e Fernando Haddad – nunca foram populares ou carismáticos. Ainda assim, observamos uma estabilidade consistente na votação do PT em vários estados brasileiros, independentemente de qual o nome do candidato do partido.

Apresentamos a seguir (Graf. 2) os resultados da volatilidade de votação no PT nos estados, comparando o voto presidencial em pares de eleições adjacentes: 1998 e 2002, 2002 e 2006, 2006 e 2010, 2010 e 2014, 2014 e 2018, 2018 e 2022. Em todos os casos, há uma forte relação entre o modo como um estado vota em uma eleição e o modo como vota em outra. Mas há variação na extensão da estabilidade e no padrão de variação por região.

Gráfico 2 – Volatilidade da votação do PT nos estados – 1998 a 2022

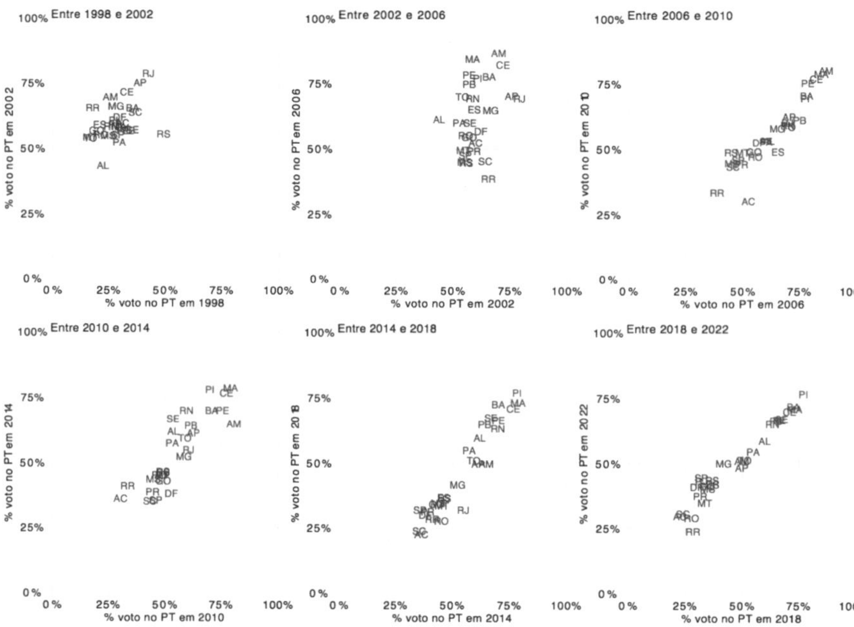

Fonte: TSE.

Entre 1998 e 2002, com a crise econômica do segundo governo de Fernando Henrique Cardoso, o PT conseguiu melhorar seu desempenho em detrimento do PSDB. Uma vez no poder, políticas públicas voltadas majoritariamente aos mais pobres – como a criação do Bolsa Família e o aumento real do valor do salário mínimo – reconfiguraram a geografia do voto petista. No Nordeste, o PT manteve sua votação ao longo dos anos, independentemente de o candidato ser Lula, Dilma ou Haddad disputando a eleição, enquanto que as regiões Sul e Centro-Oeste constantemente votaram contra o PT.

Com esse quadro engessado, o Sudeste passou a ser o campo de batalha decisivo. Quando o candidato petista diminuiu sua votação em Minas Gerais, São Paulo e Rio de Janeiro em relação à eleição anterior, ele perdeu. Nos anos em que o partido superou, no Sudeste, a votação obtida na eleição anterior, o candidato petista garantiu a vitória, como no caso de 2022. O que fez a diferença para Lula nesse ano foi que ele obteve mais votos do que Haddad em 2018 em Minas Gerais, São Paulo e Rio de Janeiro. Essa melhora nos principais estados decisivos garantiu a vitória, mesmo que apertada. Isso mostra, mais uma vez, o quanto pequenas mudanças importam em uma era de grande calcificação política.

Gráfico 3 – Média da diferença de votos do PT nos municípios brasileiros – 1994 a 2022

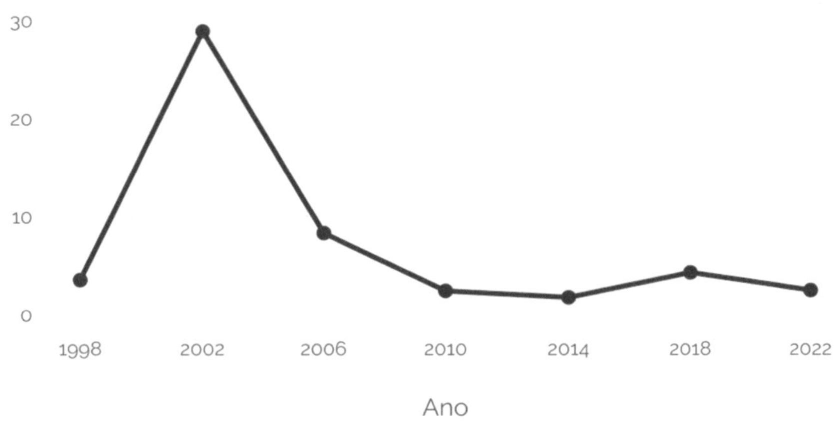

Fonte: TSE.

Essa estabilidade no nível estadual também se observou no nível municipal (Graf. 3). A volatilidade entre um ciclo eleitoral e o seguinte mostra-se estável há algum tempo. Desde 2010, o padrão de votação nos municípios se repete. Em média, a volatilidade eleitoral nas cidades variou 3,2 pontos em valor absoluto após 2010, em comparação com

9,3 pontos em 2006 e 29,4 em 2002. Apesar de todas as reviravoltas da presidência de Bolsonaro, com a pandemia e a grave crise econômica e social que atingiram o país, pode-se prever muito bem os resultados por município nas eleições de 2022 simplesmente conhecendo os resultados de 2010, 2014 e 2018.

Efeitos da calcificação

Mas como essa calcificação das identidades políticas em torno do petismo e do antipetismo afetarão a sociedade brasileira nos próximos anos e, em especial, o próximo governo? Esse processo de enrijecimento dos lados leva os eleitores a se tornarem torcedores apaixonados que transformam essa identidade no que melhor define sua posição na sociedade. Sendo assim, ser torcedor de um lado ou de outro não depende mais de a partida, ou o clássico, estar em jogo ou já ter acabado. Da mesma forma que a identidade do torcedor não se encerra com o fim da partida dentro de campo; vencendo ou perdendo, a identidade do eleitor não se encerra com o fim da eleição.

Essas identidades políticas em uma sociedade altamente polarizada, por sua vez, afetarão nosso comportamento político e cotidiano. As escolhas sobre em que escola matricular seu filho, quais bares e restaurantes frequentar, com que membros da família se relacionar, que marcas consumir, que canais de TV e rádio buscar passarão, cada vez mais, pela afirmação dessas identidades políticas que estão muito enrijecidas.

Exemplos concretos dessa manifestação calcificada e polarizada são abundantes. Nos *surveys* realizados pela Quaest, a pedido do banco Genial, no ciclo eleitoral de 2022, são muitos os exemplos que confirmam que esse processo está em curso. Por exemplo, essa foi a eleição em que se consolidou um ecossistema de comunicação política totalmente enviesado, que produziu dissonâncias cognitivas coletivas capazes de sugar a energia de todos no bate e rebate diário em relação ao que é verdade ou mentira. Nesse ecossistema, os eleitores tentam minimizar os efeitos da dissonância cognitiva recusando informação que contraria sua crença ou buscando informação que reforça o que ele já pensava (processo conhecido como "viés de confirmação"). Foi a eleição em que bolsonaristas se informaram sobre política pelas redes sociais (55% dos eleitores de Bolsonaro se informavam prioritariamente pelos conteúdos que circulavam nas redes) enquanto os antibolsonaristas consumiram informação pelos meios tradicionais – TV, rádio e jornal (55% dos eleitores lulistas consumiram informação pela TV). Segundo a mesma pesquisa Genial/Quaest, 37% dos eleitores do presidente Jair Bolsonaro acham que o voto no ex-presidente Lula é "inaceitável", e 34% dos eleitores de Lula possuem a mesma rejeição a quem bancar a reeleição.

Medir a intolerância dentro da sociedade é uma área recente da ciência política. Até o começo do século, falava-se em polarização partidária para explicar a divisão entre republicanos e democratas nos Estados Unidos ou entre tucanos e petistas no Brasil. O que se enxerga hoje é um fenômeno distinto, batizado de polarização afetiva (Iyengar, 2019). A identificação de cada um com seu grupo ideológico cresce ao mesmo tempo que a rejeição a quem pensa diferente. O que antes era uma divergência passa a ser o motivo de rompimento. Vivendo em uma bolha na qual todos pensam igual, o eleitor passa a consumir apenas informação que vai de acordo com sua opinião, numa espiral em que o fato ou o *fake* passa a depender do viés de confirmação.

Uma clássica pergunta sobre a polarização afetiva é a aceitação do outro na família. Perguntados sobre sua reação caso o filho ou a filha se casasse com um militante do outro grupo, 48% dos eleitores de Lula e 33% dos de Bolsonaro disseram que ficariam "infelizes". Comparando-se com o resultado de maio de 2022, quando essa pergunta foi feita pela primeira vez, a porcentagem de pais infelizes lulistas variou 2 pontos percentuais para baixo, enquanto que, entre os bolsonaristas, variou 3 pontos para cima.

Esse processo pode ser explicado por números simples: Lula foi eleito com 60,34 milhões de votos, a maior votação da história. Mas Bolsonaro teve 58,25 milhões, a maior votação de um segundo colocado. A diferença entre os dois foi a menor da história e, embora não existam dúvidas sobre a legitimidade do futuro presidente, ele assume um país com paixões calcificadas. Ou seja, o presidente eleito governará um país em que o cidadão tem menos vontade de desertar de seu próprio grupo político. Até mesmo eventos dramáticos terão menos força para mudar as preferências dos eleitores.

Compreender a extensão da calcificação política entre os brasileiros e qual conteúdo tem força para flexibilizar tais posturas é o principal desafio do governo Lula, mas não apenas dele. O novo Congresso será mais pressionado, a paciência com os novos governadores será curta, a cobertura da mídia será contestada por parte do público desde o primeiro dia, e as empresas terão dificuldade de posicionar suas marcas. O Brasil de opiniões calcificadas é um dilema para todos os brasileiros.

A eleição de 2022 segundo as pesquisas de intenção de voto

Equipe do Centro de Estudos de Opinião Pública (CESOP/Unicamp)[1]

Quando olharmos em retrospectiva o período entre 2018 e 2022, talvez cheguemos à conclusão de que ele foi apenas um longo ciclo eleitoral da disputa presidencial composto por dois pleitos mais conectados do que o normal. Em abril de 2018, Luiz Inácio Lula da Silva, então pré-candidato à disputa presidencial e líder das pesquisas, foi preso em virtude das condenações definidas pelo então juiz Sérgio Moro no âmbito da operação Lava Jato. Diante disso, em setembro daquele ano, o Partido dos Trabalhadores (PT) anunciou a candidatura de Fernando Haddad à presidência; em outubro, o petista foi derrotado por Jair Bolsonaro no segundo turno, com uma diferença de 10 pontos percentuais dos votos válidos (55% a 45%).

Em junho de 2019, o *The Intercept Brasil* começou a divulgar informações que mostraram como a operação Lava Jato atuou às margens da lei, sobrepondo os papéis do Ministério Público e da Magistratura, em especial nas figuras de Moro e do então procurador Deltan Dallagnol. Em novembro daquele mesmo ano, 580 dias depois, Lula foi solto após o Supremo Tribunal Federal (STF) derrubar a possibilidade de prisão de condenados após julgamento em segunda instância.

Após a ampla divulgação das ilegalidades cometidas durante a Lava Jato, que minaram a legitimidade da operação junto à opinião pública, em março de 2021, o ministro Edson Fachin, do STF, anulou todas as decisões de Sérgio Moro, indicando a incompetência da vara federal

---

[1] Fabíola Brigante Del Porto, Otávio Z. Catelano, Valéria C. Cabrera, Andressa Zanin Rovani.

em que Lula havia sido julgado. Na prática, a decisão de Fachin abria a possibilidade para que o então ex-presidente concorresse novamente ao Palácio do Planalto no pleito de 2022. Alguns meses após a decisão de Fachin, o plenário do STF decidiu, por 7 votos a 4, pela suspeição de Moro nos casos envolvendo Lula. Desde aquele momento, Lula liderou as pesquisas de intenção de voto para a disputa presidencial.

Em julho de 2021, pesquisa Genial/Quaest indicava Lula com 41% das intenções de voto e Jair Bolsonaro com 24%.[2] O baixo nível de intenção de votos no então presidente, o que só melhorou nos meses próximos ao pleito de 2022, refletia o elevado nível de rejeição ao governo federal em razão da péssima administração na economia e na saúde durante a pandemia de covid-19. A partir dessa recapitulação inicial, pretendemos, neste capítulo, recuperar a trajetória das eleições com foco em pesquisas de opinião pública realizadas no período[3] e analisar algumas divisões encontradas no eleitorado brasileiro.

Jair Bolsonaro e Lula inauguraram o primeiro Datafolha de 2022, realizado em março, empatados na pesquisa espontânea: 32% para o primeiro e 30% para o segundo. No entanto, Lula disparou e pontuou 38% em maio, estando 9 pontos percentuais à frente de Bolsonaro. Em perguntas estimuladas, inclusive, Lula venceria no primeiro turno. O mesmo cenário se repetiu em junho.

Esses números, acompanhados do desempenho ruim das pré-candidaturas da terceira via e dos baixos percentuais de indecisos, mostravam que o eleitorado estava disposto a enfrentar uma corrida entre dois candidatos com experiência presidencial, algo inédito nas eleições da Nova República. Naquele momento, a diferença entre ambos em termos de preferência era marcada pelo fato de os eleitores fazerem avaliações retrospectivas muito mais favoráveis a Lula do que a Bolsonaro, que enfrentava problemas como a inflação crescente e as altas nos preços dos combustíveis.

Preocupados com o cenário de iminente derrota, o governo federal e a base aliada prepararam sua maior investida: uma proposta de emenda

---

2 Disponível em: https://f.hubspotusercontent30.net/hubfs/4891137/GENIAL+QUAEST+JULHO21.pdf. Último acesso em: 13 dez. 2022.

3 Salvo referência em contrário, as pesquisas de intenção de voto analisadas neste texto foram realizadas pelo Instituto Datafolha e estão disponíveis em: https://datafolha.folha.uol.com.br/eleicoes/2022/#20. Último acesso em: 11 jan. 2023.

à Constituição (PEC) que permitisse o aumento de gastos sociais às vésperas da eleição. Para acelerar sua aprovação, foram feitas emendas aditivas a outra PEC, a dos biocombustíveis, que já tinha sido aprovada pelo Senado Federal e estava em avançado processo de discussão na Câmara dos Deputados. Após as discussões e o desenho final, a proposta ficou conhecida como "PEC Kamikaze", apelido concedido por Paulo Guedes, então ministro da Economia, quando ele ainda não aprovava a iniciativa – posição que se alterou posteriormente.

Aprovada em julho de 2022, a PEC autorizou a criação e o reajuste de vários benefícios, entre eles o Auxílio Brasil, consolidando-o como o maior programa de transferência de renda da história do país. Ainda que a concessão de novos benefícios e os reajustes dos já existentes tivessem uma data de validade determinada pela proposta – o fim de 2022 –, seus efeitos foram observados quase que instantaneamente. O governo Bolsonaro melhorou seus patamares na avaliação do eleitorado em pesquisas realizadas logo no mês seguinte e, concomitantemente, o candidato à reeleição apresentou crescimento nas pesquisas de intenção de voto no primeiro turno.

Com isso, consolidou-se o cenário de polarização entre as duas candidaturas e houve uma diminuição da vantagem do candidato petista, em especial no segundo turno. Pesquisa Genial/Quaest realizada às vésperas da segunda rodada da eleição, em 30 de outubro,[4] apontou Lula com 52% das intenções de voto e Bolsonaro com 48%, indicando incerteza sobre o resultado das eleições. Terminada a apuração, Lula venceu com 50,9% dos votos válidos, a menor margem da história numa disputa presidencial no Brasil. A seguir, elencamos alguns aspectos principais mostrados pelas pesquisas a partir das preferências do eleitor.

A votação por região nos dois turnos

Apuradas as urnas, vimos que o Nordeste garantiu a maior vantagem percentual a Lula nos dois turnos da eleição presidencial de 2022.

---

[4] Diponível em: https://media-blog.genialinvestimentos.com.br/wp-content/uploads/2022/10/29174328/GENIALQUAESTNACIONAL29OUT.pdf. Último acesso em: 10 jan. 2023.

Em números absolutos, entretanto, foi o Sudeste que mais votou em Lula no segundo turno, embora Bolsonaro tenha vencido o pleito na região; o pior desempenho do presidente eleito ocorreu no Sul do país. Apesar das diferenças percentuais sempre esperadas em razão da margem de erro das pesquisas de intenção de voto, os dados do Datafolha indicavam a ampla vitória de Lula no Nordeste nos dois turnos, bem como a vantagem do petista no Sudeste e no Norte no primeiro turno, e sua derrota nessas regiões no segundo turno da corrida presidencial.

Gráfico 1 – Intenção de voto para presidente da República na última pesquisa realizada antes da eleição no primeiro turno (%) – 2022

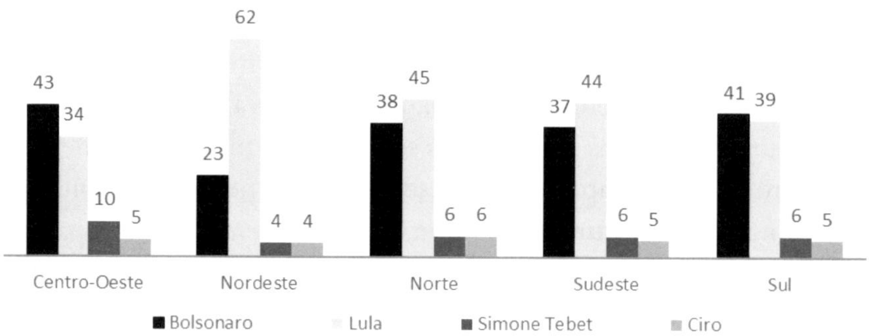

Obs.: Respostas estimuladas.
Fonte: Instituto Datafolha (01/10/2022).

No Centro-Oeste, Lula apareceu numericamente à frente de Bolsonaro apenas em uma das rodadas de pesquisas e obteve percentuais abaixo daqueles encontrados no país durante todo o primeiro turno. Bolsonaro, ao contrário, conseguiu melhores resultados nessa região em comparação aos números gerais. Na metade da campanha eleitoral para o primeiro turno, Bolsonaro chegou a alcançar 47% das intenções de voto, contra 30% de Lula. Não obstante às oscilações, a tendência se manteve até a véspera da eleição.

Nas sondagens realizadas para o segundo turno, Bolsonaro seguiu na liderança no Centro-Oeste, oscilando entre 53% e 58% das intenções de voto; na última rodada de pesquisa antes da eleição, os percentuais de Bolsonaro passaram de 55% para 58%, enquanto os de Lula caíram de 40% para 38%, ampliando a vantagem do então presidente.

Em sentido oposto, Lula esteve sempre à frente de Bolsonaro durante o primeiro turno na região Nordeste. Os patamares obtidos pelo petista foram amplamente mais elevados em relação aos resultados nacionais. Os níveis de intenção de voto em Bolsonaro oscilaram entre 22% e 24% nessa região em todo o período, enquanto os patamares de Lula cresceram, passando de 57%, na primeira rodada de pesquisa, para 62% na última. Essa vantagem foi ampliada durante o segundo turno, quando Lula obteve percentuais entre 66% e 68% no Nordeste, enquanto os patamares de Bolsonaro flutuaram entre 27% e 29%.

Já os números no Sudeste destoaram menos em relação àqueles encontrados para o país. Lula conservou patamares relativamente constantes nas pesquisas nessa região, iniciando e terminando a campanha eleitoral para o primeiro turno com 44% das intenções de voto. Já Bolsonaro aparecia com percentuais entre 32% e 37% nas pesquisas conduzidas durante a campanha eleitoral para o primeiro turno, mas se recuperou no segundo turno, quando surgiu liderando a corrida presidencial na região.

Na região Norte do país, Bolsonaro e Lula mantiveram patamares próximos de intenção de voto durante a maior parte da campanha eleitoral para o primeiro turno. No entanto, Bolsonaro apresentou tendência de queda, e Lula, de crescimento, tendo sido a diferença entre ambos de 7 pontos percentuais na última pesquisa do primeiro turno. No segundo turno, embora Lula tenha se aproximado de Bolsonaro e chegado a aparecer na frente com 1 ponto percentual de diferença, Bolsonaro terminou a campanha eleitoral liderando as pesquisas com 49%, contra 46% de Lula.

O candidato do PT, que saiu na frente nas pesquisas de intenção de voto na região Sul, foi ultrapassado por Bolsonaro, que apareceu na última rodada de pesquisas com 41% das intenções de voto, contra 39% do petista. Para o segundo turno, os resultados da região mostraram ampla vantagem, com tendência de crescimento, para o candidato do PL, que começou a campanha com 54% das intenções de voto e finalizou a disputa eleitoral com 57%, enquanto Lula manteve patamares estáveis entre 37% e 38%.

Em relação ao desempenho dos demais candidatos no primeiro turno das eleições de 2022, cumpre mencionar que as intenções de voto em Ciro Gomes giraram em torno de 7% e 10% em todas as regiões, mas entraram em queda na reta final da campanha eleitoral, exceto na região Norte, em que, apesar das flutuações, o candidato iniciou e terminou com o mesmo patamar (6%). Enquanto isso, Simone Tebet apresentou crescimento em todas as regiões, obtendo o melhor resultado na região Centro-Oeste, onde iniciou a campanha eleitoral com 4% e terminou com 10% das intenções de voto.

Gráfico 2 – Intenção de voto para presidente da República na última pesquisa realizada antes da eleição no segundo turno (%) – 2022

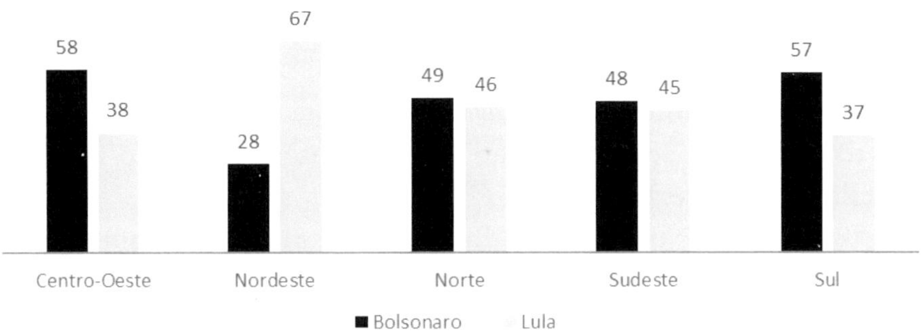

Obs.: Respostas estimuladas.
Fonte: Instituto Datafolha (29/10/2022).

Eleitorado feminino preferiu Lula

Se a decisão sobre a eleição coubesse apenas às mulheres, Lula teria sido eleito no primeiro turno, segundo dados de intenção de voto medidos pelo Datafolha. Entre esse eleitorado, o candidato do PT se manteve na liderança durante toda a campanha, diferentemente do que aconteceu com o eleitor do sexo masculino. Entre os homens, os dois candidatos alternaram a liderança ao longo do segundo turno e chegaram à véspera da votação empatados tecnicamente, com Lula numericamente à frente.

Estabilidade foi uma das principais características da intenção de voto das brasileiras, que são a maioria dos eleitores do país. Entre elas, Lula registrava 47% no início da campanha eleitoral, em agosto de

2022, e os mesmos 47% na véspera do primeiro turno, depois de atingir um pico de 50% das intenções de voto estimuladas. Considerando-se apenas os votos válidos da pesquisa, Lula chegou ao primeiro turno com 51% das intenções de voto do público feminino. Os índices registrados por Jair Bolsonaro também se mantiveram estáveis durante a primeira fase da disputa em 29%. Mas, no dia anterior ao primeiro turno, essa taxa subiu para 32%, indicando uma transferência de votos de última hora para o então presidente vinda do candidato petista. Com isso, de acordo com as respostas estimuladas dadas ao Datafolha, os resultados do primeiro turno mostraram uma distância de 15 pontos percentuais entre os dois candidatos, considerando-se os votos totais das mulheres.

Entre o eleitorado feminino, mais escolarizado e economicamente menos ativo, a candidatura que mais cresceu ao longo do primeiro turno foi a de Simone Tebet. A candidata do Movimento Democrático Brasileiro (MDB) passou de 2% das intenções de voto entre as mulheres, no início da campanha, para 8% na véspera do pleito; já no eleitorado masculino, Tebet oscilou apenas 2 pontos percentuais, dentro da margem de erro.

No segundo turno, o ganho mais expressivo de intenção de votos entre as mulheres se deu para Bolsonaro, que passou de 32% para 41% das preferências logo após o primeiro turno, patamar que chegou a 42% ao final da disputa. Já Lula subiu de 47% para 51% na preferência entre as eleitoras. Considerando-se os votos válidos na pesquisa Datafolha às vésperas da eleição, as mulheres elegeriam Lula com 55% dos votos.

Mesmo nunca tendo assumido a liderança entre as mulheres, Bolsonaro conseguiu, ao longo da corrida eleitoral, reduzir a distância para o primeiro colocado de 18 para 9 pontos, resultado que pode ser creditado ao esforço da campanha do então presidente para reduzir a enorme rejeição a seu nome entre as eleitoras. A aversão consolidada do eleitorado feminino ao candidato do PL foi outra característica marcante do pleito de 2022, em um comportamento jamais visto nas oito eleições pós-redemocratização. Ao longo de toda a campanha, a maioria das eleitoras indicou que não votaria em Bolsonaro de jeito nenhum. A taxa de rejeição do então presidente era de 53% no início da campanha; nas duas semanas antes do primeiro turno, atingiu um pico de 56%; por fim, terminou a disputa com 52%, não permitindo, em nenhum momento, que ele se tornasse um candidato viável para elas.

Já entre os homens, Bolsonaro começou a disputa 11 pontos percentuais atrás de Lula, mas galgou 14 pontos na pesquisa até atingir o empate técnico e superar seu concorrente numericamente. Se entre as intenções de voto do eleitorado feminino, considerando-se votos válidos, a distância entre os dois candidatos, ao fim da disputa eleitoral, foi de 10 pontos percentuais, dando vantagem a Lula. Em relação ao eleitorado masculino, o cenário foi diferente: a preferência desse público ficou completamente dividida ao final da eleição presidencial de 2022, com 50% das intenções de voto para cada candidato.

Gráfico 3 – Intenções de voto para presidente da República entre as mulheres (%) – 2022

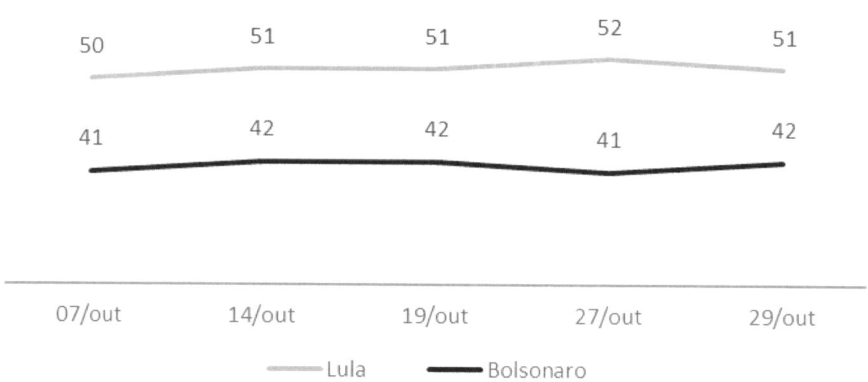

Obs.: Respostas estimuladas.
Fonte: Instituto Datafolha (outubro, 2022).

Gráfico 4 – Intenções de voto para presidente da República entre os homens (%) – 2022

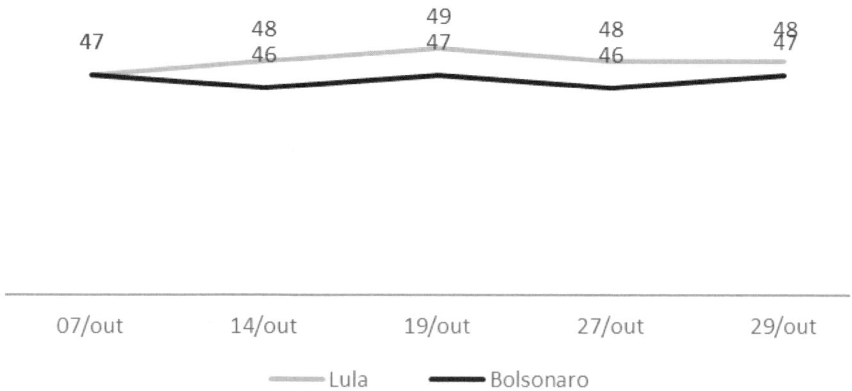

Fonte: Instituto Datafolha (outubro, 2022).

A importância do fator religião

Os resultados das pesquisas de intenção de voto para presidente apontaram, sobretudo, para a diferença entre os que se declaram católicos e aqueles das diferentes denominações evangélicas, tratadas de modo agregado. No entanto, os dados também apontam para diferenças importantes no apoio declarado a Lula e a Bolsonaro segundo outras clivagens religiosas.

Entre os católicos, em todas as rodadas de pesquisa, Lula poderia ter sido eleito já no primeiro turno (suas intenções de voto variaram entre 51% e 55% nesse grupo, segundo dados do Datafolha). Em contraponto, Bolsonaro liderou as intenções de voto entre os eleitores das religiões evangélicas durante todo o primeiro turno e, na antevéspera daquele pleito, também teria conquistado sua reeleição se apenas as intenções de voto desse grupo contassem (com oscilações dentro da margem de erro, as intenções de voto no então presidente foram de 48%, no início da campanha, e 52% na véspera do primeiro turno).

Nos dois segmentos religiosos, a diferença entre ambos os candidatos foi substantiva, mas Lula terminou o primeiro turno com desempenho ligeiramente melhor entre os eleitores das religiões evangélicas do que o de Bolsonaro entre os católicos. No segundo turno, Bolsonaro viu seu apoio aumentar entre os católicos, embora Lula ainda tenha apresentado vantagem de pelo menos 17 pontos percentuais sobre o ex-capitão e então candidato à reeleição. Em contraposição, enquanto Lula manteve o mesmo percentual de apoio entre os eleitores das denominações evangélicas na segunda etapa da corrida eleitoral, Bolsonaro consolidou sua ampla preferência nesses grupos, chegando à véspera do segundo turno como o escolhido de dois terços dos evangélicos, alcançando 35 pontos percentuais a mais do que as intenções de voto recebidas pelo petista naqueles grupos religiosos.

Além da liderança entre os católicos, Lula também mostrou vantagem sobre Bolsonaro entre os eleitores que declararam pertencer a outras religiões e, sobretudo, entre os que não têm religião. No primeiro caso, apesar de o petista ter recebido maiores intenções de voto do que o candidato à reeleição, as diferenças em relação a Bolsonaro foram pequenas durante toda a campanha. Nesse grupo, Bolsonaro teve seu melhor desempenho nas pesquisas depois do que obteve entre os eleitores das várias denominações evangélicas. No segundo turno, aliás, os eleitores daqueles outros grupos religiosos se mostraram, inclusive, divididos nas preferências entre os dois candidatos, mas o petista assumiu novamente a dianteira nas intenções de voto dos eleitores pertencentes a "outras religiões" a partir da antevéspera do pleito final. Foi, no entanto, entre os eleitores que declararam não pertencer a nenhuma religião que as diferenças nas intenções de voto entre os dois principais candidatos a presidente foram mais expressivas em favor de Lula: após atravessar toda a campanha do primeiro turno com percentuais de voto declarado que já lhe garantiriam o pleito nesse grupo, o candidato petista repetiu, entre os que não têm religião, o desempenho de Bolsonaro entre os evangélicos nas pesquisas para o segundo turno. Assim, Lula chegou à reta final da campanha com intenção de voto de 65% (contra 27% do candidato à reeleição) nesse grupo de eleitores.

Lula liderou entre os eleitores de baixa renda

Em todas as pesquisas de intenção de voto do Instituto Datafolha, do primeiro e do segundo turnos da campanha eleitoral para presidente, Lula foi de longe o preferido dos eleitores que têm até dois salários mínimos de renda familiar. O petista poderia ter sido eleito presidente já no primeiro turno se apenas os votos dessa faixa de renda (cujos percentuais de intenção de voto nele oscilaram entre 52% e 57%) contassem. Bolsonaro, por outro lado, apareceu como o escolhido de apenas um em cada quatro eleitores dessa faixa de renda na primeira etapa da corrida eleitoral, o que significava uma diferença de 30 pontos percentuais entre os candidatos.

No segundo turno, enquanto Lula se manteve como o preferido do mesmo percentual de eleitores nesse extrato de renda, Bolsonaro viu um pequeno aumento nas intenções de voto desse público em relação a ele. Assim, os oponentes chegaram à véspera do pleito final com uma diferença de 20 pontos percentuais em favor de Lula entre os eleitores mais pobres.

Os resultados das intenções de voto para todas as outras faixas de renda sugerem o favoritismo que o candidato à reeleição teve sobre Lula, mas com algumas diferenças, tanto entre os grupos de eleitores como entre os dois turnos. No primeiro turno, na faixa dos que têm entre dois e cinco salários mínimos de renda familiar, Bolsonaro apareceu numericamente à frente de Lula em praticamente todas as pesquisas, mas os percentuais de intenção de voto para os dois candidatos, na verdade, mostravam empate dentro da margem de erro (41% para Bolsonaro e 38%, para Lula, na média das pesquisas). As intenções de voto em Lula ou em Bolsonaro também tenderam a dividir os eleitores mais ricos (com renda familiar de pelo menos dez salários mínimos) na primeira etapa da corrida eleitoral: apesar de oscilar pelo menos 5 pontos para baixo em setembro de 2022, Lula começou e terminou a campanha do primeiro turno com 40% das intenções de voto nesse grupo, percentual similar ao das intenções de voto no candidato à reeleição (43% e 44%, respectivamente, na primeira e na última pesquisa). Naquele turno, foi entre aqueles que recebem de cinco a dez salários mínimos que Bolsonaro obteve sua maior vantagem sobre o petista: enquanto as intenções de voto em Lula ficaram em torno de um terço dos eleitores dessa faixa de renda, o candidato à reeleição foi o preferido de 45% desse público na média das pesquisas.

Nas pesquisas para o segundo turno, enquanto Lula se manteve na liderança entre os mais pobres, a candidatura de Bolsonaro reafirmou seu favoritismo não apenas entre os eleitores com renda familiar entre cinco e dez salários mínimos, mas também entre aqueles que recebem de dois a cinco salários mínimos. Assim, o então presidente e candidato à reeleição, após chegar à reta final do primeiro turno em empate técnico com o ex-presidente Lula, terminou a eleição como o preferido de 55% dos eleitores. Finalmente, após algumas oscilações nas pesquisas durante os dois turnos da corrida presidencial, Jair Bolsonaro encerrou a campanha do segundo turno sendo o preferido de seis em cada dez eleitores mais ricos (que têm renda mensal de pelo menos dez salários mínimos).

A partir desse apanhado geral das pesquisas, podemos constatar que esse longo ciclo eleitoral que se encerrou em 2022 mostrou um país consistentemente dividido em relação às preferências políticas. Mulheres, eleitores mais pobres e católicos tenderam a apoiar, em maior proporção, o candidato Lula. Homens, eleitores mais ricos e evangélicos declararam, em maior número, preferir Jair Bolsonaro. Fazer frente à consistência dessa divisão será um dos maiores desafios do novo governo.

Menos óbvios, mas não menos importantes: Justiça Eleitoral, Ministério Público e Polícia Federal nas eleições de 2022

Fábio Kerche

As eleições são, normalmente, associadas a partidos, políticos e sistema eleitoral. A maior parte das análises recai sobre temas como alianças entre agremiações, quem são os favoritos, como o sistema proporcional estimula uma determinada estratégia de campanha, como será a relação entre o governo e o Congresso recém-eleitos, qual será o comportamento dos eleitores no pleito e assim por diante. Os leitores deste livro encontrarão interessantes interpretações sobre essas questões realizadas por destacados colegas do Observatório das Eleições.

Há, contudo, outros atores e órgãos que têm ou tiveram, nas eleições de 2022, um papel fundamental, mas que são relativamente menos debatidos e estudados: Justiça Eleitoral, Ministério Público, procurador-geral da República, Polícia Federal (PF) e Polícia Rodoviária Federal (PRF). Este capítulo analisará esses atores "menos óbvios" que ganharam protagonismo inesperado ou se omitiram em suas funções, comprometendo o pleito. Essas instituições atuaram para além ou aquém de suas atribuições e expectativas.

A ideia aqui é destacar dois aspectos: quais são os elementos institucionais, no sentido de regras formais e práticas estáveis que organizam esses órgãos, e como foi a atuação desses atores na disputa eleitoral de 2022.

Justiça Eleitoral[1]

A Justiça Eleitoral brasileira organiza e regulamenta as eleições, além de funcionar como árbitro de disputas relativas ao processo eleitoral.

[1] Esta seção é, em parte, adaptada do artigo "Façamos Justiça à Justiça Eleitoral brasileira", que escrevi com Marjorie Marona para o Observatório das Eleições 2022.

É esse ramo do poder Judiciário, com auxílio do Ministério Público, que distribui as urnas por todo o território, seleciona e treina mesários, conta votos, autoriza um cidadão a ser candidato ou decide se um partido está abusando da liberdade de expressão ao falar de um adversário, por exemplo. No Brasil, juízes e promotores são peças fundamentais para o processo eleitoral.

Como qualquer opção institucional, esse modelo tem vantagens e desvantagens. Por um lado, garante que atores não diretamente envolvidos na disputa funcionem como árbitros, induzindo uma condução mais imparcial. Por outro lado, estende a discricionariedade de que juízes e promotores gozam em outras dimensões de atuação. Como decorrência, a previsibilidade sobre o desempenho da Justiça Eleitoral resta prejudicada: 2.622 juízes e mais 2.000 promotores eleitorais decidem com relativa liberdade em todo o país. O que pode ser entendido como um problema para um promotor e um juiz, em um determinado estado, pode ser aceitável para outros. Nada muito diverso do que acontece de modo geral em nosso sistema de Justiça. A Justiça Eleitoral carrega, portanto, vantagens e desvantagens do modelo de organização do Judiciário e do Ministério Público.

A judicialização das eleições a que assistimos nos últimos pleitos não é inédita, embora tenha atingido altas temperaturas na eleição de 2022. Essa judicialização se dá porque milhares de agentes do sistema de justiça são envolvidos no processo eleitoral. O fato é que cada uma das etapas de construção da representação política eleitoral carrega oportunidades de judicialização. E a Justiça Eleitoral pode, evidentemente, funcionar bem em uma dimensão de atuação e apresentar um desempenho mais ou menos problemático em outra.

Com Bolsonaro, contudo, as críticas inerentes à configuração de um modelo de Justiça eleitoral como o brasileiro foram substituídas pela crítica usada como arma política: o candidato-presidente passou quase todo o seu mandato colocando em dúvida a integridade do sistema eleitoral e, consequentemente, agredindo o poder Judiciário. Esse uso estratégico das críticas à Justiça Eleitoral tinha por função servir como uma vacina (ironia para um negacionista) em caso de derrota na eleição de 2022. A vitória, o único resultado aceitável para Bolsonaro, seria mérito dele. A derrota seria culpa da perseguição e da manipulação por parte do Tribunal Superior Eleitoral (TSE) e das frágeis urnas brasileiras.

O ex-presidente Bolsonaro e sua turba de apoiadores recorreram a uma retórica violenta. As acusações foram alicerçadas em inverdades. Tratava-se de uma estratégia já mapeada dos processos de erosão democrática pelo mundo. Não foram poucas as lembranças de Donald Trump nos Estados Unidos. A história também se repetiu por aqui: ambos presidentes de um único mandato, eles perderam por uma margem pequena de votos, e seus aliados mais radicalizados ocuparam indevidamente espaços públicos – estradas no Brasil e o Congresso nos Estados Unidos.

A Justiça Eleitoral brasileira respondeu firmemente aos embustes bolsonaristas transformando o ministro Alexandre de Moraes, especialmente, em personagem de destaque na defesa de alguma normalidade para o conturbado processo eleitoral. O ministro saiu como uma espécie de garantidor do processo, sendo rigoroso com as *fake news*, estratégico com as armadilhas (como fez a PRF ao dificultar o acesso de eleitores no dia do segundo turno da eleição) e implacável com os flertes autoritários.

O fato é que o TSE sempre temeu, e com razão, o nível da violência política estimulado por Bolsonaro. A violência ligada ao processo eleitoral aumentou de forma expressiva. São mais que simbólicos os episódios do ex-deputado Roberto Jefferson, recebendo a Polícia Federal com tiros e granadas uma semana antes do segundo turno, e da deputada Carla Zambelli, empunhando uma arma ao perseguir um apoiador de Lula pelas ruas de São Paulo um dia antes da eleição. Ambos são exemplos que se somam a outros e confirmam a triste estatística de que essa foi, provavelmente, a campanha mais violenta desde a redemocratização.

A tensão foi ainda maior porque Bolsonaro confundiu seu papel de presidente com o de candidato. O desequilíbrio na disputa pela reeleição, que é estrutural – e, portanto, inevitável –, ganhou ares únicos pelas ações do ex-presidente. Esse é um problema para o equilíbrio da disputa, ainda mais quando o presidente não se autoimpõe limites necessários que nem sempre são expressos de forma inequívoca na legislação.

Há leis que buscam traçar uma linha divisória entre as atividades do presidente e as do candidato. O candidato-presidente deve restituir ao erário, por exemplo, os gastos com a locomoção e outras garantias que envolvem a segurança de um presidente da República. Bolsonaro, contudo, confundiu tantos os papéis que foi até difícil fazer os cálculos. Ele declarou, por exemplo, ter gasto apenas R$ 29.900 no ato político em que se transformaram as comemorações do Sete de Setembro de 2022.

Bolsonaro jogava com os limites entre seu papel de presidente e de candidato. Ele sabia que os ministros não teriam forças para tirá-lo da disputa. A questão não era somente falta de tempo para que um processo judicial chegasse ao fim, mas, principalmente, porque não existiam condições políticas para se tirar do jogo eleitoral um chefe de Estado que estava em segundo lugar nas pesquisas. Bolsonaro também apostou que, em caso de vitória nas eleições, a Justiça Eleitoral não teria coragem de rever a posição de uma maioria eleitoral.

A única saída para o ministro Alexandre de Moraes e seus colegas de Tribunal foi suspender o uso na campanha eleitoral das imagens geradas pelo presidente para ajudar o candidato Bolsonaro. A decisão, contudo, em tempos de mídias sociais, imprensa on-line e TV pública a serviço do chefe do Executivo, aconteceu após as imagens terem alcançado os eleitores brasileiros e, para nosso constrangimento, os cidadãos do mundo.

O fato de existir uma análise da Justiça Eleitoral em um livro sobre a eleição de 2022 é um mau sinal. A Justiça Eleitoral deve funcionar como uma espécie de juiz de futebol. Quanto menos aparecer, melhor. Quando ninguém se lembra do juiz – nem de sua mãe – é um sinal de que os astros foram os jogadores. Bolsonaro, contudo, jogou de forma tão desleal que o árbitro não pôde ser discreto. Devemos, em grande medida, a sobrevivência de nossa democracia ao TSE e, mais especificamente, a seu presidente, Alexandre de Moraes. Oxalá que os próximos pleitos não nos façam falar do juiz como falamos dos jogadores.

O Ministério Público Federal e o procurador-geral da República

O procurador-geral da República do período Bolsonaro, Augusto Aras, foi bastante criticado pela quase unanimidade dos observadores políticos. Sua posição é considerada omissa, para dizer o mínimo, em relação aos diversos crimes que foram cometidos pelo ex-presidente. Como é ele quem detém o monopólio da acusação contra o presidente junto ao Superior Tribunal Federal (STF), a hipótese de um processo, que ainda precisaria da autorização da Câmara dos Deputados, sempre foi remota. O chefe do Executivo foi protegido por Aras, em relação aos crimes comuns, e pelo presidente da Câmara dos Deputados, Arthur Lira, em relação aos crimes de responsabilidade. Segundo a interpretação vigente da Constituição, cabe exclusivamente ao presidente da Câmara dar continuidade ao processo que poderia abreviar o tempo de mandato do chefe de Governo. Bolsonaro foi blindado.

A alternativa que restava aos cidadãos descontentes com os desmandos de Bolsonaro sempre foi a de derrotá-lo nas urnas. A eleição foi a oportunidade de afastar o ex-capitão sem passar pela intermediação do procurador-geral e do presidente da Câmara. A questão é que, mesmo no processo eleitoral, Bolsonaro contou com Aras: o procurador-geral da República é também o procurador-geral eleitoral. O mesmo Aras que atua no STF pôde atuar, ou deixar de fazê-lo, no TSE.

O Ministério Público Eleitoral (MPE) não tem integrantes exclusivos. Seus membros ocupam posições na instituição por um período, fruto de indicações. O procurador-geral eleitoral, que é o procurador-geral da República, indica o vice-procurador-geral eleitoral, que atua em seu nome no TSE, e os procuradores regionais eleitorais, que são integrantes do Ministério Público Federal (MPF) e atuam junto aos Tribunais Regionais Eleitorais de cada estado. Além disso, existem os promotores eleitorais, que são membros dos Ministérios Públicos estaduais e que trabalham junto aos juízes e às Juntas Eleitorais nas comarcas locais.

O MPE atua em todas as fases do processo eleitoral, do registro de candidaturas à diplomação, passando pela campanha e pela eleição. Sua atuação não se restringe somente aos candidatos e partidos; ela se configura também em relação aos eleitores. Essa atuação ampla se dá ora como parte, propondo ações, ora emitindo pareceres sobre questões que chegam ao Judiciário por meio de terceiros.

A questão é que o MPE reproduz os dilemas da instituição de seu braço "comum". Como a hierarquia é frouxa e a discricionariedade é alta, podemos identificar uma atuação errática entre seus integrantes. O que é um problema em algum estado pode não ser em outro, justamente porque depende da interpretação do promotor local. Sempre há margem para diferentes interpretações da lei. Nesse mesmo sentido, o comportamento de Augusto Aras, ou de seu representante, foi similar à sua atuação como procurador-geral da República. Um procurador-geral eleitoral, digamos, cuidadoso em excesso com o presidente-candidato que abusou das *fake news* e dos privilégios do cargo. Segundo levantamento, em 70 dias de campanha, o procurador-geral eleitoral não apresentou nenhum questionamento ao TSE sobre desinformação (Brandino, 2022).

O modelo de indicação e recondução do procurador-geral parece ser o grande responsável por esse fiscal excessivamente alinhado com aquele que devia ser fiscalizado. Pela Constituição, o chefe do Ministério Público da União é indicado pelo presidente, com a aprovação do Senado, para um mandato de dois anos, sem limite para reconduções. Esse modelo incentiva que o procurador-geral agrade seu principal eleitor com o objetivo de se manter no cargo ou mesmo de sonhar com uma indicação ao STF, por exemplo. Esse desenho incentiva que o ocupante do cargo, que possui discricionariedade para interpretar as leis, proteja o chefe do Executivo.

O modelo de indicação e recondução adotado por Lula e por Dilma Rousseff, que de maneira informal driblaram a previsão constitucional, também era bastante problemático. Ambos passaram a indicar ao Senado o nome mais votado pelos membros do próprio MPF. Assim, no lugar de buscar agradar o presidente, o ocupante da Procuradoria-Geral da República passou a ter que agradar pouco mais de 1.000 procuradores. Se no modelo constitucional o problema é o excesso de dependência em relação ao Executivo, neste, as questões são uma independência excessiva para processar políticos eleitos e a transferência de uma escolha tão importante para uma burocracia que praticamente não presta contas a terceiros.

Enquanto Aras protegia Bolsonaro, o STF e o TSE utilizaram-se de iniciativas heterodoxas para contornar a inércia do procurador-geral. Em várias oportunidades, os ministros ordenaram que inquéritos fossem continuados contra o candidato e então presidente, a despeito das recomendações contrárias da Procuradoria-Geral da República.

Com a expectativa de que a democracia brasileira volte aos trilhos após a derrota de Bolsonaro, um bom debate seria a revisão da forma de indicação do procurador-geral. Embora não exista uma fórmula que seja somente vantajosa, talvez valesse avaliar a extensão do mandato, o fim da recondução e a previsão de uma quarentena longa para ocupar outros cargos públicos. Com isso, os políticos eleitos ainda seriam chaves no processo, mas o procurador-geral teria menos incentivo para "agradar" seus eleitores. Esse novo modelo também teria impacto nas eleições. O procurador-geral, inclusive quando exercesse as funções na justiça eleitoral, não seria nem tão independente para atuar como um franco atirador, nem tão ligado a um presidente que deturpe a própria finalidade de existir um fiscal do chefe do Executivo.

A Polícia Federal e a Polícia Rodoviária Federal

A cena toda foi assustadora: no dia 23 de outubro de 2022, Roberto Jefferson, um aliado do presidente e candidato Jair Bolsonaro, reage com balas e granadas à ordem do STF de conduzi-lo a um presídio após romper as regras de sua prisão domiciliar – entre outros motivos, por ele ter utilizado as redes sociais para vociferar grosserias e ameaças contra a frágil democracia brasileira e suas instituições. Três agentes da PF aparecem no vídeo, divulgado pelo próprio Jefferson, com um ar despreocupado indo cumprir a ordem judicial. Sem coletes à prova de balas e sem empunhar armas, subestimaram o homem branco, coisa que podemos imaginar que não fariam se fosse um homem negro. As balas e as granadas arremessadas pelo aliado de Bolsonaro, felizmente, não feriram gravemente os policiais.

Outra cena divulgada mostra um quarto agente da PF, que parece ter chegado após os colegas serem feridos, conversando tranquilamente, e até sorrindo, com o aliado de Bolsonaro. Nem o fato de Jefferson ter ferido agentes da PF parece ter constrangido o policial que, aliás, fez questão de se diferenciar de seus colegas "burocratas".

A postura de todos os agentes da PF parece ter sido bem diversa daquela que nos acostumamos a ver durante a operação Lava Jato. Primeiro porque a prisão de Roberto Jefferson, que já estava em prisão domiciliar, não foi acompanhada pela imprensa. Durante o tempo em que Moro e Dallagnol fingiam não ter lado, pudemos ver, com uma frequência assustadora, a imprensa chegando à casa de um político ou empresário antes de os próprios agentes cumprirem a determinação da

Justiça. Segundo, é notável também a diferença de postura dos agentes da PF entre a prisão de Jefferson e as do período anterior. No lugar da parafernália usada por policiais na condução coercitiva de Lula, vimos tranquilos agentes sem armas aparentes, sem coletes ou roupas camufladas (aliás, por que roupas camufladas na cidade?).

O que aconteceu com a Polícia Federal?

A PF, ensina o professor da Universidade de São Paulo (USP) Rogério Arantes, era uma antes de 2003 e se tornou outra a partir dos governos petistas. Com os governos de Lula, houve um incremento de recursos, um aumento expressivo no número de integrantes e uma profissionalização da carreira. Além disso, foi durante os governos petistas que se assegurou à instituição, que é subordinada ao ministro da Justiça e ao presidente da República, o que a professora da Universidade Federal de Minas Gerais (UFMG) Marjorie Marona e eu chamamos "autonomia conjuntural" (Kerche; Marona, 2022). Embora não esteja elencada na legislação, como a autonomia do Ministério Público, os governos petistas asseguraram grande autonomia à PF. Para demonstrar isso, basta lembrar que o ex-ministro da Justiça do governo Dilma Rousseff, José Eduardo Cardozo, deixou a Lava Jato correr solta contra o Partido dos Trabalhadores (PT) e seus aliados.

Bolsonaro mostrou que Cardozo não colocava limites na PF porque não queria ou não podia politicamente. Há uma série de instrumentos institucionais disponíveis para que o poder Executivo tenha alguma ingerência na PF. O governo do ex-capitão, por exemplo, trocou a direção da PF diversas vezes e retirou delegados de investigações que chegavam perto do clã Bolsonaro por meio de promoções – o famoso "cair para cima". O ex-ministro da Justiça Sergio Moro saiu do governo alegando que Bolsonaro estava interferindo indevidamente na autonomia da PF. Na verdade, o problema ali é quem teria o comando do órgão.

Há uma parte das atribuições da PF em que a direção da instituição realmente tem menor discricionariedade. Em seu papel de Polícia Judicial, se um juiz mandar os agentes cumprirem uma ordem de prisão, por exemplo, não cabem questionamentos. A PF apenas executa uma determinação advinda do poder Judiciário. Mesmo nesses casos, entretanto, a força empregada, o número de agentes e outros detalhes operacionais são de decisão da própria PF, e não da Justiça.

Processo semelhante ocorreu com a Polícia Rodoviária Federal. Dirigida por um senhor acusado de agredir um frentista de um posto de gasolina que se recusou a lavar uma viatura, entre outras graves infrações (Abreu, 2022), a PRF usou de seu espaço discricionário para desobedecer às ordens vindas do poder Judiciário. No dia das eleições, apesar de decisão contrária do TSE, operações nas estradas, especialmente no Nordeste, impunham dificuldades à locomoção de eleitores. O argumento era de que eles estavam fiscalizando e fazendo cumprir o código de trânsito e, portanto, não estariam desrespeitando a Justiça. Algo semelhante se deu após a vitória de Lula. Na mesma noite em que o resultado foi proclamado, apoiadores mais radicalizados de Bolsonaro fecharam estradas pelo país pedindo a intervenção militar e bradando que os resultados foram fraudados. Houve claramente a conivência de policiais rodoviários federais, a ponto de o STF ter de ordenar o óbvio: que as estradas deveriam ser liberadas. Mais uma vez, os policiais alegavam que estavam cumprindo a determinação judicial, mas diversos registros nas redes sociais mostravam que havia "corpo mole" por parte de quem devia combater o crime, com a tentativa de quebrar a democracia brasileira.

Por tudo isso, é de difícil entendimento a razão do apoio quase maciço dos agentes da PF ao governo Bolsonaro – o suporte da PRF até faria mais sentido do ponto de vista estrito da corporação, já que o órgão foi muito privilegiado no governo do ex-capitão. Mesmo após o então presidente ter quebrado a promessa de dar aumento salarial aos policiais e das constantes interferências nas instituições, foram poucas as iniciativas de dissenso. Talvez por compartilharem os mesmos valores de Bolsonaro, a maioria dos agentes virou as costas para Lula, para o PT e para a própria democracia depois de anos de bonança e autonomia. A PF, em especial, não se mostrou "racional" nos últimos anos e apoiou aquele que enfraqueceu a instituição. Nem a solidariedade com os colegas que sofreram um atentado no caso Jefferson abalou essa ligação. Lula terá um enorme desafio pela frente: fazer com que a PF e a PRF ajam como instituições a serviço da legalidade e da segurança e que não sejam instrumentalizadas por projetos políticos, especialmente os não democráticos.

O TSE na linha de frente da democracia defensiva: a flor e a náusea

Marjorie Marona

A democracia é um sistema de governança liberal baseado na pluralidade de ideias e opiniões políticas, o que pode, paradoxalmente, facilitar as atividades de grupos e indivíduos que desejam prejudicá-la ou derrubá-la justamente pelo abuso de instituições e procedimentos democráticos. O sucesso eleitoral de Bolsonaro em 2018 e mesmo seu desempenho na disputa de 2022 são evidências de que a tolerância ilimitada em relação a atores políticos intolerantes pode ser perigosa.

O vasto conjunto de declarações machistas, racistas, homofóbicas e de incitação à violência política que Bolsonaro proferiu enquanto deputado federal não foi suficiente para que soasse o alarme sobre o risco que sua vitória poderia representar para a democracia brasileira nas eleições de 2018. À frente do governo, o capitão sequestrou a bandeira da liberdade de expressão para destilar ódio ao mesmo tempo que atacava jornalistas, censurava dados públicos e perseguia críticos e opositores. O debate ainda mal resolvido no país sobre a liberdade de expressão foi explorado por Bolsonaro não apenas eleitoralmente, mas também tornou-se estratégia de governo.

A ONG Artigo 19[1] registra notável declínio do Brasil no ranking global de liberdade de expressão, que considera fatores como liberdade de imprensa, controle de redes sociais, liberdade artística e acadêmica, participação social e violência política, entre outros. Aponta ainda a

---

1 Cf. *Relatório Global de Expressão 2022*: o estágio da liberdade de expressão ao redor do mundo. jun. 2022. Disponível em: https://artigo19.org/wp-content/blogs.dir/24/files/2022/06/A19-GxR-Report-22.pdf. Acesso em: 2 dez. 2022.

desinformação propagada pelo governo durante a pandemia de covid-19 e a tentativa de ocultar dados, reveladora da falta de transparência contra a qual os veículos de imprensa reagiram através de um consórcio organizado para contabilizar diariamente os casos e mortes pela doença, além de compilar os dados de vacinação.

Já o relatório do Fórum Nacional pela Democratização da Comunicação (FNDC)[2] contabilizou ao menos 110 denúncias de violações à liberdade de expressão ocorridas no Brasil sob o governo Bolsonaro. As vítimas preferenciais das tentativas de censura ou repressão são jornalistas, comunicadores sociais, veículos e meios de comunicação. Na outra ponta, 67,6% dos autores de atentados à liberdade de expressão são órgãos ou agentes públicos. Em 6,3% desses casos, foram ataques promovidos pelo então presidente.

Assim como Bolsonaro, outros populistas de extrema direita buscaram desqualificar e censurar jornalistas e órgãos de imprensa ao passo que investiam nas plataformas digitais para proliferar mentiras, teorias conspiratórias, violência e ódio – muito ódio. Essa é, aliás, a receita dos novos autocratas que chegam ao poder fazendo uso de sua liberdade de expressão e direito de participar de eleições para instituir, em seguida, um regime de censura e perseguição de seus opositores.

No contexto global de erosão das democracias, a discussão sobre liberdade de expressão ganha contornos próprios. A onda autocrática que desaguou no Brasil com a chegada de Bolsonaro à Presidência da República exige que se reconheça que a tolerância ilimitada leva ao desaparecimento da tolerância (Popper, 1945). A liberdade que a democracia demanda e consagra fundamenta-se no pressuposto da tolerância limitada, portanto.

A tutela da liberdade de expressão não se estende a manifestações de ódio, expressões violentas em razão da maneira de ser, estilo de vida, crenças e convicções de um indivíduo ou grupo. Também não inclui a discriminação de caráter religioso, racial, sexual, étnico e de classe reconhecida em discursos racistas, xenofóbicos, homofóbicos e

---

[2] Cf. *Violações à liberdade de expressão no Brasil (2019-2022)*. Disponível em: http://fndc.org.br/publicacoes/calar-jamais/violacoes-a-liberdade-de-expressao-no-brasil-relatorio-2019-a-2022-204/. Acesso em: 4 dez. 2022.

misóginos. Não estão sob sua proteção as manifestações de incitação à discriminação ou instigação à violência política.

Ainda que seja um direito individual, a liberdade de expressão impacta o coletivo. A democracia não é uma missão suicida e, como tal, deve contemplar mecanismos de autodefesa. Não pode admitir, por exemplo, que a defesa da liberdade de expressão dê guarida à difusão de informação falsa, especialmente em um ambiente em que a fraude eleitoral passa pela distorção do processo de formação da opinião pública, como é o caso do Brasil. Arendt (2006) já alertou para o fato de que a mentira generalizada gera um ambiente de crescente desconfiança que debilita a autonomia individual a partir da qual opera a democracia liberal.

As estratégias de Bolsonaro assentaram muitas vezes em uma desvirtuada concepção de liberdade. Os ataques sistemáticos ao Supremo Tribunal Federal (STF) e a seus ministros visavam afrouxar todo e qualquer controle que pudesse recair sobre sua agenda iliberal. Carente de meios institucionais para avançar concretamente sobre a independência judicial, Bolsonaro apostou em uma retórica violenta que atenta contra a legitimidade da corte, na expectativa de que a opinião pública, insuflada por sua verborragia autoritária, pudesse realizar a tarefa da qual ele próprio não conseguia se desincumbir.

Não que Bolsonaro esperasse que a população enraivecida vestindo camisas da Confederação Brasileira de Futebol (CBF) tomasse de assalto o Supremo e expulsasse os ministros de seus gabinetes. A independência judicial, bem como a democracia, morre aos poucos. A legitimidade judicial não é inesgotável – aliás, é volátil. Isso torna as cortes constitucionais dependentes, em certa medida, da percepção pública acerca de seu desempenho. Funciona assim: os tribunais acumulam confiança pública gradativamente a partir da percepção de que os magistrados detêm autoridade para decidir de forma vinculante, o que, em parte, deriva da crença de que sejam imparciais.

Depois de ter flertado com quase todo o leque de opções de retaliação formal – de pedidos de *impeachment* de ministros à ampliação do colegiado – sem reunir apoio legislativo para as reformas desejadas, restou a Bolsonaro a mobilização dos mecanismos informais de retaliação: ações e pressões, diretas ou sutis, com diversos níveis de severidade, mas, sobretudo, sem amparo em disposições legais (Llanos *et al.*, 2016).

A escala do conflito entre o Planalto e o STF deu-se, portanto, no campo da informalidade, pela tentativa de mobilização da opinião pública contra a corte para desgastar a confiança na instituição (Marona; Magalhães, 2021). Essa mesma estratégia estendeu-se ao Tribunal Superior Eleitoral (TSE) à medida que as eleições se aproximavam. Bolsonaro seguiu apostando no assédio institucional e na manipulação eleitoral estratégica em busca da manutenção da posição conquistada eleitoralmente a despeito da permanência do apoio popular (Bermeo, 2016).

A Justiça Eleitoral brasileira não apenas organiza, como também regulamenta as eleições, além de funcionar como árbitro das disputas eleitorais. Portanto, ainda que as eleições sejam sobre candidatos, partidos e eleitores, no Brasil os juízes (e os promotores) eleitorais são peças fundamentais para que o processo seja justo e competitivo. O modelo brasileiro induz a centralização das funções de governança eleitoral na autoridade judicial (Marchetti, 2008). Isso favorece a condução imparcial do pleito, evitando o desvirtuamento do resultado das eleições, mas também seu insulamento, reduzindo as possibilidades de controle sobre sua atuação. Esse foi precisamente o ponto explorado por Bolsonaro e seus apoiadores, ao lançar suspeitas infundadas sobre a integridade das eleições no Brasil. O alvo preferencial foi o TSE: órgão de cúpula da Justiça Eleitoral.

As críticas à Justiça Eleitoral e ao TSE não são novas; elas acompanham o desenvolvimento do próprio fenômeno da judicialização das eleições. Dirigem-se, especialmente, ao gigantismo que a intervenção judicial pode assumir no processo eleitoral. Uma Justiça que escrutina e tutela obstinadamente as virtudes do voto flerta com a possibilidade de obstrução da mais livre manifestação da preferência do eleitor, ameaçando inclusive as mostras mais criativas de construção da representação política. Essencialmente, cria assimetria onde deveria preveni-la: na competição eleitoral. Não são, contudo, dessa natureza os ataques que vinham sendo desferidos às instituições que organizam as eleições no Brasil.

Bolsonaro e sua turba de apoiadores mais desatinada, em posição diametralmente oposta daqueles que apresentam críticas fundamentadas a aspectos do desempenho da Justiça Eleitoral, visando ao aperfeiçoamento da institucionalidade democrática, têm recorrido a uma retórica violenta, alicerçada em inverdades que visam, justamente, deslegitimar o processo eleitoral – coração da democracia. O centro nervoso das investidas antidemocráticas oscilou de suspeições infundadas sobre a integridade das urnas eletrônicas a ataques deliberados à legitimidade do TSE e, especialmente, à condução que o ministro Alexandre de Moraes imprimiu aos trabalhos, enquanto presidente da corte.

A Justiça Eleitoral respondeu, firme e rigorosamente, a cada um dos embustes – e não apenas por meio de comunicados oficiais, mas também por meio de ações técnicas e políticas. A área de tecnologia e informação do TSE passou por renovações importantes desde então. Ainda em 2021, o TSE criou uma comissão para ampliar a fiscalização e a transparência do processo eleitoral, apostando na participação de especialistas, representantes da sociedade civil e instituições públicas como meio de resguardar a integridade das eleições. Em outra frente, instituiu, em caráter continuado, o Programa Permanente de Enfrentamento à Desinformação na Justiça Eleitoral, que envolveu mais de 150 parceiros (redes sociais e plataformas digitais, instituições públicas e privadas, entidades profissionais, entre outros) empenhados nas tarefas de monitoramento de notícias falsas e combate à desinformação.

As iniciativas de enfrentamento à campanha de descrédito das eleições são resultado de uma coalizão bastante peculiar entre os três ministros do STF com assento no TSE – Luís Roberto Barroso, Edson Fachin e Alexandre de Moraes –, algumas vezes em articulação inclusive com o corregedor-geral da Justiça Eleitoral. Desde as eleições de 2018, os ministros do STF que revezam assento no TSE, assumindo sua presidência alternadamente, organizaram uma coalizão cujos efeitos podem ser sentidos em diversas dimensões do desempenho da Justiça Eleitoral. Luiz Fux, Rosa Weber, Luís Roberto Barroso, Edson Fachin e, finalmente, Alexandre de Moraes atuaram de modo organizado diante do conjunto de ameaças que o ecossistema de desinformação e a violência política representam para o processo eleitoral e, consequentemente, para a vitalidade da democracia brasileira. Alternando investidas mais ou menos contenciosas, a coalizão de ministros do Supremo assumiu uma estratégia ao mesmo tempo reativa, ao ambiente de tensão institucional que Jair Bolsonaro faz questão de sustentar, e profilática das eleições.

Para além da disposição do TSE, que detém vasta área de manobra para atuação, particularmente pelas competências e atribuições que acumula, essa estratégia dependia, em parte, da mobilização dos candidatos e seus partidos (e da atuação do Ministério Público Eleitoral), facilitada pela multiplicidade de recursos jurídicos e pontos de acesso à disposição. O procurador-geral eleitoral, Augusto Aras, como era de se esperar em face de sua subserviência ao chefe do Executivo (Kerche, 2021), foi bastante discreto. As campanhas de Lula e Bolsonaro, por sua vez, apostaram na judicialização, embora a arbitragem do TSE tenha sido menos mobilizada pela campanha do ex-capitão, em parte pela relação conturbada que ele mesmo fez questão de alimentar com Moraes, então presidente do tribunal.

Os advogados de Lula tomaram a iniciativa de apresentar diversas representações e ações contra a desinformação, tanto sob a perspectiva do candidato quanto da dimensão estrutural do problema. A Justiça Eleitoral foi mobilizada com sucesso para evitar que a imagem do candidato pudesse ser desabonada pela ação ilegal de seu principal adversário (e à época ainda presidente). O TSE chegou a proibir o uso de expressões como "ladrão" e "corrupto" associadas ao petista e concedeu direitos de resposta e remoção de diversos conteúdos, determinando, ainda, o bloqueio de perfis e desmonetização de canais bolsonaristas. A campanha de Lula foi ousada ao requerer judicialmente que redes concessionárias de rádio e TV não veiculassem conteúdo tido como falso, assumindo o risco da associação da imagem de Lula à censura. Venceu.

O alto padrão de mobilização da justiça, no entanto, poderia enredar o TSE em uma teia de pedidos liminares e julgamentos de ações que inviabilizassem sua atuação estrutural na contenção da desinformação. Não por acaso, o jurídico da campanha de Bolsonaro somou-se à litigação estratégica de alto impacto. Bolsonaro conseguiu barrar o uso político de trechos de entrevistas que associavam sua imagem ao canibalismo e à pedofilia e revidou no mesmo tom o pedido de investigação de alegada ação digital coordenada de *fake news* que a campanha de Lula havia apresentado ao TSE.

É preciso anotar, ademais, que os desdobramentos políticos do desempenho do TSE deram-se sob a presidência do ministro Alexandre de Moraes, cuja performance correspondeu às expectativas de rigor e celeridade nos autos. Tido como severo e centralizador, Moraes possui ampla capacidade de articulação em razão de sua trajetória profissional sempre ligada à política. O ministro ocupou cargos em diversas administrações do Partido da Social Democracia Brasileira (PSDB) e do Democratas (DEM) em São Paulo e depois como ministro da Justiça no governo Temer (Movimento Democrático Brasileiro – MDB). A interlocução que mantém com a cúpula das Forças Armadas contou para aliviar a tensão entre o tribunal e os militares que havia marcado a presidência de seu antecessor – o ministro Fachin. O bom trânsito com a caserna contribuiu, ainda, para desincentivar um embarque da corporação em uma aventura golpista de Bolsonaro.

Moraes seguiu como relator de ações que, no STF, atingiam Bolsonaro e aliados, o que lhe garantiu fogo extra no desempenho de sua função de resguardo da posição institucional do TSE. Moraes contou, portanto, com a jurisprudência que ajudou a construir pelas decisões proferidas nos inquéritos das *fake news* e milícias digitais, as quais determinaram a remoção pelas plataformas digitais de conteúdo falso ou de ataque às instituições, agindo de modo rápido e assertivo também em relação a mentiras e discursos de ódio que atingiam candidatos.

Entretanto, no contexto dessas eleições, um desafio adicional colocou-se para o TSE: o de assumir uma postura ativa e intransigente na defesa do processo eleitoral e das instituições democráticas sem se tornar, ele mesmo, um *jogador* na disputa – especialmente em face dos questionamentos recorrentes de Bolsonaro acerca da imparcialidade da corte. E o TSE iniciou sua jornada mesclando assertividade na desarticulação estrutural das redes de desinformação e combate à violência político-institucional, especialmente pela via administrativa, com contenção na arbitragem, ponto a ponto, dos atos de campanha de Lula e Bolsonaro, na via judicial. O calibre, no entanto, foi modulado à medida que a campanha eleitoral avançava, sempre mirando na integridade eleitoral e contenção dos riscos à democracia brasileira.

O esforço administrativo que o tribunal havia empreendido diante do complexo fenômeno da desinformação revelou-se insuficiente para lidar com o cerne da questão: o desequilíbrio informacional que compromete a disputa eleitoral. A litigância eleitoral promovida pelas campanhas presidenciais redundava em reações céleres, mas automatizadas e pouco efetivas do ponto de vista sistêmico. Ao mesmo tempo que as decisões insistiam na tese de que a liberdade de expressão está relacionada com responsabilidade, e que seria preciso criar certos limites para a manutenção da isonomia entre os candidatos, parecia não haver instrumentos suficientes para debelar o ecossistema de desinformação que ameaçava a integridade do pleito.

Na linha de frente da democracia defensiva, Moraes passou então a adotar iniciativas tão polêmicas quanto urgentes. Sob seu comando, o TSE editou, a menos de dez dias das eleições, a Resolução n.º 23.174/2022, que ampliou o poder de polícia da corte eleitoral no combate às *fake news* e ao ecossistema de desinformação, dando ao tribunal poder para *de ofício* retirar conteúdo e diminuindo o prazo para que as plataformas o fizessem. Houve críticas de que o TSE teria excedido seu poder regulamentar ao adentrar em matéria típica do Legislativo e contestação da Procuradoria-Geral da República (PGR) junto ao STF.

O Supremo, entretanto, adotou uma postura francamente deferente à competência do TSE, admitindo, inclusive, a possibilidade de uma sorte de experimentação regulatória em face da complexidade que o fenômeno da desinformação soma à disputa eleitoral, conforme se depreende da decisão do ministro Fachin ao negar o pedido liminar articulado por Aras.

Moraes ainda negou peremptoriamente o pedido da campanha de Bolsonaro para que se investigasse suposta fraude em inserções de rádio da propaganda eleitoral em prejuízo a sua candidatura, alegando ausência de base documental crível e, portanto, de qualquer indício mínimo de prova. Na mesma decisão, o ministro solicitou a Aras que investigasse "possível cometimento de crime eleitoral com a finalidade de tumultuar o segundo turno do pleito em sua última semana", e acionou a Corregedoria-Geral Eleitoral (CGE) para a instauração de procedimento administrativo e apuração de responsabilidade, em eventual desvio de finalidade na utilização de recursos do Fundo Partidário para a contratação da suposta auditoria. Determinou, por fim, o envio do caso para o STF, anexando-o aos autos do inquérito n.º 4874, que investiga justamente as "milícias digitais". Era um recado claro do que estava disposto a fazer para resguardar o processo eleitoral.

Moraes conduziu com firmeza o imbróglio explosivo que envolveu o cumprimento pela Polícia Federal da revogação da prisão domiciliar de Roberto Jefferson (Partido Trabalhista Brasileiro – PTB) e o infame espetáculo persecutório da deputada Carla Zambelli (Partido Liberal – PL), de arma em punho, às vésperas da eleição, desvencilhando-se dos ardis contidos nas manifestações tresloucadas de ambos os apoiadores de Bolsonaro. No dia da votação, atuou prontamente para cessarem os prejuízos que a desobediência orquestrada da Polícia Rodoviária Federal (PRF) impunha aos eleitores, sem internalizar custos à legitimidade do processo. Por fim, diante da pantomima que Jair Bolsonaro chamou de discurso, após ser derrotado por Lula nas urnas, Moraes foi tão generoso quanto astuto ao ouvir o reconhecimento presidencial do resultado eleitoral desfavorável não pronunciado pelo capitão.

Sem ignorar a magnitude dos riscos que a adoção de estratégias de democracia defensiva pode ensejar – a possibilidade de "tirania judicial" talvez seja o mais sério deles – urge reconhecer que a natureza hedionda dos discursos e práticas de Bolsonaro e seus aliados oferecia gravíssimos perigos à democracia brasileira. As recorrentes investidas de Bolsonaro contra as instituições democráticas e seu comportamento na disputa eleitoral ao arrepio dos marcos constitucionais e legais desenham um cenário de excepcionalidade que, mesmo diante do risco de apropriação judicial equivocada, parece autorizar o *ativismo judicial* que tantas vezes e tão corretamente foi criticado no decorrer de sucessivos governos democráticos.

Excepcional e temporária a *performance democrática militante* de ministros de cortes superiores perde toda e qualquer base de legitimidade tão logo os parâmetros mínimos de restabelecimento da normalidade democrática sejam restituídos. Quer dizer que a defesa da tutela ativa da democracia pelas cortes só se sustenta como medida de justiça sob o pressuposto de que a desigualdade interdita a mais tênue possibilidade de prosperar uma associação política entre cidadãos livres e iguais, baseada no respeito mútuo. E cessa tão logo a primeira flor (feia que seja) fure o asfalto, o tédio, o nojo e o ódio.

O meio ambiente na encruzilhada: o que esteve em jogo nas eleições em 2022?

Leonardo Barros Soares

As políticas públicas voltadas para o meio ambiente – mais especificamente, seu rápido e profundo desmantelamento – foram temas centrais do governo Bolsonaro desde seu início. É de conhecimento público que o ex-presidente da República apresentava-se como um adversário frontal do que considerava um "excesso regulatório" no campo ambiental, o que, segundo ele, travaria investimentos, inibiria atividades econômicas e, no limite, condenaria o país ao subdesenvolvimento.

Assim, sua administração agiu de forma deliberada para suspender multas ambientais, bloquear ações de fiscalização por parte do Instituto Brasileiro do Meio Ambiente e dos Recursos Naturais Renováveis (Ibama) e do Instituto Chico Mendes de Conservação da Biodiversidade (ICMBio) e fazer vista grossa para as atividades de madeireiros e garimpeiros em áreas de proteção ambiental. Tornou-se tristemente célebre a reunião ministerial de 22 de abril de 2020 em que o então ministro do Meio Ambiente, Ricardo Salles, argumentava que seria importante aproveitar a oportunidade, já que a imprensa estava com os holofotes voltados para a escalada da pandemia de covid-19 no país para, em suas palavras, "passar a boiada". Em outros termos, tencionava-se aprovar um amplo conjunto de desregulações legislativas infraconstitucionais que visava, em última instância, desconstruir o sistema de proteções ambientais erigido no país após a Constituição de 1988. Não surpreende, portanto, que os últimos quatro anos tenham sido testemunhas de níveis sem precedentes de desmatamento ilegal e queimadas na Amazônia e no Pantanal, da contaminação em larga escala de rios devido ao garimpo predatório e do desprezo absoluto pela institucionalidade em torno dos direitos ambientais.

Assim, o tema do meio ambiente politizou-se enormemente em anos recentes e envolveu um conjunto impressionante de atores nacionais e internacionais em debates sobre as soluções para a emergência climática global e o papel estratégico do Brasil. Nesse sentido, sua importância para o já histórico ciclo eleitoral de 2022 não pode passar despercebida pelas análises de conjunturas políticas mais amplas. Neste capítulo, buscamos discutir, ainda que de forma concisa, o que, a nosso juízo, esteve em jogo, no âmbito das políticas ambientais, durante a disputa em tela.

Para onde olhar? Um panorama dos pontos em disputa em 2022

Em primeiro lugar, parece-nos central enfatizar em que medida os candidatos e candidatas aos cargos proporcionais e majoritários encamparam agendas que aprofundariam ou, ao contrário, tentariam reverter o profundo desmantelamento e desinstitucionalização sofridos pelas políticas públicas para o meio ambiente durante o governo Bolsonaro. Nesse sentido, o monitoramento das principais plataformas políticas apresentadas pelas candidaturas forneceu um material de análise precioso para melhor compreendermos o que esperar dos mandatários e mandatárias para os anos vindouros.

Outro ponto de destaque foi o avanço na compreensão das articulações e agendas legislativas e de políticas públicas de candidatos e candidatas tradicionalmente afiliados às bancadas – formais ou informais – que se organizam no Congresso Nacional e nos legislativos estaduais. Falamos aqui não apenas da já conhecida Frente Parlamentar da Agropecuária, mas também das bancadas financiadas por mineradoras e empresas de fertilizantes e agrotóxicos, para ficarmos em apenas alguns exemplos. Madeireiros, grileiros e garimpeiros organizaram-se para ocupar os cargos em disputa.

Também pretendemos lançar luz para as disputas que se deram em nível estadual. Em que pese o tema do meio ambiente ser fortemente federalizado, as políticas estaduais de preservação ou degradação ambiental também contribuem para a composição do quadro analítico mais amplo. Com especial destaque figuraram as análises relativas aos estados mais conflagrados na questão ambiental, notadamente aqueles que compõem a Amazônia Legal e a Região Centro-Oeste, bastião político do setor do agronegócio no país.

Por fim, mas não menos importante, numa lista que não se esgota aqui, destacamos como de especial relevância para essas eleições a discussão sobre as candidaturas de atores políticos que se apresentam – muitas vezes, pela primeira vez – à arena eleitoral como contrapontos à agenda antiambiental. Indígenas, quilombolas, ativistas, cientistas e até mesmo agentes oriundos dos quadros do Ibama e da Polícia Federal (PF) lançaram-se candidatos em número significativo. Mas não foi só isso. A eleição de cinco candidatas autodeclaradas indígenas para o Congresso é um sinal auspicioso, em que pese o fato de que, num panorama político mais amplo, os candidatos com pautas antiambientais sobressaíram-se aos demais.

O conjunto de temas apenas brevemente rascunhados anteriormente é apenas uma amostra da complexidade política que esteve envolvida no debate sobre o meio ambiente durante o ciclo eleitoral recém-concluído. Dizer que as eleições de 2022 foram as mais importantes para o Brasil pós-Constituição de 1988 não é mero exagero de retórica. De um lado, esteve a possibilidade de uma intensificação catastrófica da agenda radicalmente antiambiental desenvolvida com afinco durante os anos do governo Bolsonaro. De outro lado, emergiu a possibilidade real e inédita da conformação de grandes coalizões ambientalistas no Congresso Nacional e nos legislativos estaduais que possam reverter o desmonte legislativo e político enfrentado pelas políticas públicas de meio ambiente.

O meio ambiente esteve numa encruzilhada decisiva nessas eleições, pois chocaram-se forças políticas que pretendem um impulso definitivo para a desconstitucionalização dos direitos ambientais e outras que buscam abrir uma janela de oportunidade inédita para alterar a relação do país com seus biomas, rios, oceanos, fauna e flora.

As disputas estaduais e o desmatamento na Amazônia Legal

Um elemento que mereceu destaque em nossa análise foi o monitoramento das disputas para o cargo de governador na região da Amazônia Legal e sua relação com os níveis de desmatamento.

Utilizamos como lente analítica para investigar o fenômeno um artigo da cientista política estadunidense Alice Xu, da escola de governo da Universidade Harvard, cujo título em tradução livre é "As origens políticas do desmatamento na Amazônia brasileira entre 2000 e 2012" (2020). Nesse trabalho premiado, Xu demonstra que há uma correlação entre eleições competitivas em nível municipal e o aumento do desmatamento nessas localidades. Seu argumento é de que eleições competitivas fornecem incentivos para que os candidatos aproximem-se de financiadores de campanha envolvidos com atividades florestais predatórias. Após um ano da eleição, sugere a autora, é possível perceber um processo de intensa nomeação de agentes para cargos públicos de confiança do prefeito que agem para afrouxar as regulações ambientais locais e, assim, favorecer o desmatamento.

Extrapolando os achados de Xu em nível municipal na região Amazônica para o contexto da competição estadual, tendo em mente as mediações metodológicas necessárias, buscamos traçar cenários a partir das candidaturas postas.

As primeiras sondagens eleitorais para os nove governantes da região delineavam que as eleições só pareciam estar próximas a serem decididas no primeiro turno em dois casos: no Pará, com Helder Barbalho (Movimento Democrático Brasileiro – MDB), que apresentava sólidos 63% frente aos 10% de Zequinha Marinho (Partido Liberal – PL); e no Mato Grosso, em que Mauro Mendes (União Brasil) apresentava 43% das intenções de voto, com enorme folga para o segundo colocado, Procurador Mauro (Partido Socialismo e Liberdade – PSOL), que aparecia com apenas 9%. Barbalho e Mendes eram bem avaliados em seus governos e foram reeleitos com tranquilidade.

O panorama foi distinto nos demais sete estados amazônicos. Em todos eles a eleição desenrolou-se de forma bastante competitiva, sem definição clara dos favoritos. No estado do Amazonas, o bolsonarista Wilson Lima (União Brasil) apresentava igual intenção de voto à de Amazonino Mendes (Cidadania), 28%; igualmente, em Tocantins, o atual governador Wanderlei Barbosa (Republicanos) apresentava empate técnico com Ronaldo Lima (PL), com 24% de intenções de voto. Cenário esteve indefinido também no Acre, cuja dianteira foi a do atual ocupante do cargo, Gladson Cameli (Progressistas – PP), com 38%, mas sem vantagem confortável para os concorrentes. Em Rondônia, o governador Coronel Marcos Rocha (União Brasil) apresentava 32% das intenções de voto, seguido de perto por seus concorrentes. Já no Maranhão, o incumbente Carlos Brandão (Partido Socialista Brasileiro – PSB) chegou a estar tecnicamente empatado com Weverton Rocha (Partido Democrático Trabalhista – PDT), com 22%, e no Amapá, o vice-governador Jaime Nunes (Partido Social Democrático – PSD) amealhava 37,7% das intenções de voto frente aos 29,7% de Clécio Luís (Solidariedade). Por fim, em Roraima, o incumbente, Antonio Denarium (PP) esteve atrás da desafiante Teresa Surita (MDB), por 47 a 36%.

Ou seja, no Pará – o segundo colocado no ranking de desmatamento monitorado pelo Instituto Nacional de Pesquisas Espaciais (INPE) até maio de 2022 –, a tranquila reeleição de Barbalho deve significar a sanção ao intenso desmatamento em áreas de conservação do estado. Por sua vez, no Mato Grosso – que tem o menor percentual de território designado como de proteção ambiental entre todos os estados da Amazônia Legal –, a popularidade de Mauro Mendes conduzirá o estado a mais quatro anos de incentivos à expansão da fronteira do agronegócio. Vale lembrar que o estado já perdeu, entre 1985 e 2020, impressionantes 29,4% de suas florestas.

Além disso, o cenário não é mais animador nos demais estados. Rondônia, por exemplo, não apenas é o estado da região que mais perdeu cobertura florestal nativa, como também é aquele que mais sofreu desmatamento em Unidades de Conservação estaduais, seguido pelo Maranhão e pelo Tocantins. Nestes se elegeram, respectivamente, Marcos Rocha, Carlos Brandão e Wanderlei Barbosa. Roraima e Amazonas, com as reeleições dos também bolsonaristas Antonio Denarium e Wilson Lima, não devem alterar seu histórico de governos com fortes articulações com setores ruralistas interessados na expansão de terras agricultáveis, pecuária extensiva, exportação de madeira e, consequentemente, promotores de desmatamento ilegal.

Em suma, se o argumento de Alice Xu se mantiver verdadeiro, pelo menos em suas linhas gerais, para o cenário estadual, não podemos esperar que uma grande reversão do intenso processo de desmatamento em curso na Amazônia Legal venha a acontecer a partir de 2023. Pelo contrário. Não apenas o bolsonarismo antiambiental mais renhido manteve suas posições de poder nos estados da região, como também os níveis de desmatamento se intensificaram ainda mais entre o fim do segundo turno e a posse do presidente Luiz Inácio Lula da Silva.

Defender a floresta e os territórios tradicionais: indígenas nas eleições 2022

Em 2022, vimos o maior número de candidaturas indígenas lançadas para as eleições brasileiras. Esse é um crescimento que se apresenta de forma paulatina ao longo da última década, mas observamos que a estratégia prioritária publicizada por organizações do movimento indígena no ano passado foi especialmente focada na luta pela eleição de representantes de suas comunidades no que foi denominado de "aldeamento da política".

Para a realização do levantamento a partir da classificação étnica, utilizamos a autodeclaração dos candidatos. Os dados foram retirados do Portal Dados Abertos, do Tribunal Superior Eleitoral (TSE). Foram solicitadas ao TSE o registro de 183 candidaturas indígenas. Destas solicitações, três candidatos foram declarados inaptos e 180 indígenas tiveram seu registro aceito. Realizando-se o mapeamento somente com os considerados aptos ou cadastrados, encontramos candidatos disputando cargos nos pleitos estaduais e nacional. Com exceção do cargo à Presidência, todos os outros tiveram, ao menos, um candidato indígena.

Foram 111 candidaturas para deputado estadual ou distrital, 56 para deputado federal, duas para governadores e três para senadores. Também foi registrada a primeira candidatura à vice-presidência, quatro para vice-governadores e três para suplentes de senadores. Verifica-se um aumento significativo em comparação com as eleições de 2018, nas quais 124 indígenas foram apresentados ao eleitorado. Em 2014, foram apenas 74 candidaturas indígenas.

Um fator interessante pode ser destacado: todos os estados brasileiros lançaram ao menos um candidato indígena nas eleições de 2022. Em 2018, Goiás era o único estado que não contava com nenhum candidato indígena. Em 2022, uma indígena apresentou-se ao pleito para deputado estadual. Já Roraima foi o estado com o maior número de indígenas lançados, com 29 candidatos. Quase todos os cargos (com exceção da segunda suplência) tiveram uma candidatura indígena. No recorte regional, a região Norte é a que possui o maior número de candidaturas, 41% do total, seguida pela região Nordeste (19%), Sudeste (18%), Centro-Oeste (10,5%) e Sul (10%).

Das candidaturas lançadas, quase 93% foram direcionadas ao pleito proporcional, com 61% dos candidatos disputando as assembleias estaduais e 31% concorrendo à Câmara Federal. Apenas 7% dos candidatos concorrem nas arenas majoritárias. No cenário observado em 2022, apenas o Partido dos Trabalhadores (PT), o PSOL, o Partido Socialista dos Trabalhadores Unificado (PSTU) e a Unidade Popular (UP) lançaram indígenas para cargos majoritários. A exceção está na candidatura para senador lançada pelo Republicanos, do então vice-presidente Hamilton Mourão, que se autodeclarou indígena ao TSE. Já nas eleições proporcionais, seja para a Câmara Federal, seja para as assembleias estaduais, observamos candidaturas indígenas em uma variedade de partidos. Foram 29 partidos lançando ao menos um candidato indígena para o pleito proporcional. Entre os cinco partidos com o maior número de candidaturas indígenas, estão Rede (19), PSOL (18), PT (17), PDT (14) e PL (13), esta última a legenda do ex-presidente Jair Bolsonaro.

Sobre a variedade partidária para essa disputa, dois pontos devem ser analisados com cautela. Por um lado, a partir do sistema de autodeclaração, a presença de candidaturas indígenas em partidos de direita demonstra que nem sempre os candidatos estão alinhados com as pautas do movimento indígena, como é o caso de Mourão. De outro lado, é necessário avaliar – a partir de pesquisas futuras – a capilaridade que os partidos possuem nos estados. A força partidária das agremiações altera-se a partir do território em que estão presentes e isso faz com que, mesmo candidaturas alinhadas ao movimento, tenham que se lançar em partidos de centro ou de direita. Um exemplo disso é a candidatura para a prefeitura do município de Pesqueira, na Paraíba, de Marquinhos Xukuru pelo Republicanos em 2020.

Em suma, podemos concluir que o projeto de "aldeamento da política" almejado pelas principais lideranças do movimento indígena brasileiro deu passos substanciais no pleito de 2022. A eleição de Sônia Guajajara e Célia Xakriabá para a Câmara Federal é um sinal da pujança das jovens lideranças femininas no cenário contemporâneo da política indígena nacional. Em contrapartida, a eleição de Sílvia Waiãpi, pelo Amapá, também serve de indicativo que "indígenas bolsonaristas" estão se constituindo como um grupo político para disputar pautas tradicionalmente dominadas por militantes de esquerda. De qualquer forma, as eleições de 2022 marcam, definitivamente, a presença dos povos originários na política institucional formal do estado brasileiro.

As eleições de 2022 findaram com um sabor amargo para os defensores das pautas ambientais. Em que pese o fato de que o projeto presidencial de Bolsonaro tenha sido derrotado nas urnas, o Congresso eleito carrega nas tintas do antiambientalismo e deve colocar obstáculos ao novo governo federal e à sua – até agora – ambiciosa agenda para o setor. A permanência do bolsonarismo enquanto principal força política nos estados da Amazônia Legal e no estado mais rico da federação prenuncia a intensificação de agendas de degradação do meio ambiente em prol de um propalado "desenvolvimento" econômico. Mesmo o aumento significativo da representação de indígenas no congresso traz consigo o sabor "agridoce" da eleição de representantes comprometidos com a retrógrada agenda de desmantelamento ambiental característica dos anos de Bolsonaro no poder.

Em suma, será preciso esperar as novas articulações do governo eleito com a base congressual para que as correlações de forças sejam mensuradas de forma mais realista e, assim, possamos traçar um panorama mais claro para os anos à frente. As perspectivas, no entanto, nesse início de mandato, não são nada promissoras. Veremos o que o futuro reserva para o meio ambiente no país no alvorecer de uma nova administração federal.

Brasileiros viram protesto como parte da democracia, mas corrupção mobilizou mais do que defesa de direitos

Priscila Zanandrez
Priscila Delgado de Carvalho

A participação política é um dos eixos da dinâmica democrática. A soberania popular garante que aqueles que serão submetidos às decisões políticas possam participar do processo de sua elaboração. A participação encontra seu ápice durante o processo eleitoral, mas não se restringe a ele. Durante o pleito de 2022, ficou evidente como a participação foi fundamental não apenas no momento do voto, mas também através de protestos e mobilizações que pautaram parte da agenda das eleições. Ainda que se reconheça o papel dos protestos na dinâmica democrática brasileira, o eixo temático protestos/democracia está longe de ser simples e apresenta diferentes nuances entre a opinião pública brasileira. Os dados da pesquisa "A cara da democracia no Brasil"[1] demonstram que nem todo tema é capaz de mobilizar brasileiros e brasileiras, nem todos os cidadãos estão dispostos a sair às ruas, nem toda mobilização é adequada para um regime democrático.

---

[1] Aplicada desde 2018, a pesquisa conta com cinco ondas. A primeira edição foi realizada entre os dias 15 e 23 de março de 2018 com amostra de 2.500 entrevistas e margem de erro de 2%. A edição de 2019 foi aplicada entre 8 e 16 de novembro, com amostra de 2.009 entrevistas, com margem de erro de 2%. A onda de 2021 foi realizada entre os dias 20 a 27 de abril daquele ano, com amostra de 2.031 entrevistas, com margem de erro de 2,2%. Em 2022, a pesquisa de junho contou 2.538 entrevistas, com margem de erro de 2%. A pesquisa de setembro de 2022 contou com 1.535 entrevistas presenciais e foi realizada entre 9 e 14 de setembro, com margem de erro de 2,5%. Em todos os anos o intervalo de confiança estimado foi de 95%. Os relatórios e bancos de dados podem ser consultados em: https://www.institutodademocracia.org/a-cara-da-democracia. Acesso em: 2 dez. 2022.

Conduzida pelo Instituto da Democracia e Democratização da Comunicação (IDDC/INCT) desde 2018, a pesquisa, que conta com cinco ondas, demonstrou que os brasileiros estão mais propensos a ir às ruas contra a corrupção do que para defender a democracia. Também revelou que nem todo uso político das ruas foi positivo para os candidatos, pois, para 44% dos brasileiros, a participação de Jair Bolsonaro nas manifestações do Sete de Setembro, em Brasília e no Rio de Janeiro, diminuiu as chances de reeleição do então presidente. Além disso, uma maioria expressiva da população (71,7%) considera que eventuais fortes protestos não seriam justificativa para um golpe de estado.

As informações ajudam a traçar um perfil da opinião pública sobre a relação entre protestos e política no país. Indicam uma percepção consolidada de que protestos são parte integrante da democracia. Também mostram que as pessoas são capazes de avaliar criticamente o significado de protestos, mas, sobretudo, que sabem bem por quais motivos poderiam ir – ou não – às ruas, e que a pauta da corrupção continua sendo relevante para a opinião pública, como bem demonstrou o espaço dedicado ao tema durante a campanha presidencial. Nesse sentido, este artigo propõe-se a analisar como a discussão sobre protestos esteve presente na sociedade brasileira durante o processo eleitoral de 2022.

Protestos e democracia

Nos anos de 2018 e 2019, quase 60% da população brasileira afirmou que nunca participaria de protestos ou manifestações, enquanto aproximadamente 40% afirmaram que já haviam participado ou poderiam participar de protestos. Se comparados a outros repertórios de ação, os brasileiros tendem a aderir mais a protestos do que a greves, ocupações e boicotes (Graf. 1).

Gráfico 1 – Disposição para participar de manifestações e protestos (%)

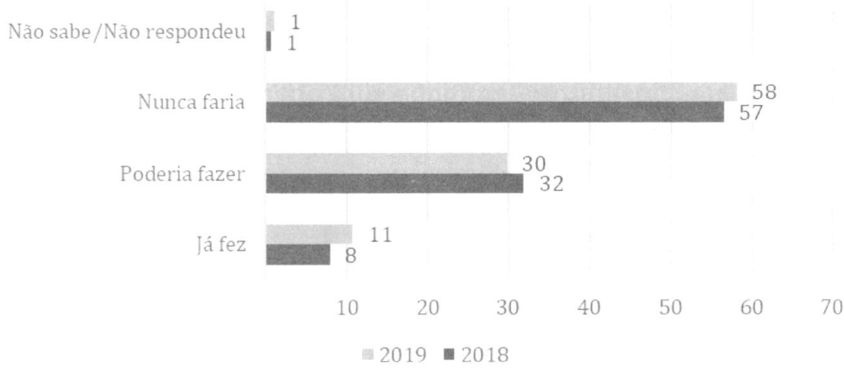

Fonte: Elaboração nossa; INCT/IDDC (2018; 2019).

Por outro lado, apesar da relativa baixa disposição dos brasileiros para participar de manifestações, a série histórica sobre possibilidades de ruptura democrática, em caso de muitos protestos, mostra que a sociedade brasileira aceita as manifestações como parte do jogo democrático. Em 2022, quase 72% dos brasileiros e brasileiras não concordam com a afirmação de que muitos protestos poderiam justificar um golpe militar. A cifra repete pesquisa anterior, realizada em junho do mesmo ano, e aponta queda (de 22% para 17%) entre aqueles que defendem uma ruptura democrática em casos de muitos protestos.

Gráfico 2 – Circunstâncias que justificariam um golpe: protestos sociais (%)

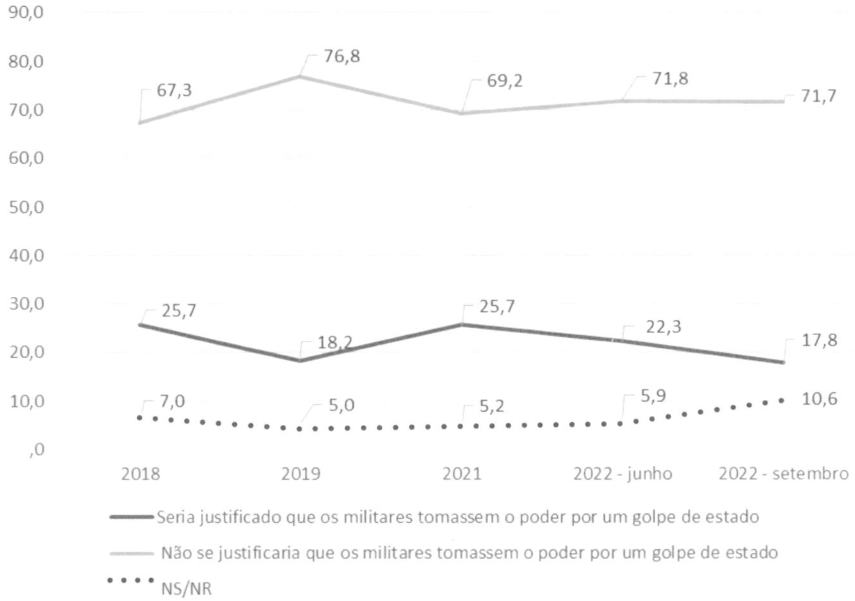

Fonte: Elaboração nossa; INCT/IDDC (2018-2022).

O dado mostra a percepção de que protestos são uma forma legítima de expressar demandas e que mesmo uma situação de muitos protestos não deve afetar a democracia.

Historicamente, esse dado varia menos do que a questão sobre aceitação de golpe militar em caso de instabilidade política: aqueles que não aceitariam, nas duas últimas pesquisas de 2022, passaram de 61% para 66%, e caiu, de 31% para 23%, a porcentagem de pessoas que dizem ser justificável um golpe em situações de instabilidade.

Em uma eleição marcada por manifestações pela democracia, em agosto, e pelas manifestações de apoio a Jair Bolsonaro, no início de setembro, a percepção de que protestos são parte da democracia traz boas perspectivas para o futuro, ao menos no que depender da opinião pública.

Disposição para protestos

No entanto, ao olhar para os temas capazes de mobilizar a sociedade brasileira, observa-se que a defesa de direitos democráticos mobiliza menos do que a luta contra a corrupção. Ainda que a rejeição a uma ruptura militar tenha crescido entre os brasileiros, é a corrupção que parece instigar a maioria a se manifestar.

Não é de hoje que a corrupção aparece como tema sensível. Se a ocorrência de protestos não é um motivo para golpe militar, de acordo com 70% da população, isso não acontece quando o caso é de muita corrupção. O apoio dos brasileiros a uma ruptura democrática, em casos de muita corrupção, chegou a 51%, em 2021, e caiu para 46% em junho de 2022. Mesmo com a diminuição do apoio ao golpe em casos de corrupção, entre 2021 e 2022, observa-se como o tema aparenta ser muito mais sensível aos brasileiros do que os próprios protestos.

Comparando a disposição para ir às ruas com a intenção de voto, observa-se que tanto os eleitores de Lula quanto os de Bolsonaro estão muito mais dispostos a se envolver em protestos para lutar contra a corrupção do que para a defesa dos direitos democráticos. Entre os eleitores de Bolsonaro, 61% estão completamente dispostos a se manifestar contra a corrupção, enquanto entre os eleitores de Lula esse número chega a 53%. Essa opinião não se repete em torno do tema da defesa da democracia: apenas 30% dos eleitores tanto de Lula quanto de Bolsonaro estariam plenamente dispostos a ir às ruas para defender seus direitos democráticos. A maior disposição para protestar contra a corrupção é coerente com a força do tema entre setores conservadores articulados a partir de 2013. Porém, o volume relevante entre os apoiadores de Lula preocupados com a corrupção indica ser este um tema que perpassa a sociedade. Vale, no futuro, analisar qualitativamente como a corrupção é compreendida entre os diferentes segmentos.

Destaca-se ainda que, entre aqueles que disseram votar em ninguém, branco ou nulo, mais da metade não está nem um pouco disposta a se manifestar em defesa da democracia. Essa porcentagem cai para 33% quando o caso é o combate à corrupção. Observa-se, portanto, que, mesmo entre aqueles que se colocam fora do jogo eleitoral, o tema da corrupção consegue ainda assim mobilizar mais do que a defesa da democracia.

Gráfico 3 – Disposição para ir para a rua defender os direitos democráticos *versus* intenção de voto

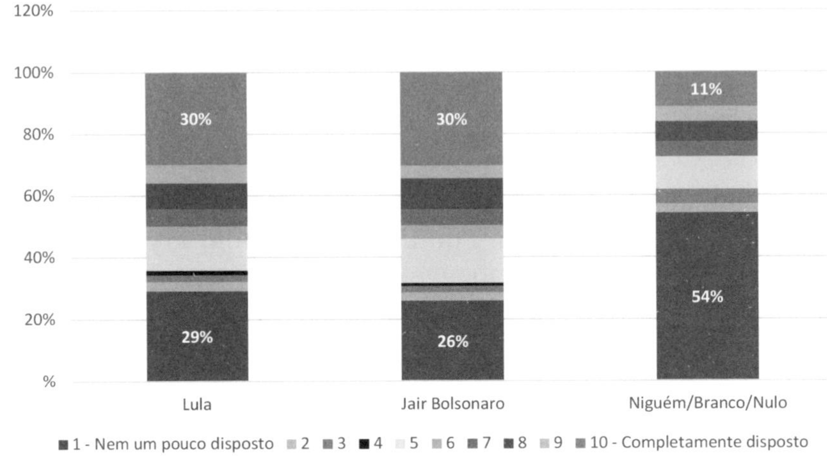

Fonte: Elaboração nossa; INCT/IDDC (2022).

Gráfico 4 – Disposição para ir para a rua lutar contra a corrupção e os abusos *versus* intenção de voto

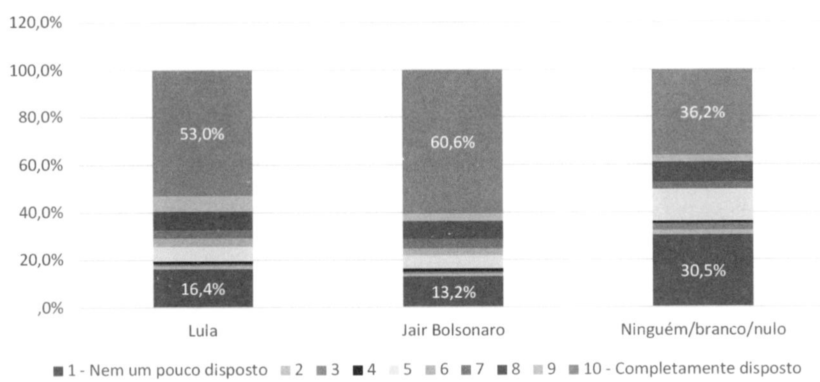

Fonte: Elaboração nossa; INCT/IDDC (2022).

No cruzamento entre disposição para ir às ruas e sexo, fica evidente que os homens, independentemente da temática que os mobilize, estão mais dispostos a se manifestar do que as mulheres. Quando o assunto é defender seus direitos democráticos, apenas 23% das mulheres (contra 32%

dos homens) estão dispostas a participar de manifestações. No entanto, quando se fala em lutar contra os abusos da corrupção, o número chega a 58% entre os homens e a 49% entre as mulheres. A menor propensão pela mobilização entre as mulheres contrasta com o papel que tiveram na campanha presidencial em 2018, marcada pelos protestos do #Elenão.

Já a importância da corrupção como mote para mobilizações mostra uma permanência. O tema, que esteve muito presente nas grandes manifestações em junho de 2013 e durante o processo de impedimento da presidenta Dilma Rousseff, continua encontrando fôlego entre os eleitores brasileiros.

Protestar contra a corrupção é legítimo. No entanto, o debate da corrupção não pode ser desvinculado do debate sobre democracia, pois o combate efetivo e duradouro à corrupção se faz através de ações de instituições democráticas fortes. Não é possível haver combate à corrupção sem a existência de um regime democrático. Esse paradoxo, entre a pouca disposição para defender a democracia e a muita comoção em torno da corrupção, demonstra fragilidades na cultura democrática brasileira e tornou-se claro nos protestos que prosperaram com o fim do pleito eleitoral.

Os grupos de apoiadores de Jair Bolsonaro ao ocupar algumas estradas do país, contestando o resultado das urnas e exigindo a intervenção militar, atestam que nem todo protesto é democrático e que, apesar do crescente apoio à democracia no Brasil, ainda existe uma parcela da população que usa da participação política para os fins não democráticos.[2]

Por outro lado, Lula, em seu primeiro discurso após a vitória no segundo turno, acena para a volta do protagonismo da participação no cenário político, garantindo fôlego não apenas para as mobilizações e protestos vindouros, como também para a inclusão da sociedade civil no sistema político brasileiro.

---

[2] Os eventos do dia 8 de janeiro de 2023, que aconteceram após a finalização deste artigo, ratificam a contenciosidade presente na sociedade brasileira em torno da defesa da democracia. Os ataques de apoiadores extremistas do ex-presidente Jair Bolsonaro extrapolam o campo dos protestos e demonstraram a perversidade autoritária ainda presente na sociedade civil, atestando o argumento defendido no texto.

Redes sociais e o ecossistema de desinformação

Eleições 2022 nas redes sociais: notícias falsas e muito mais

Marisa von Bülow

No âmbito do Observatório das Eleições 2022, um grupo de pesquisadoras e pesquisadores dedicou-se a acompanhar o processo eleitoral a partir do foco no uso das plataformas digitais. Entre agosto e novembro de 2022, publicamos quase trinta artigos na mídia e participamos de dezenas de debates e *lives* promovidos por uma grande variedade de canais e fóruns de informação política.[1] Nosso objetivo foi contribuir para uma melhor compreensão, por parte dos atores do processo e da opinião pública em geral, sobre os impactos do uso de tecnologias digitais no processo eleitoral.

Mais especificamente, buscamos coletar informações e aprofundar o debate em relação a dois problemas que se retroalimentaram durante as eleições, mas que são distintos: a disseminação de notícias falsas e a difusão de discursos autoritários. Muitas vezes, esses discursos – por exemplo, conclamando uma intervenção militar no processo eleitoral – são baseados em notícias falsas, mas vão mais além. O conceito de notícias falsas não consegue abarcar todas as formas de manipulação e de ataques ao processo eleitoral. Para abarcar essa diversidade, nossas análises buscaram compreender o fenômeno da desordem informacional, que inclui a disseminação não só de conteúdo falso, mas também de conteúdo verdadeiro baseado no ódio ou em discursos antidemocráticos.

Além disso, mapeamos as estratégias digitais das campanhas, medimos a capacidade de engajamento dos atores e analisamos como

[1] Os artigos podem ser acessados na página do Observatório das Eleições. Disponível em: https://observatoriodaseleicoes.com.br/desinformacao-e-redes/. Acesso em: 18 nov. 2022.

as narrativas utilizadas nas redes sociais digitais foram se alterando ao longo do tempo. Partimos do pressuposto de que só poderíamos compreender os usos e impactos da internet no processo eleitoral a partir de uma visão sistêmica que olhasse para as múltiplas plataformas e também incorporasse uma diversidade de atores, inclusive as próprias plataformas digitais.

Nesse sentido, os capítulos seguintes deste livro, escrito pelos integrantes da editoria de Redes e Desinformação do Observatório das Eleições, mostram a relevância das análises multiplataforma, que consideram as estratégias digitais eleitorais em mais de um palco digital ao mesmo tempo. Mas essas plataformas não são vistas como meros serviços utilizados pelos atores. Um pressuposto importante que guiou nossas análises foi o de que as próprias empresas de internet – Meta, Google, Twitter, Telegram, entre outras – são, elas mesmas, atores políticos importantes do processo eleitoral.

Os desafios de estudar as redes sociais em 2022

Sobre o problema da disseminação de notícias falsas e de discursos antidemocráticos, os sinais de alerta já estavam dados há muito tempo. Sabíamos que as redes sociais digitais teriam enorme impacto em 2022 – em boa medida, por razões negativas, em especial pela dificuldade das instituições e das campanhas de controlarem a rápida disseminação de notícias falsas, rumores, teorias da conspiração de todo tipo e discursos de ódio.

No dia 4 de agosto de 2022, publicamos uma análise no portal *GGN*, com o mesmo título deste capítulo, que buscava chamar a atenção para esse conjunto de desafios.[2] Argumentamos que, quando se fala sobre internet e eleições no Brasil, um tema central é o do impacto negativo da difusão de notícias falsas, popularmente conhecidas pelo termo em inglês *fake news*. Isso não é à toa. A eleição presidencial anterior, de 2018, será para sempre lembrada como o pleito no qual as mentiras

[2] VON BÜLOW, Marisa. Eleições 2022 nas redes sociais: notícias falsas e muito mais. *GGN*, 4 ago. 2022. Disponível em: https://jornalggn.com.br/politica/eleicoes-2022-nas-redes-sociais-noticias-falsas/. Acesso em: 18 nov. 2022.

dominaram os debates e ajudaram a eleger um presidente de extrema direita. Em 2022, as notícias falsas continuariam a ser importantes, mas não da mesma maneira e não de forma isolada de um conjunto de outros desafios que também merecem atenção das autoridades eleitorais e da sociedade civil.

Algo importante a se destacar é que nossas pesquisas mostraram mudanças relevantes em termos da consciência da opinião pública sobre o fenômeno das notícias falsas. Em 2018, dados da pesquisa "A cara da democracia", produzida pelo Instituto da Democracia e da Democratização da Comunicação (INCT/IDDC), apontaram que apenas 23% dos entrevistados admitiam ter lido, ouvido ou visto notícias falsas sobre política nos seis meses anteriores. A mesma sondagem, realizada em nova rodada da pesquisa em 2022, mostrou que essa porcentagem subiu para 54% dos entrevistados.

Essa mudança se deveu muito à mobilização da sociedade civil brasileira em relação ao tema. Desde antes de 2018, acadêmicos, ONGs, jornalistas e movimentos sociais promovem campanhas de checagem de fatos e denunciam sistematicamente as notícias falsas. E essa mobilização se acentuou a partir da experiência traumática vivida no país durante a pandemia de covid-19. Frente a uma verdadeira avalanche de notícias falsas, que iam de teorias da conspiração sobre a origem do vírus à defesa criminosa de remédios, cuja eficácia não estava comprovada, houve uma ampla mobilização de internautas. Profissionais da área da saúde, cidadãos comuns e organizações da sociedade civil foram às redes sociais para oferecer conteúdo confiável e de fácil compreensão para uma população que, em contexto de isolamento, passou a depender ainda mais da internet para obter informações. Segundo a pesquisa TIC Domicílios, 81% da população conectou-se à internet em 2020, um aumento de 7 pontos em relação a 2019.[3]

---

[3] As entrevistas da pesquisa foram realizadas entre outubro de 2020 e maio de 2021. Ver: CRESCE o uso de Internet durante a pandemia e número de usuários no Brasil chega a 152 milhões, é o que aponta pesquisa do Cetic.br. Ceticbr, 18 ago, 2021. Disponível em: https://cetic.br/en/noticia/cresce-o-uso-de-internet-durante-a-pandemia-e-numero-de-usuarios-no-brasil-chega-a-152-milhoes-e-o-que-aponta-pesquisa-do-cetic-br/. Acesso em: 18 nov. 2022.

A ampliação de consciência e mobilização da opinião pública no combate a notícias falsas é crucial porque, para enfrentar esse problema, não basta a atuação das plataformas nem das autoridades eleitorais. As reações desses atores são, em geral, tardias e parciais, como vimos em 2018 e novamente em 2022. As próprias características das plataformas digitais, que possibilitam a disseminação muito rápida de conteúdo e por canais muito diversos, tornam difícil – para não dizer impossível – a missão de combater o fenômeno pela via judicial. Dependemos dos usuários de redes sociais se quisermos ter qualquer chance de diminuir o impacto negativo das notícias falsas no processo eleitoral. No entanto, ainda precisamos avançar muito. O fato de, em 2022, quase metade dos respondentes da pesquisa não admitir ter tido contato com notícias falsas sobre política é um dado preocupante e, francamente, estarrecedor.

Para além das notícias falsas, como argumentado anteriormente, em 2022, enfrentamos outros desafios, que já existiam, mas não eram tão evidentes em 2018. O ecossistema digital tornou-se mais fragmentado e, portanto, ainda mais difícil de monitorar. Em 2018, a novidade era o WhatsApp. Hoje, temos também o Telegram, o TikTok e outras plataformas. Além disso, o problema é que as instituições adotam uma mentalidade de plataforma única, quando seu uso é multiplataforma. Os acordos de cooperação do Tribunal Superior Eleitoral (TSE) foram firmados com plataformas de maneira individual, mas as informações relacionadas ao pleito circulam por todas essas plataformas simultaneamente. Por exemplo, vídeos que promovem a violência política ou atacam o sistema eleitoral podem surgir primeiro no YouTube, mas, antes mesmo de a autoridade eleitoral conseguir que o conteúdo seja tirado do ar, esses vídeos são compartilhados em grupos de WhatsApp e em canais no Telegram.

Além disso, é um ecossistema digital complexo, porque diferentes plataformas têm diferentes regras para o acesso à informação que nelas circula. Em todos os casos, os algoritmos que determinam qual informação terá destaque são segredos guardados a sete chaves. Durante a campanha, houve muita discussão sobre esse tema, especialmente com relação à enorme visibilidade de canais de extrema direita no YouTube.

A opacidade algorítmica das plataformas está diretamente relacionada à circulação de discursos de ameaça à democracia nas redes sociais digitais. Em parte, esses discursos são baseados em notícias falsas sobre a confiabilidade dos resultados das pesquisas eleitorais e o funcionamento das urnas eletrônicas. Mas também vão muito além: são discursos que promovem a violência e o ódio, alguns baseados em mentiras e conspirações; outros, baseados em ideologias autoritárias. Nossas análises, algumas das quais estão incluídas neste livro, mostram que essas são mensagens que colocam em xeque a integridade do processo eleitoral como um todo, e não apenas a confiabilidade das urnas eletrônicas (apesar de esse ser o tema que mais gerou atenção ao longo de toda a campanha). Além disso, também demonstramos que essas mensagens fazem parte de campanhas bem estruturadas, que têm nos ataques digitais coordenados e sucessivos a diferentes etapas e atores eleitorais uma de suas estratégias mais relevantes.

As eleições de 2022 mostraram que ainda temos muito a avançar para entender e regular o papel das plataformas digitais em processos eleitorais. Nossas contribuições se somam a um conjunto amplo de iniciativas que, na sociedade civil e nas instituições políticas, nas redes e fora delas, estão preocupadas em aprimorar o processo eleitoral. Nesse sentido, não podemos esperar pelas próximas eleições presidenciais para repensar o modelo de campanhas digitais e a qualidade do debate político nas esferas digitais. Apesar dos esforços realizados, ainda há muito a fazer, em um processo permanente de construção de regras e de debates sobre como a internet pode ser um instrumento que jogue a favor da democracia e não contra ela.

Ecossistema de desinformação se consolidou com o bolsonarismo

Eliara Santana

Urnas eletrônicas fraudulentas, luta do bem contra o mal, guerra ao comunismo, guerra santa, fechamento de igrejas, perseguição a pastores, kit gay. Nas eleições de 2022, esses temas, ao lado de outros também espantosamente sem sentido, ocuparam o lugar do debate que deveria ter se dado a partir de assuntos como combate à fome e à miséria, cortes de verbas para a educação, recuperação da economia, combate ao desemprego, investimento no Sistema Único de Saúde (SUS), entre tantos outros. Tal reconfiguração do debate público, no momento de uma eleição importantíssima para a escolha do presidente da República, deveu-se a um potente e bem estruturado ecossistema de desinformação, que se consolidou no Brasil sob a presidência de Jair Bolsonaro.

Já em 2018, as eleições mostraram ao país a emergência de um processo até então pouco considerado ou levado a sério: a desinformação sistematizada. Naquele ano, com a eleição de Jair Bolsonaro para a Presidência da República, via-se repetir por aqui o que já havia ocorrido nos Estados Unidos com a eleição de Donald Trump – a disseminação em massa de *fake news* e o uso da desinformação sistemática como arma eleitoral e política. O conceito de *fake news* já era dominante, e a consideração mais em voga se referia a um uso bastante inédito e potente das redes sociais, com o debate girando em torno do intenso movimento de disseminação das chamadas notícias falsas.

No entanto, o processo a que assistimos se consolidar desde 2018 no Brasil, com a eleição de Jair Bolsonaro, extrapola em muito a simples disseminação de notícias falsas ou de mentiras. Como se tornou claro ao longo do processo eleitoral de 2022, tendo sido acompanhado pelo monitoramento do Observatório das Eleições, trata-se de um sistema articulado e muito bem estruturado de produção e disseminação de desinformação, que se organizou em consonância com a Presidência da República e um conjunto de atores públicos e privados, com uso da máquina estatal, grande aporte de recursos financeiros e atuação marcante nas redes sociais. Esse ecossistema de desinformação se tornou muito potente e pouco controlável sobretudo a partir de 2020, com a pandemia de covid-19. Para entender o funcionamento dessa estrutura, vamos antes nos aproximar do conceito de desinformação, adaptado à complexidade da realidade brasileira.

Segundo a pesquisadora Claire Wardle (2019), há três níveis que compõem o que ela denomina de uma desordem informacional: *disinformation* (informação que é deliberadamente criada para prejudicar uma pessoa, um grupo social, um país); *misinformation* (informação que é falsa, mas não criada intencionalmente) e *malinformation* (informação baseada na realidade, usada para prejudicar uma pessoa, organização, grupo ou país). Para a compreensão desse fenômeno à luz da realidade brasileira, adotamos um mix desses três níveis e situamos a desinformação, portanto, como uma produção deliberada e intencional de conteúdo falso, mentiroso ou falseado, que tem a intenção clara de provocar danos, com um alcance sistêmico e influências marcantes no cenário macropolítico e na reestruturação do papel de instâncias como a imprensa (a desinformação passa a definir agendas para a mídia corporativa, que também é impelida à função de checadora de fatos).

Esboçado brevemente esse conceito, trazemos neste capítulo a perspectiva de um ecossistema que se consolidou no Brasil e que mostrou, nas eleições de 2022, a sua capacidade enorme de provocar seríssimos danos à democracia.

Um ecossistema brasileiro potente

O ecossistema brasileiro de desinformação tem características bem marcantes que o tornaram também muito potente – tanto que os olhos do mundo se voltaram para as eleições brasileiras pela preocupação não apenas com o meio ambiente, mas também com a desinformação. Entre as suas características principais, podemos destacar: grande financiamento – com aporte e sustentação do governo Bolsonaro e de setores do empresariado –; produção profissional de conteúdo falso envolvendo diversos atores (por exemplo, sites com estrutura de produção de conteúdo jornalístico, influenciadores, órgãos do poder público, entre outros); e enorme capilaridade.

Em relação ao conteúdo, segundo Wardle (2019), a produção tem três fases: criação, transformação em produto midiático e disseminação. Pensar na estrutura de produção de conteúdo, para além da preocupação com a disseminação, importa e importa muito, porque não estamos falando em mentiras disparadas de modo aleatório, mas num conteúdo que é pensado e elaborado para atingir diversos grupos e que se consolidou e foi capaz de criar, de fato, uma realidade paralela que soterrou o debate público até mesmo antes da eleição. O que denominamos de um ecossistema brasileiro de desinformação é, portanto, uma estrutura sustentada pela articulação eficaz desses momentos distintos: produção, circulação, consumo, reprodução. Não se trata apenas de um processo aleatório ou linear, em que um emissor emite mensagens errôneas ou boatos a vários receptores, nem da circulação sem grandes danos de uma informação falsa – o processo de construção de significado das *fake news* acaba por ressignificar a realidade, criando novas dimensões de sentido, com graves consequências.

No caso brasileiro, um ecossistema de *fake news* pode ser ilustrado como a seguir (Fig. 1).

Figura 1 – Ecossistema brasileiro de desinformação[1]

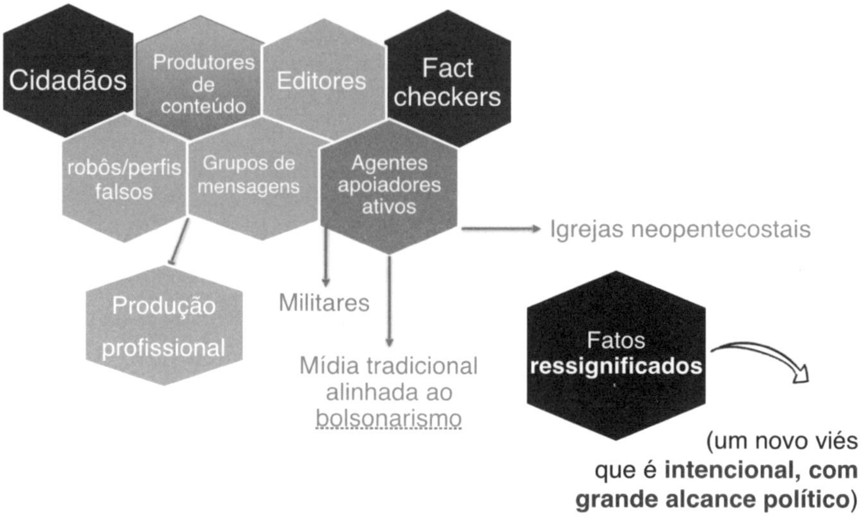

Fonte: Elaborado pela autora.

Os cidadãos na primeira ponta da figura podem ser caracterizados como aqueles que espontaneamente espalham as *fake news* que recebem – por acreditarem em seu conteúdo ou por quererem manter um embate com um suposto inimigo. No outro extremo, temos os checadores, que cumprem a função de verificar quando um conteúdo falso aparece. No caso do ecossistema brasileiro, o "miolo" da figura apresentada anteriormente é o que percebemos como a configuração de uma estrutura que envolve uma produção profissional de conteúdo (agentes profissionais de redação, edição, sites, blogs, portais, que se aliam a influenciadores), além dos agentes apoiadores ativos: grupos militares (citados no inquérito das milícias digitais como integrantes do gabinete do ódio), parte da mídia tradicional corporativa que aderiu ao bolsonarismo e disseminou desinformação e mentiras e as igrejas neopentecostais.

[1] Esquema elaborado e adaptado pela autora a partir de um desenho prévio feito pela professora Ioana Literat, do Teachers College, Universidade Columbia, durante discussões sobre *fake news* no MASClab (TC), em Nova York, em 2019.

Essa estrutura profissional não é observada somente em relação ao processo de disseminação de *fake news* (não se trata apenas de um impulsionamento), mas também no processo de produção – a desinformação veiculada tem uma roupagem de notícia, traz elementos simbólicos de outros discursos (as categorias do discurso religioso, por exemplo), é pensada e direcionada para públicos específicos, ressignifica temas e assuntos do cenário real, dando a eles novos sentidos que são falsos (como o kit gay ou a suspeita em relação às urnas eletrônicas, por exemplo). Redatores e editores marcados como partes da colmeia (Fig. 1) compõem o esquema de produção, enquanto que robôs, *bots* e grupos de mensagens integram o esquema de disseminação.

As investigações colocadas em curso pelo poder Judiciário, especialmente o inquérito das milícias digitais, mostraram que a consolidação desse sistema efetivo de desinformação contou com um enorme financiamento a partir de 2018. Esse financiamento não veio apenas de fontes privadas, mas também do aporte de dinheiro público no financiamento ao gabinete do ódio e a ações de órgãos públicos, especialmente a Secretaria de Comunicação do governo (Secom), durante a pandemia, evidenciando um cenário de desinfodemia no país.[2]

Há ainda uma interface importante com o sistema religioso – representado pelas igrejas neopentecostais – e o sistema de informação – representado por grupos de mídia que apoiaram o bolsonarismo. Portanto, o ecossistema não se explica apenas pela utilização das redes sociais para disseminar conteúdo: é uma articulação muito mais complexa e estruturada, com o envolvimento de muitos atores. Para mostrar o funcionamento dessa interface, observamos, por exemplo, que as narrativas de atores-chave no processo eleitoral 2022 – como a então primeira-dama Michelle Bolsonaro e a senadora eleita Damares Alves – não ficavam restritas a determinados espaços – como as igrejas ou as redes sociais. Pelo contrário, todo o conteúdo circulava pelos sistemas e era potencializado nessa interface – além dos pastores, os meios tradicionais de mídia reproduziam e potencializavam o discurso,

---

[2] "Desinfodemia" foi um termo cunhado pela Organização das Nações Unidas para a Educação, a Ciência e a Cultura (Unesco), em abril de 2020, para definir uma pandemia de desinformação em meio à pandemia de covid-19.

dando novos elementos de encenação, assim como as redes sociais o faziam.

Nesse ecossistema, a atuação das milícias digitais garantia o sucesso das agendas bolsonaristas e também a consolidação dos ataques às instituições, como o Superior Tribunal Federal (STF) e o Tribunal Superior Eleitoral (TSE). Em julho de 2021, o ministro Alexandre de Moraes abriu o inquérito das milícias digitais antidemocráticas, com investigações centradas nos núcleos de produção, publicação e financiamento de *fake news*. À época, o ministro ressaltou que as investigações "apontaram fortes indícios da existência de uma organização criminosa voltada a promover diversas condutas para desestabilizar e, por que não, destruir os poderes Legislativo e Judiciário a partir de uma insana lógica de prevalência absoluta de um único poder nas decisões do Estado" (Netto, 2021). E como demonstrou o monitoramento do Observatório das Eleições, durante todo o processo eleitoral de 2022, os ataques aos ministros do STF e do TSE, especialmente ao ministro Alexandre de Moraes, foram bastante estratégicos, intensos e reiterados.

Os "demônios" rondaram a eleição

Em janeiro de 2022, circulou pelas redes sociais um vídeo editado e adulterado para simular que o então ex-presidente Lula conversava com um "demônio". No segundo turno, a então primeira-dama Michelle Bolsonaro levou essa figura para o centro do debate político nacional e, pregando em igrejas no Nordeste, disse que "o inferno" estava "se levantando".

Os sistemas se articularam, e, nessa articulação, o fluxo da desinformação teve impactos significativos. Um exemplo: em agosto de 2022, a pesquisa Datafolha mostrava que Lula praticamente empatava, em intenção de voto, com o então presidente Jair Bolsonaro entre os evangélicos mais pobres. A partir daquele momento, a primeira-dama Michelle Bolsonaro e a ex-ministra Damares Alves entraram de forma muito efetiva na campanha, levando o "demônio" e o perigo do inferno à cena política. Essa demonização do oponente surtiu efeito, e a diferença entre os dois candidatos voltou a se ampliar, com Bolsonaro crescendo entre essa fatia do eleitorado, especialmente no segundo turno.

O tema religião, como mostraram diversos artigos publicados a partir dos monitoramentos do Observatório das Eleições, foi um dos principais nos primeiros dias do segundo turno eleitoral, encontrando um caminho para se dissipar e para alcançar ainda mais pessoas, fortalecendo-se contra os desmentidos e causando impacto na tendência de voto do público evangélico, como demonstraram as pesquisas eleitorais. O "demônio" evocado pela então primeira-dama na guerra santa do segundo turno das eleições de 2022 foi apenas um dos elementos que compuseram essa realidade paralela que se projetou no Brasil a partir do ecossistema de desinformação bolsonarista. Como dissemos, não se tratou apenas de disseminação de informações falsas ou de boatos aleatórios – o que houve foi um bem desenvolvido processo de ressignificação da realidade, com a criação de novas dimensões de sentido que provocaram com sérias consequências para o cenário político e social. Observamos, portanto, uma estrutura de desinformação que se consolidou fortemente, impactando a sociedade, as instituições e o processo eleitoral.

Dessa forma, pensar em termos de um ecossistema não se trata somente de pensar em formas de "espalhar conteúdo" pela internet ou de uso das redes sociais. É uma articulação, uma sistematização bastante profissional de produção de conteúdo mentiroso, falseado e que tem conseguido causar enormes estragos ao Brasil, em vários setores. A compreensão do fenômeno da desinformação, em seu ecossistema brasileiro, como pudemos comprovar nas pesquisas e nos monitoramentos do Observatório das Eleições, não se esgota, portanto, apenas na identificação de estruturas para a disseminação das notícias falsas ou falseadas – há um processo de produção profissional de conteúdo que envolve muitos atores e um grande financiamento. Além disso, esse ecossistema se retroalimenta e está em interface com outros sistemas, como o de informação (tradicional – mídia corporativa) e o religioso, numa capilaridade gigantesca. O ecossistema somente será compreendido a partir de um olhar cuidadoso para a articulação desses elementos.

Por fim, é preciso considerar que o ecossistema brasileiro de desinformação está ativo, em ação, reconstituindo-se com apoio de bases internacionais. Ele perdeu a eleição de 2022, mas não está liquidado e precisa ser observado e monitorado com muito cuidado, para ser enfrentado de modo efetivo.

Eleições e redes sociais: o exercício democrático sob a lógica do mercado

Alexandre Arns Gonzales
Rachel Callai Bragatto

Em tempos de mídias digitais, impulsionamento de conteúdos e campanhas que incluem dancinhas no TikTok e memes no WhatsApp, a organização do processo eleitoral é impactada diretamente pela lógica do modelo de negócios das empresas proprietárias das plataformas digitais. Esse fenômeno expressa, de uma nova forma, um assunto antigo: a influência do dinheiro nas condições da disputa entre as diferentes forças políticas engajadas nas eleições.

O *modelo de negócios* dessas empresas é baseado na exploração dos dados pessoais e comportamentais dos usuários de seus serviços, inclusive metadados. Esses dados são extraídos a partir do registro digital de um conjunto de ações realizadas, voluntária ou involuntariamente, no âmbito dessas plataformas de serviços e fora delas. Atualmente, a principal forma de receita que essa dinâmica de exploração possui é a venda de anúncios digitais direcionados aos usuários a partir da organização e sistematização desses dados e daqueles que os próprios usuários disponibilizam na rede, tanto relacionados ao seu perfil (idade, sexo, localização geográfica) como outros mais relacionados a interesses político-ideológicos, de consumo ou comportamentais. A forma institucional que esse modelo assume está sintetizada na noção de *plataforma* (Helmond, 2015). A plataforma, enquanto empresa capitalista, media por meio de uma lógica de mercado um conjunto de relações através de seus serviços digitais e organiza a dinâmica de extração, processamento e tratamento de dados pessoais e comportamentais coletados. Ela estabelece uma capacidade de relativo controle sobre os mercados nos quais as empresas estão inseridas e consolidadas, conferindo mecanismos para influenciar o surgimento ou não de outras empresas e serviços.

Portanto, a plataforma reforça uma tendência histórica da formação da empresa capitalista, identificada por Alfred Chandler (2002), que é a de internalizar atividades produtivas e determinados fluxos de bens e serviços, antes exógenos à unidade empresarial e organizados pela competição entre as empresas. Estruturalmente para a economia capitalista, a constituição de técnicas administrativas permitiu a formação de uma "economia da velocidade". Adaptando a analogia de Chandler (2002), com a velocidade, a empresa alcança escala e a plataforma substitui a "mão visível da direção gerencial" pela "mão opaca do algoritmo".

Por depender do constante registro de dados dos usuários, faz parte da estratégia desse modelo de negócios a ampliação do tempo que as pessoas passam fazendo uso de seus serviços. A tática para a captura da atenção abarca desde o desenvolvimento de funcionalidades específicas para esse fim, como o constante pulular de notificações de todo e qualquer aplicativo instalado nos dispositivos móveis em posse das pessoas, até a política de moderação de produção e distribuição de conteúdo das plataformas.

É justamente a *política de moderação de conteúdo* que define quais contas e conteúdos têm maior alcance de audiência e quais tipos de comportamento e conteúdo são permitidos no âmbito das plataformas. Ao que se sabe, as tarefas que integram essa moderação são executadas, em parte, por algoritmos, o que consiste na automação de procedimentos padronizados de verificação de critérios e, em parte, por trabalho humano direto. A divisão do trabalho entre cada uma dessas partes não é transparente.

A existência desse trabalho humano foi, por um bom tempo, ocultada pelo discurso de promoção dos serviços dessas plataformas. Somente em 2020, o Facebook deu informação sobre a existência desses trabalhadores, cerca de 35 mil em todo o mundo (Justiça Eleitoral, 2020), que executam tarefas de moderação de conteúdo em seus serviços. O argumento de que esse contingente está espalhado "ao redor do mundo" e de que "cobrem todos os diversos fusos horários" parece um remendo de valorização de uma informação da empresa que, até há pouco tempo, nem sabia como contar sobre sua existência.

Com relação à operação dos sistemas algorítmicos na moderação de contas e conteúdos, a falta de transparência também é política deliberada das empresas. A delação apresentada por Frances Haugen em 2021, ex-funcionária da equipe de "integridade cívica" do Facebook, sintetiza como esse modelo de negócios determina uma política de moderação que estimula a produção de conteúdo direcionado a incitar indignação, ódio e, em última instância, violência.

O Facebook tem uma métrica denominada "interações sociais significativas" (*meaningful social interactions*) que sistematiza um conjunto de critérios, com diferentes pesos, para determinar qual conteúdo teria maior alcance de audiência. Os critérios são o acúmulo de curtidas, comentários, compartilhamentos, tempo de visualização, entre outros. Desde 2017, entre as curtidas no Facebook, a reação de "raiva" dispunha de um peso cinco vezes maior que os demais tipos de curtida, e, conforme apontam documentos tornados públicos, as equipes identificaram que os conteúdos que recebiam maior quantidade desse tipo de interação eram aqueles considerados como publicações "controversas". Não bastando que seus sistemas promovam esses tipos de publicação, a empresa estimava, ainda, que a moderação removia menos de 5% do discurso de ódio na plataforma.

Com relação às demais plataformas, embora as funcionalidades de serviços sejam distintas, os indícios apontam para a mesma lógica. Tanto o motor de busca do Google como o repositório de vídeos do YouTube oferecem a venda de anúncios digitais a partir da extração de dados dos usuários. O sistema de recomendação e autoexecução de vídeos do YouTube, por exemplo, responde, segundo a própria empresa, por parte significativa do universo de visualizações registradas na plataforma, mais do que as buscas diretas e as inscrições em canais.

Em experimento realizado buscando compreender o sistema de recomendação do YouTube, Bryant (2020) identificou uma tendência de recomendação de conteúdos racistas e violentos que, ela deduz, sejam consequência do objetivo de manter o maior tempo possível de atenção dos usuários da plataforma. O discurso padrão das plataformas é, em parte, reconhecer o problema, mas ponderar que o usuário dispõe de instrumentos para filtrar o conteúdo que recebe na plataforma.

O vice-presidente de engenharia do YouTube, Cristos Goodrow (2021), fez um comunicado em setembro de 2021 defendendo o sistema de recomendações da empresa com base na ideia de que o usuário pode pausar, editar ou deletar seu histórico de busca de visualizações do YouTube quando quiser. A plataforma de vídeos também criou ferramentas para, supostamente, permitir ao usuário administrar os tipos de resultado de busca ou de recomendação.

Contudo, conforme experimento realizado por Becca Ricks e Jesse McCrosky (2022), através da Fundação Mozilla, os instrumentos de filtragem de canais e conteúdos oferecidos aos usuários não funcionam. Para Ricks e McCrosky (2022, p. 6), "as evidências sugerem que a plataforma [YouTube] continua a priorizar o engajamento em detrimento do bem-estar das pessoas". O relatório sublinha que não se sabe como a plataforma maneja os retornos dos usuários, mas a partir de entrevistas e questionários aplicados a voluntários, há relatos de que conteúdos de determinado canal bloqueado ou conteúdos similares aos rejeitados voltavam a ser recomendados aos usuários.

Portanto, por um lado, o alcance orgânico (não pago) das publicações está condicionado a critérios opacos: aos pesos configurados pelos algoritmos e às condições do trabalho humano na plataforma. Por outro lado, o alcance pago não assegura que a comunicação impulsionada financeiramente está alcançando o perfil da audiência pretendida pelo anunciante da campanha. Não há nenhum tipo de auditoria nem de transparência a respeito da entrega feita pelas plataformas. Embora circunscrito à política estadunidense, experimentos (Ali *et al.*, 2019) demonstraram que, a depender do perfil das contas que financiam anúncios, o custo para alcançar o mesmo padrão demográfico de audiência difere substancialmente com base nas características atribuídas pela plataforma aos anunciantes e ao caráter da mensagem.

Isso indica que as plataformas podem estar dificultando ou tornando mais caro alcançar aqueles eleitores que elas considerem não estar alinhados com o conteúdo das mensagens. Enquanto a legislação brasileira se esforça para instituir fundos de dinheiro público com o propósito de garantir algum tipo de isonomia financeira eleitoral entre as forças partidárias, esse tipo de discriminação opera de forma a reforçar polarizações. A arbitrariedade acontece pela forma como seus algoritmos entendem e interpretam o conteúdo da mensagem e o perfil do anunciante.

Em audiência pública no Congresso dos Estados Unidos, um senador perguntou ao Google sobre a possibilidade de disparidade de preços ser "substancial" (Estados Unidos, 2018). O Google justificou que a diferença é "o mercado que determina, então é essencialmente um equilíbrio de oferta e demanda, o que pode levar a uma diferença de valores que pode variar de tempos em tempos" (Estados Unidos, 2018). As tarifas do Google são estabelecidas por um processo de leilão ao vivo. Assim, dependendo das palavras-chave utilizadas e da demanda por elas, os preços são automaticamente calculados.

A própria Justiça Eleitoral se vê dependente das políticas de moderação das plataformas. A eleição de 2018 no Brasil foi a primeira em que, ao firmarem o memorando com o Tribunal Superior Eleitoral (TSE), as empresas foram reconhecidas como atores com algum grau de responsabilidade sobre a integridade do processo eleitoral. Mas não existem mecanismos que deem condições ao TSE de verificar se essas medidas estão sendo seguidas, em que pesem os compromissos assinados pelas proprietárias das plataformas.

A dinâmica acelerada da comunicação nos serviços das plataformas, decorrente do modelo de negócios das empresas, não afeta apenas as forças políticas envolvidas diretamente na disputa eleitoral. A própria Justiça Eleitoral, apesar de sua resistência, é instrumentalizada pela lógica dessa dinâmica como recurso da disputa das eleições. Como apontou estudo do InternetLab (2019), parte da utilidade das demandas apresentadas à Justiça Eleitoral, pelas forças partidárias, está no uso das decisões judiciais como insumo para a produção de conteúdo e para o engajamento pelas campanhas nas plataformas.

Todas essas questões são sintomas de como, mesmo na era digital, o dinheiro segue impactando as condições da disputa eleitoral. Porém, tão grave quanto isso é a forma como essa influência se organiza: a partir de um modelo de negócios das plataformas que é opaco, fechado e transnacional, refratário a medidas regulatórias. É fundamental que essa dimensão seja considerada em uma nova rodada de discussão a respeito da operação das plataformas e da integridade democrática, seja em processos eleitorais, seja nos debates políticos cotidianos.

Cada plataforma, um universo: os temas de debate entre lulistas e bolsonaristas nos dois turnos das eleições presidenciais

Francisco W. Kerche
Maria Alice Silveira Ferreira

Para qualquer um que tem interesse na política nacional, as eleições de 2022 foram uma espécie de releitura do mote desenvolvimentista de Juscelino Kubitschek, "cinquenta anos em cinco", às avessas: dois meses de processo eleitoral pareciam durar dois anos, tamanha a quantidade e a intensidade de conteúdo que circulou sobre o assunto. Sem dúvida, as plataformas digitais tiveram um papel importante nesse cenário e na propagação desses conteúdos. Quem acompanhou as eleições pelas plataformas digitais percebeu a grande velocidade de mudança dos temas pautados pelos candidatos e seus respectivos eleitores nesses ambientes.

A disputa entre os dois principais candidatos à presidência da República, Lula e Jair Bolsonaro, mobilizou tópicos dos mais variados assuntos, com o objetivo de conseguir conquistar o voto daqueles eleitores indecisos. Essa disputa, porém, deu-se não só de forma bastante distinta durante o primeiro e o segundo turnos, como também nas plataformas digitais.

Um método para lidar com essa variedade e pluralidade de temas adotado pela equipe de Redes e Desinformação do Observatório das Eleições foi o mapeamento constante de postagens de grupos bolsonaristas e lulistas em duas das principais redes sociais digitais disputadas por esses grupos: o YouTube e o Twitter. Durante o período eleitoral, o Observatório acompanhou diariamente o que estava sendo discutido nesses ambientes. Assim, foi possível construir uma análise "a distância", o que possibilitou compreender tendências desses dois grupos nas redes.

Este capítulo apresenta os principais achados desse mapeamento durante a disputa eleitoral. Ou seja, apresenta quais os principais tópicos que foram discutidos por apoiadores de Lula e de Bolsonaro no primeiro e no segundo turnos das eleições. Para fazê-lo, foi feito um dicionário de termos utilizados por ambos os grupos que pudessem ser enquadrados em determinados tópicos. Essas palavras estariam relacionadas a uma série de temáticas – como pandemia, economia, religião, educação, entre outras – com isso, o monitoramento categorizou, de forma automatizada, todas as publicações do Twitter e do YouTube dos atores políticos que foram monitorados pelo Observatório.

Metodologia de análise

É importante frisar que o mapeamento descrito neste trabalho foi construído a partir do monitoramento de atores políticos relevantes tanto para o grupo lulista quanto para o grupo bolsonarista. Para isso, a estratégia adotada pela equipe do Observatório foi identificar e selecionar contas fundamentais de apoio para a candidatura de Lula e para a de Bolsonaro, o que ficou denominado como "contas-semente". Essas contas eram compostas por perfis de influenciadores digitais, celebridades, personalidades políticas, mídia ativista, contas de apoio político a candidatos e perfis de movimentos sociais. Os pesquisadores do Observatório mapearam, então, as conexões entre essas contas e, utilizando técnicas de análise de redes, foi feita uma filtragem dessas conexões (grau de entrada e grau de centralidade de autovetor) para se chegar a um número final de contas monitoradas.

Ao todo, o Observatório acompanhou, em relação a Lula, 207 contas no Twitter e 42 canais no YouTube. Já no campo bolsonarista, foram monitoradas 50 contas no Twitter e 113 canais no YouTube. Essa diferença de tamanho das duas amostras reflete, por sua vez, a composição de atores de ambos os campos. Como já foi dito, a construção da amostra foi feita com o objetivo de montar grupos de atores relevantes para cada grupo político. No caso do YouTube, existia maior presença de canais de apoio a Jair Bolsonaro; já no Twitter, Lula tinha um apoio mais vocalizado. A partir do monitoramento desses apoiadores políticos de Lula e Bolsonaro, foi possível, então, mapear temas que foram pautados durante o processo eleitoral.

Essa divisão não homogênea do número de contas entre os grupos não permite que seja feita nenhuma comparação objetiva da quantidade de engajamento do campo. Não será possível afirmar, como em uma corrida por engajamento, que o grupo de um ou outro presidenciável foi mais ou menos bem-sucedido em engajar sua audiência. Todavia, isso não impede a observação do interesse dos usuários, nem mesmo das estratégias de campanha nas redes.

Análise dos dados

Como foi dito, o mapeamento dos temas identificados nas duas plataformas analisadas foi feito de forma automatizada a partir de palavras-chave relacionadas a uma temática. O foco da observação é o processo de construção de narrativas comparando a presença relativa dos diferentes tópicos entre ambos os grupos políticos.

Nesse sentido, os dados analisados pelos pesquisadores do Observatório mostraram que havia duas principais diferenças nos achados desse mapeamento. A primeira estava relacionada aos principais assuntos mobilizados pelos apoiadores de cada candidato; a segunda se referia ao modo como as temáticas do mesmo campo se alteravam de acordo com a plataforma analisada.

A seguir (Graf. 1), é possível identificar a presença dos principais temas discutidos pelos apoiadores de Jair Bolsonaro que foram mapeados durante o primeiro e o segundo turnos das eleições. Os pontos pretos do gráfico se referem ao YouTube; os vazados, ao Twitter. Como podemos ver, no primeiro turno das eleições, o tema "democracia" (com os termos "democracia", "democrático", "ditadura", "regime militar", "1964", "Carta aos brasileiros", "golpe", "Forças Armadas", entre outros) foi o mais discutido no Twitter, seguido da temática "religião" ("igrejas", "papa", "evangélicos", "cristão", "orar", "oremos", "oração", "Deus", "vigília", "de matriz africana", "religião", "religioso", "evangélico", "maçom", "maçonaria", "diabo", "satã", "satânico", "satanás", "satanismo"). Já ao olharmos para o YouTube, identificamos que as temáticas mais abordadas foram "sistema eleitoral" ("urna", "voto auditável", "voto impresso", "TSE", "fraude nas urnas", "votação", "disputa eleitoral"), com conteúdos relacionados ao Tribunal

Superior Eleitoral (TSE) e a lisura do processo eleitoral, e conteúdos sobre o poder judiciário.

Ao olharmos para as publicações durante o segundo turno, foi possível verificar um grande aumento de conteúdos relacionados ao tema sistema eleitoral nas duas plataformas analisadas, sendo possível identificar que houve uma intensificação de publicações relacionadas a esse assunto especificamente. Os dados indicam que o campo bolsonarista apostou em centralizar seu discurso na crítica ao sistema eleitoral. A temática, que já era abordada no primeiro turno, ganhou mais destaque nas duas plataformas no segundo turno, mas se concentrou, principalmente, no YouTube. Foi possível notar ainda um crescimento de publicações com esse tema na penúltima semana antes da votação do segundo turno. Muitas publicações estavam relacionadas ao questionamento sobre a segurança das urnas eletrônicas, criando uma narrativa de que seria possível uma fraude eleitoral para favorecer o outro candidato. Essa narrativa seguiu sendo utilizada mesmo após as eleições, com grupos políticos que ainda questionavam o resultado eleitoral após o resultado final das urnas. Outro conteúdo divulgado pelos bolsonaristas e relacionado à temática dizia respeito à discussão sobre uma possível "censura" – tema que fazia referência, entre outras, à ação do TSE que mandou retirar do YouTube e do Twitter conteúdos que não eram verdadeiros, como foi o caso da suposta eliminação de minutos de rádio da propaganda eleitoral em cidades do interior.[1] Para além da temática sobre o sistema eleitoral, conteúdos sobre democracia e religião tiveram destaque no Twitter, e publicações sobre o poder Judiciário se mantiveram como algumas das mais mencionadas no YouTube. Dessa forma, o que podemos identificar é que, no YouTube, o campo bolsonarista esteve mais preocupado com conteúdos relacionados ao sistema eleitoral e ao poder Judiciário, tanto no primeiro quanto no segundo turnos. Os argumentos, como vimos,

[1] Em entrevista coletiva realizada no dia 24 de outubro de 2022, a campanha do então candidato Jair Bolsonaro alegou que teria tido 150 mil inserções em programas de rádio a menos do que o previsto. No entanto, a campanha não conseguiu reunir provas e documentos para comprovar a fraude. Disponível em: https://noticias.uol.com.br/eleicoes/2022/10/24/20 bolsonaro-questiona-insercoes-de-radio-e-pede-suspensao-de-programa-de-lula.htm. Acesso em: 20 nov. 2022.

majoritariamente reverberaram na percepção de que um discurso sobre a instabilidade democrática ou mesmo sobre os riscos relativos às urnas eletrônicas era mais mobilizado na plataforma de vídeos do que no Twitter.

Gráfico 1 – Diferença da presença de cada tema entre bolsonaristas

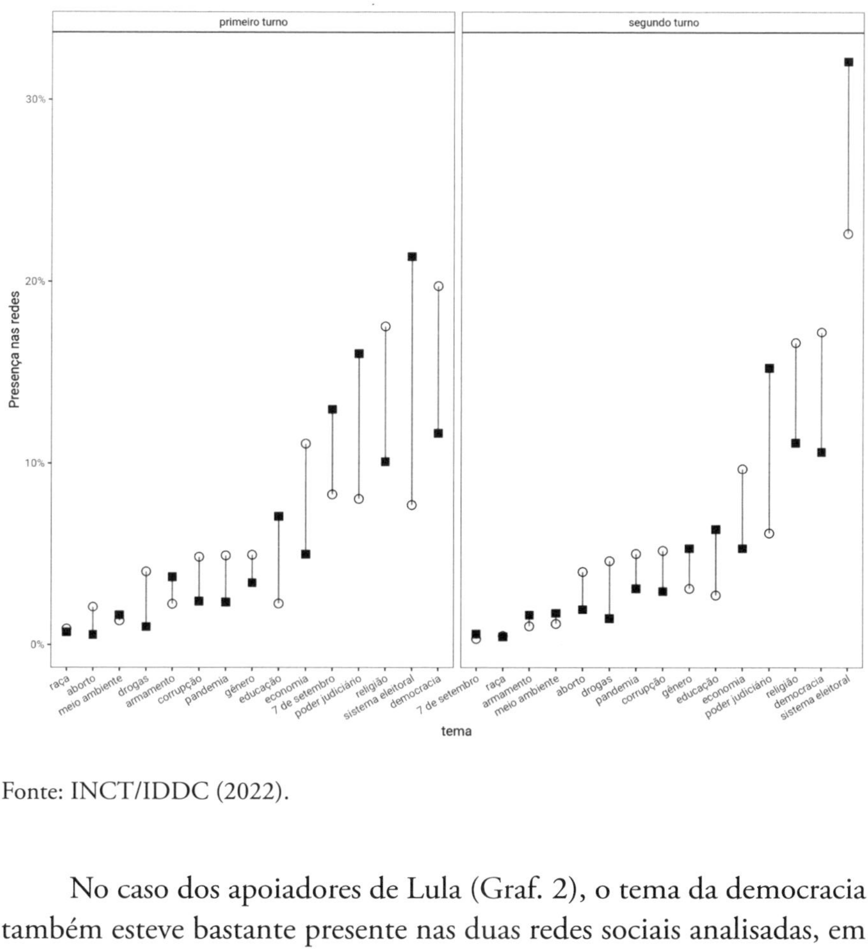

Fonte: INCT/IDDC (2022).

No caso dos apoiadores de Lula (Graf. 2), o tema da democracia também esteve bastante presente nas duas redes sociais analisadas, em especial no YouTube, o que demonstrou uma certa tendência da própria plataforma de dar privilégio ao tema. No primeiro turno, foi nítida a predominância dessa temática entre o grupo lulista. Temas como "economia" também tiveram destaque no YouTube, ao passo que "gênero", "religião" e "pandemia" tiveram uma grande presença no Twitter.

O mapeamento do Observatório mostrou que, no segundo turno, as publicações relacionadas ao tema democracia se mantiveram presentes, mas também foi possível identificar um aumento de conteúdos relacionados a economia e religião. No YouTube, por exemplo, o assunto mais presente foi economia. Ao que parece, o grupo lulista concentrou esforços em debater assuntos relacionados a essa temática, ao contrário dos apoiadores de Bolsonaro, que utilizaram mais o Twitter para abordar o tema. Sem dúvidas, publicações feitas pelo próprio Lula e por seus apoiadores, como André Janones e Guilherme Boulos, foram centrais para trazer o tópico à tona, em especial, conteúdos relacionados à possível proposta do então ministro da Economia, Paulo Guedes, de desvincular o reajuste do salário mínimo da inflação (Motta, 2022) e também a apresentação de propostas como Bolsa Família expandido. O tema religião também teve forte presença, tanto no YouTube quanto no Twitter dos apoiadores do presidente agora eleito, mostrando um aumento na intensidade de publicações com essa temática, se comparado ao primeiro turno. Tais dados sinalizaram um possível esforço do grupo lulista em tentar dialogar com um público específico: cristãos, especialmente evangélicos, que em grande maioria estavam apoiando Jair Bolsonaro. Um exemplo desse tipo de conteúdo foi o vídeo que mostrava Bolsonaro em visita a uma Loja Maçônica (Bolsonaro..., 2022). O vídeo teve grande repercussão porque tal ato – frequentar a maçonaria – não é visto como compatível com o cristianismo.

Gráfico 2 – Diferença da presença de cada tema entre lulistas

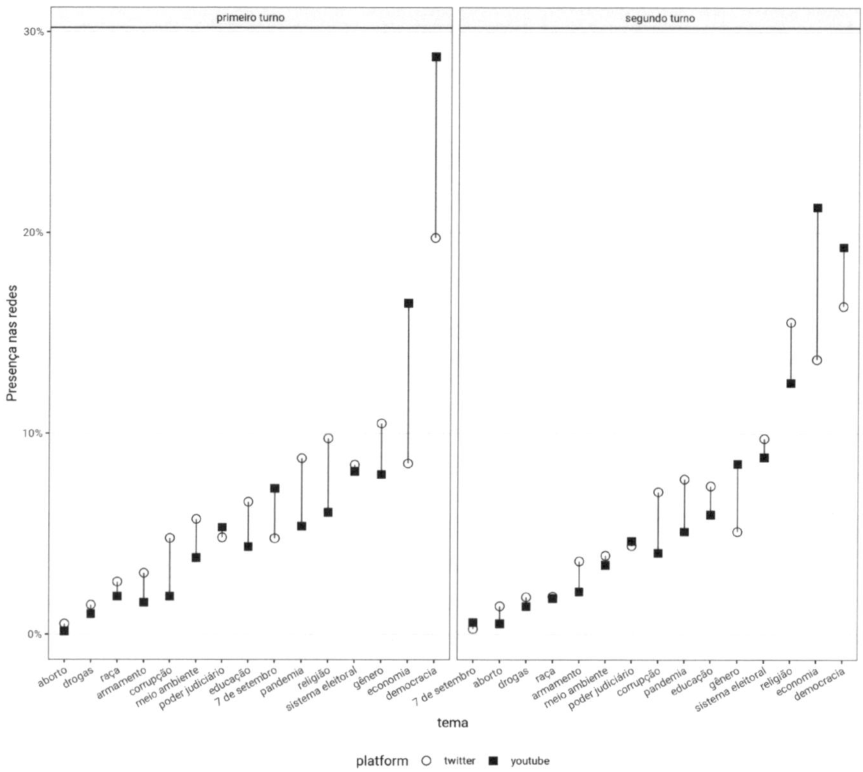

Fonte: INCT/IDDC (2022).

Os dados do Observatório das Eleições mostraram que os grupos políticos em disputa utilizaram temas distintos para mobilizar suas bases durante a campanha. Enquanto que, no segundo turno, os apoiadores de Lula se concentraram em temas como religião e economia em busca de ampliar sua base de eleitores; o grupo bolsonarista concentrou-se ainda mais no questionamento da integridade do processo eleitoral. Essa tendência fez com que o campo de Jair Bolsonaro focasse menos na construção de uma base de apoio mais sólida para questionar o resultado eleitoral. Isso permitiu que Lula conseguisse pautar a maior parte dos debates tanto no Twitter, que já era uma base com uma tendência maior à vitória do ex-presidente, como no YouTube, em que o campo bolsonarista costumava dominar radicalmente.

Em outras palavras, a escolha de Bolsonaro de focar nas críticas ao sistema eleitoral fez com que Lula não só ganhasse um grande espaço para emplacar sua narrativa sobre todos os outros temas, como também apresentou um bolsonarismo mais alinhado a uma base já conquistada do que tentando ampliar seu eleitorado como um todo. Ou seja, o debate eleitoral se tornou menos equilibrado, e os campos políticos não discutiam mais as mesmas temáticas. A disputa política nas redes se tornou uma "não disputa", e o campo de Lula passou a ser responsável por gerar mais conteúdo sobre praticamente todos os temas. Enquanto a campanha de Lula continuou apostando nas discussões sobre temas relevantes para o eleitorado, a campanha de Bolsonaro viu o próprio processo eleitoral como seu principal adversário. E isso foi visível mesmo após a disputa eleitoral, quando uma parcela de eleitores insistiu em negar o resultado do pleito, ficando acampada nas portas de quartéis em várias capitais do país.

O acompanhamento constante das postagens entre as plataformas permitiu compreender os padrões entre mídias, que apresentam *affordances* e desenhos próprios, em que cada ambiente tem seus interesses e formas de divulgação específicas. Isso faz com que temas e conteúdos possam ter mais repercussão do que outros, a depender da forma como é feita a divulgação e do público a ser alcançado.

A compreensão do debate nas redes sociais entre os principais presidenciáveis de 2022 pode ser abordado de diversas formas. O uso de palavras-chave como elemento principal de análise possibilitou excluir as postagens que pudessem ser bastante contextuais e não necessariamente remeter ao que se buscou mapear. Todavia, ela abordou, com um olhar distanciado, os percursos de mobilização de ambos os grupos, além das diferenças de estratégias que plataformas e períodos de campanha podem apresentar no imenso dinamismo presente nas plataformas.

A disputa na internet: plataformas, desinformação e impactos na democracia

Helena Martins

Em 2018, o Brasil foi surpreendido com a eleição de Jair Bolsonaro, mobilizada, entre outros fatores, pela avalanche de desinformação que a campanha promoveu. De lá para cá, cresceram os debates sobre o tema, que passou a ser mais estudado pela academia e enfrentado por instituições como o Supremo Tribunal Federal (STF) e pela sociedade civil. Apesar disso, vimos, em 2022, especialmente no segundo turno das eleições, uma enxurrada de desinformação e uma mudança na forma do debate político a partir da internet. A manutenção de estruturas desinformativas, a ausência de regulação efetiva e a atuação das plataformas digitais são fatores que explicam tal permanência.

É fato que algumas medidas de combate à desinformação foram adotadas no período anterior ao pleito – ações motivadas especialmente pela circulação de conteúdos negacionistas sobre a pandemia e devido à preocupação com as eleições. No Facebook e no Instagram, alertas passaram a acompanhar conteúdos sobre temas sensíveis, inclusive eleições. O WhatsApp fez campanha pública informativa nas redes e derrubou contas automatizadas. O Twitter incluiu o Brasil em programa teste de ferramenta, que indica publicações que podem levar a fraudes eleitorais ou colocar a saúde pública em risco. O YouTube, por sua vez, disponibilizou página especial para combater a desinformação, na qual trata de "Mitos e fatos sobre desinformação e conteúdos impróprios no YouTube" e presta esclarecimentos sobre políticas de conteúdo da plataforma. O Tribunal Superior Eleitoral (TSE) formalizou acordos com as plataformas, mas eles se mostraram insuficientes, tanto que foi preciso promover modificações nas regras do jogo para mitigar o impacto da desinformação no segundo turno.

Apesar dessas iniciativas e das defecções no interior do grupo que levou Bolsonaro à Presidência, o que pode ter dificultado a construção de uma narrativa comum, em todo o Brasil, no início da campanha, a estratégia de desinformação novamente foi capaz de promover uma desordem informacional, na esteira de um processo em que a verdade, as instituições tradicionais e seus portadores afetam pouco uma parcela da população, diuturnamente bombardeada por conteúdos que as impactam de outras formas, especialmente no campo dos valores. Trata-se de uma disputa antiga em torno da informação, mas que é renovada nos processos comunicacionais que ocorrem no ambiente digital, no qual aquela parcela da população tem pouco contato com pensamentos semelhantes, pois inserida em bolhas algorítmicas que a expõem a pensamentos semelhantes, o que a torna pouco permeável à diferença.

Esses fatores estavam presentes novamente em 2022. Além da permanência da crise econômica e política e da ausência de respostas claras e com adesão social a elas, não houve mudanças na lógica de funcionamento das redes, principalmente quanto ao uso de dados para a produção de públicos segmentados e para a possibilidade de impulsionamento de anúncios, fatores centrais para as campanhas desinformativas, pois é também por meio do pagamento de anúncios que os contratantes podem segmentar o público para os quais apresentarão determinadas publicações, o que diminui a transparência e pode facilitar a formação de bolhas.

As plataformas, longe de serem neutras, impactam a forma, o conteúdo e a circulação do que vemos nelas. São conteúdos rápidos, padronizados (as dancinhas do TikTok ilustram isso, assim como os textos curtos do Twitter e as necessárias imagens no Instagram), muitas vezes permeados de humor, que promovem uma não dissociação entre o público e o privado. Baseadas na economia da atenção, as plataformas estimulam a promoção de conteúdos que geram engajamento, ainda que, para isso, como é muito comum, promovam conteúdos extremistas ou até mesmo desinformativos, que chamam atenção das pessoas.

Tanto a demanda pela produção constante quanto o tratamento de dados têm se pautado por uma ética de mercado. Interessa a plataformas e demais empresas envolvidas nos diversos negócios associados a tais práticas que os usuários se mantenham permanentemente conectados, clicando para produzir informações sobre eles mesmos e os outros. Informações que, posteriormente, serão processadas por grupos que as usarão para, entre outras possibilidades, oferecer anúncios ou conteúdos políticos. Ainda que todos os grupos estejam se valendo desse instrumento, eles não são tratados igualmente pelas plataformas. As principais delas comprovadamente promovem mais conteúdos de direita, conforme pesquisas feitas sobre o Facebook, YouTube e Twitter, inclusive pelas próprias empresas.

Além da atuação das plataformas, a manutenção das estruturas desinformativas conta também com as instituições, governo federal em primeiro plano, e com o cenário das comunicações no Brasil, marcado por uma concentração que sufoca a pluralidade e a diversidades, pela ausência debate público e acompanhamento do setor, bem como de responsabilização de emissoras em caso de violações. Pesa ainda o precário acesso à internet por parte da população, cuja fruição na internet é limitada por planos de franquia e acordos de zero rating que privilegiam a manutenção dos usuários nas redes sociais.

Os problemas poderiam ter sido amenizados com a aprovação do Projeto de Lei 2.630, que ficou conhecido como "PL das Fake News". O projeto, após anos de debate e várias modificações, além de muitas propostas por grupos da sociedade civil atentos ao tema, incorporou a transparência das plataformas como eixo central. Caso tivesse virado lei, obrigaria a uma exposição de informações que, hoje, apenas as corporações possuem. Além disso, estavam previstas outras medidas, como a instituição de um devido processo para que os usuários não fiquem de mãos atadas diante de decisões questionáveis das empresas. Havia uma expectativa de que o projeto fosse votado no fim de 2021, mas interesses políticos e a pressão das plataformas criaram obstáculos para isso. Com forte *lobby* no Congresso Nacional e uma campanha pública nas abrangentes redes controladas por elas, tais corporações contribuíram para que chegássemos mais frágeis às eleições.

A luta entre as bolhas e o que fazer para furá-las

No segundo turno, o drama das redes restou evidenciado. Os primeiros dias já mostravam que aquela seria uma guerra de rejeições, que teve como palco central a internet. Além do maior volume de desinformação, houve uma diferença em relação aos temas, ao conteúdo e à dinâmica das redes. Ao longo do primeiro turno, o ataque às urnas e a associação de práticas de corrupção ao ex-presidente Lula mobilizaram o debate político nas mídias digitais. Depois, ganharam espaço postagens mais duras sobre o comportamento dos candidatos e um apelo às questões de ordem moral e religiosa. No caso do público evangélico, de um lado, apoiadores do presidente Bolsonaro ligaram Lula ao satanismo, além de continuarem a campanha em torno dos conteúdos que já conhecemos: aborto, ideologia de gênero, drogas e suposta perseguição aos cristãos. De outro, um resgate de um vídeo de Bolsonaro na maçonaria ganhou ampla projeção logo no início do segundo turno.

Nas semanas que se seguiram, o bolsonarismo, mais unificado do que no início da disputa, ampliou a projeção de conteúdos sobre corrupção, religião e valores (conservadores). A esquerda, ainda surpreendida com o tamanho do inimigo, contava, para isso, sobretudo com a liderança do deputado federal André Janones, e também lançou mão de acusações em torno da religião, ameaças mais ou menos veladas, além da adoção de uma distribuição centralizada de conteúdos, muitos deles com estética "memetizada". Com isso, conseguiu deixar Bolsonaro "nas cordas", defendendo-se frequentemente e sem muito espaço para atacar.

O Observatório das Eleições registrou todo esse movimento, como no caso da associação do então presidente à pedofilia. A questão veio à tona a partir de uma fala do próprio Bolsonaro, que disse que "pintou um clima" entre ele e garotas venezuelanas, as quais o presidente associou à prostituição. A absurda fala repercutiu em diversas esferas. Monitoramos as menções ao caso no Twitter, no Facebook, no Instagram e no YouTube, bem como em grupos bolsonaristas no WhatsApp, a fim de averiguar se o tema furou a bolha, o que poderia ampliar a rejeição de Bolsonaro naquela apertada reta final. Entre os dias 14 e 18 de outubro de 2022, buscamos nas redes menções a "pedofilia", "pedófilo", "meninas venezuelanas", "pintou um clima" e "assédio". Os dados encontrados mostraram que o tema gerou repercussão. A discussão não só foi bem mais frequente nas redes do campo lulista, mas também alcançou o campo bolsonarista, forçando-o a responder.

No Twitter, foram 1.048.576 mensagens sobre o tema, entre postagens únicas e replicações. Os maiores números de reações e compartilhamentos foram registrados nas postagens de Felipe Neto, Jones Manoel, Janja Lula, Marina Silva, Maurício Ricardo e Levi Kaique, todos críticos à fala de Bolsonaro. O único comentarista de direita que ganhou destaque foi o próprio filho do presidente, Carlos Bolsonaro, com o compartilhamento de um vídeo acompanhado da frase "Meninas venezuelanas: compartilhe e restabeleça a verdade diante da simples verdade!", o que mostra que o bolsonarismo foi forçado a reagir.

No Instagram, o campo de apoio ao ex-presidente Lula predominou com larga vantagem. Das dez postagens que mais repercutiram, oito foram associadas a críticas a Bolsonaro (das páginas e perfis Quebrando Tabu, Mídia Ninja, Guilherme Boulos, Seremos Resistência e Manuela D'Ávila), uma jornalística (*Folha de S.Paulo*) e uma bolsonarista (Pedro Delfino).

Outra rede em que o bolsonarismo não levou vantagem foi o YouTube, no qual 268 contas trataram sobre o tema. O número de visualizações foi de quase 20 milhões, e o total de engajamento ultrapassou 1,3 milhão de interações. Canais jornalísticos tiveram maior projeção, como apresentado a seguir (Tab. 1).

Tabela 1 – Repercussão sobre denúncia de pedofilia no YouTube

Canal	Engajamento	Visualizações	Total de postagens
UOL	421433	8764734	54
Rádio BandNews FM	151864	1441346	9
TV 247	114411	987648	6
CNN Brasil	95967	2024709	10
Portal do José	80835	400780	2
Cortes 247	33242	334240	2
Os Pingos nos Is	29724	367603	1
Desmascarando	28649	166147	1
SBT News	28444	264427	1
oiluiz TV	26608	88776	1

Fonte: INCT/IDDC (2022).

Das dez publicações com maior engajamento, temos vídeos críticos à fala de Bolsonaro, veiculados pelo Portal do José, TV 247, Rádio Band News (com comentário crítico de Reinaldo Azevedo) e UOL. Dos associados ao bolsonarismo, os canais pertencentes ao youtuber oiluiz TV e ao programa *Os Pingos nos Is*, da Jovem Pan, tiveram ampla repercussão.

Confirmando a presença maior da direita no Facebook, o que o monitoramento do Observatório demonstrou em outros momentos da eleição, foi nessa única rede que o bolsonarismo teve protagonismo: 1,4 milhão de menções foram registradas. Considerando as dez principais páginas, foram 578.423 interações, sendo que o campo lulista interagiu menos (178.032) que o bolsonarista (274.578), porém, mais do que as páginas de sites noticiosos (125.813). Se nos detivermos as dez publicações com maior número de interações no Facebook sobre o tema, a distância se torna ainda maior: são três páginas lulistas (156.773) contra sete bolsonaristas (298.449).

Quase impenetráveis, os grupos bolsonaristas no WhatsApp não deram destaque ao tema da pedofilia, ao contrário. Monitoramento do Farol Digital revelou que, entre 0h do dia 14 de outubro de 2022 e 11h do dia 18 de outubro de 2022, 183 mensagens, de um universo de 17.774 mensagens contendo texto, trataram do assunto. Não foram consideradas as mensagens apenas com mídia (vídeo, áudio). Os textos foram enviados por 107 números distintos, sendo distribuídos em 72 grupos. O pico das menções foi no domingo, 17 de outubro, depois que o assunto foi praticamente inexistente nos grupos.

Gráfico 1 – Quantidade de mensagens relacionadas à pedofilia por data

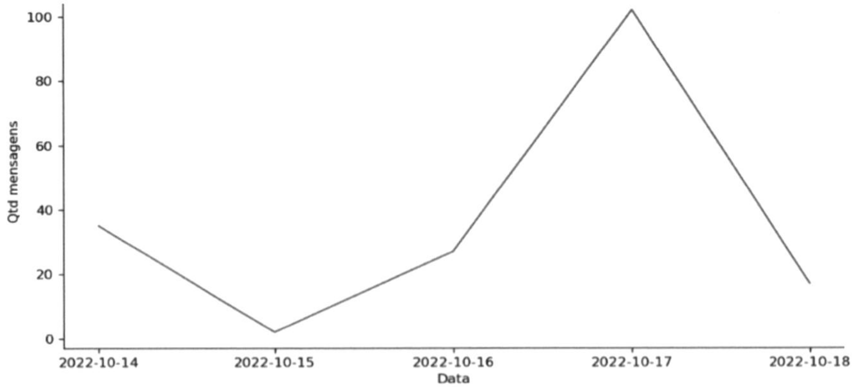

Fonte: Monitoramento Farol Digital (UFC, 2022).

Essa situação foi indicativa de como os grupos de WhatsApp, por serem mais fechados, são importantes para manterem a circulação de informações mais bem controlada, deixando os adeptos encerrados em discursos que reiteram seus posicionamentos. Isso também ocorre nas redes sociais, por força da mediação algorítmica que resulta na conformação de bolhas, mas nelas há zonas de intersecção, ou, como no caso de Jair Bolsonaro e Carlos Bolsonaro, a necessidade de tratar de um tema que inegavelmente ganhou merecida dimensão pública.

Importa ter em vista que furar a bolha não significa ganhar votos. O levantamento do Datafolha imediatamente posterior à divulgação do vídeo e também após outros casos que ganharam repercussão, como a criticada participação de Bolsonaro e seus apoiadores em eventos religiosos (na Basílica de Aparecida e no Círio de Nazaré), mostrou que não houve variações significativas nas intenções de votos. As poucas mudanças apontavam ampliação da margem de Bolsonaro, que vinha mobilizando recursos públicos em prol de sua eleição por meio de diversas políticas. A mobilização em torno de polêmicas na rede pareceu funcionar como uma barreira de contenção para mais ações de desinformação por parte do bolsonarismo, que teve de suspender a artilharia para dar respostas.

Desafio para a democracia

Enquanto colaboram para a fragilização da democracia, as plataformas digitais lucram cada vez mais com a discussão política. Em 2020, as 50 principais campanhas anunciantes gastaram, juntas, R$ 100 milhões – um aumento de mais de 40% no total repassado para tais empresas por meio de impulsionamento de conteúdos em 2018. Em 2022, mais uma vez as plataformas ampliaram seus lucros. Segundo o Observatório de Impulsionamento Eleitoral, Google e Facebook faturaram, juntos, pelo menos R$ 270 milhões com impulsionamentos e anúncios comprados por candidatos nas eleições de 2022 – o Facebook recebeu mais de R$ 186 milhões, enquanto o Google recebeu R$ 85 milhões.

Até o pleito de 2016 no Brasil, os partidos poderiam utilizar a internet de forma orgânica. O impulsionamento em campanhas foi permitido na Minirreforma Eleitoral (Lei n.º 13.488) de 2017. O TSE, por meio da Resolução n.º 3.610, liberou o impulsionamento de conteúdo na internet a partir da pré-campanha, vetando apenas o disparo em massa para um grande volume de usuários por meio de aplicativos de mensagem instantânea – liberação que acabou se revelando tão equivocada que foi alterada quando da decisão do TSE de apertar o cerco e proibir impulsionamento nos últimos dias de campanha. Além dos candidatos, empresas e indivíduos também promovem seus anúncios, inclusive com viés político, o que pode desequilibrar o jogo eleitoral. Exemplo disso é o que faz a produtora Brasil Paralelo, sempre presente na lista dos principais impulsionadores, o que ajuda a explicar a projeção que seus conteúdos com valores de direita adquiriram.

Terminamos a eleição de 2022 com a certeza de que o problema da desinformação não foi superado. Se as medidas adotadas se mostraram insuficientes, devemos buscar saídas que realmente dificultem os ataques à democracia por meio de campanhas de desinformação. A sociedade deve discutir o funcionamento das plataformas digitais, que cada vez mais controlam o espaço onde se dá boa parte do debate público, superando a visão da neutralidade e do livre mercado de ideias. A regulação das plataformas digitais, nesse sentido, é uma agenda que se mostra cada vez mais necessária.

A narrativa de censura dentro da campanha permanente de Bolsonaro

Amanda Mota
Bia Calza

O questionamento em relação à confiabilidade das urnas (que se iniciou ainda em 2018 e perpassou todo o governo do ex-presidente Jair Bolsonaro) e os ataques aos institutos de pesquisa e ao poder Judiciário (sobretudo ao Tribunal Superior Eleitoral – TSE) foram narrativas muito utilizadas por Bolsonaro e seus apoiadores por longos períodos, para além da campanha eleitoral. Elas foram cuidadosamente alimentadas e construídas com possíveis objetivos variados, como o estabelecimento de vínculos com seu eleitorado, a manutenção de seus apoiadores engajados e mobilizados, a conquista de visibilidade, a provocação de desordem informacional sobre o processo eleitoral, entre outros. Esse repertório pode ser classificado como campanha permanente, segundo as definições usadas por Heclo (2000) e Lilleker (2006).

Para a construção dessa campanha permanente, Bolsonaro explorou diversas narrativas, aproveitando a conjuntura para promover suas agendas e conquistar atenção. Uma dessas construções foi a de que estaria sendo vítima de censura. A série de decisões do TSE, que se iniciou no dia 18 de outubro de 2022, bem no meio do segundo turno, provocou uma avalanche de mensagens em grupos de seus apoiadores no WhatsApp e no Telegram. O conteúdo das mensagens mais compartilhadas misturava fatos, notícias falsas e opinião para criar desordem informacional, induzir o eleitor brasileiro a acreditar em uma narrativa de censura (em relação a apenas um dos lados) e gerar confusão sobre o conceito de liberdade de expressão.

As decisões do TSE que provocaram essa campanha de desordem informacional foram: desmonetização de quatro canais pró-Bolsonaro no YouTube, suspensão da exibição de um documentário da produtora Brasil Paralelo sobre a facada em Bolsonaro em 2018 (que só poderia ser veiculado depois do segundo turno) e suspensão de conteúdo associando o então candidato Lula a aborto, drogas e assassinato. A mesma decisão também concedeu direito de resposta a Lula em inserções na campanha de Jair Bolsonaro na TV.

O episódio mostra que a campanha de desordem informacional nos grupos de apoiadores de Bolsonaro no WhatsApp e no Telegram utilizou estratégias, a partir das decisões do TSE, para tirar a credibilidade do processo eleitoral. Não foi a primeira nem a única vez, como será demonstrado na sequência.

No caso específico dessa mobilização, fizemos uma análise da circulação de mensagens em grupos de apoiadores de Bolsonaro no WhatsApp e no Telegram. Coletamos 476.451 mensagens em 326 grupos no WhatsApp e 276.476 mensagens de 172 grupos no Telegram, do dia 18 ao dia 20 de outubro de 2022. Foram consideradas as seguintes palavras-chave: "censura", "TSE", "ditadura", "Brasil Paralelo", "Jovem Pan", "Venezuela" e "STF". Os dados são do Projeto Farol Digital, do Departamento de Computação da Universidade Federal do Ceará (UFC).

No WhatsApp, entre as mensagens mais compartilhadas, estavam links destinados a divulgar sites de *junk news* com conteúdos sobre as decisões do TSE. Os sites de *junk news* mimetizam a linguagem jornalística para divulgar teorias da conspiração, ataques à imprensa e conteúdo hiperpartidário, sem respeitar padrões jornalísticos. Para ganhar tração e forçar uma descoberta pseudo-orgânica no Google, esses sites se utilizam de técnicas avançadas de SEO (ou Search Engine Optimization), que é um conjunto de ações usadas para posicionar bem o site nas buscas orgânicas no Google. Isso é relevante porque, de acordo com pesquisas realizadas sobre o tema (BRADSHAW, 2019), a maior parte da receita desses sites vem justamente da remuneração que o Google dá a eles de acordo com as audiências, pelos anúncios veiculados ao lado dos conteúdos desses sites.

Entre as dez mensagens mais compartilhadas no período da coleta, oito foram de links de sites com esse perfil. O monitoramento de outros assuntos veiculados nesses grupos mostra que houve um compartilhamento sistemático de links desses sites. Usualmente, o número que dispara o link é o mesmo em diversos grupos. Isso aponta para o aproveitamento comercial do ecossistema bolsonarista de mensageria privada. É um rico canal de alavancagem de audiência.

Nas mensagens que continham texto, e não apenas links para esses sites, há diferentes estratégias discursivas para *dar legitimidade à narrativa de que há um projeto ditatorial de censura em curso no Brasil*. Uma dessas estratégias era a elaboração de novos conteúdos falsos a partir de dados da realidade, o que dificultava bastante a percepção dos internautas.

Um exemplo dessa estratégia é uma lista de "proibições" do TSE, que misturava decisões verdadeiras do Tribunal com conteúdos falsos e absurdos, como uma suposta decisão vedando o uso de bandeiras do Brasil em fachadas de igrejas. Na verdade, a Justiça negou o pedido do Partido dos Trabalhadores (PT) para retirar a bandeira da fachada de uma igreja da Assembleia de Deus no Pará.

Já no Telegram, foram compartilhadas mais imagens e vídeos do que textos sobre o tema. Entre os textos mais virais, verificou-se o uso ostensivo e deliberado de conteúdo falso e de caráter alarmista. A mensagem mais enviada nos grupos monitorados foi uma notícia falsa que afirmava que o TSE havia proibido a comemoração do Dia do Médico, celebrado em 18 de outubro.

Por outro lado, os pedidos da campanha do ex-presidente Jair Bolsonaro ao TSE para derrubada de conteúdos ou de canais que o prejudicam e as decisões da corte que determinavam a retirada de conteúdos anti-Bolsonaro (como a decisão que mandou o Twitter retirar do ar uma publicação do deputado André Janones, do Avante-MG) não foram tratados como censura. Nesses casos, eram enviados links de notícias da imprensa tradicional, normalmente sem algum texto fazendo juízo de valor.

O discurso de que haveria censura sendo aplicada no Brasil por parte do poder Judiciário também foi amplamente difundido no Twitter por influenciadores de grande porte ligados ao bolsonarismo (que consideramos, aqui, como uma "comunidade moral", ou seja, que apresenta uma interpretação própria da realidade sociopolítica e econômica do país), o que indica que havia algum tipo de coordenação na construção e na difusão das narrativas.

O movimento coordenado por lideranças dessa comunidade de classificar como censura as decisões do TSE desfavoráveis à campanha de Bolsonaro seguiu ganhando força ao longo dos dias que antecederam o segundo turno da eleição. Outros episódios foram usados de modo distorcido para fortalecer o caldo narrativo da censura, como a decisão da corte determinando que o grupo Rádio Panamericana S/A, dona da Jovem Pan, concedesse direito de resposta à campanha do PT, algo comum em períodos eleitorais e um direito também concedido a Bolsonaro em diversas ocasiões.

Assim como nos casos das narrativas disseminadas no WhatsApp e no Telegram, também no Twitter as decisões do TSE foram retratadas como censura pelos influenciadores bolsonaristas. Das cinco mensagens que mais circularam no campo bolsonarista, entre 18 e 30 de outubro de 2022, quatro são sobre "censura" do TSE contra a Jovem Pan. Os dados foram coletados pelo Observatório das Eleições 2022, que monitorou um conjunto selecionado de contas favoráveis à campanha de Jair Bolsonaro.

É importante relembrar que, no dia 20 de outubro de 2022, o TSE manteve a decisão de um de seus ministros de investigar a rede de desinformação bolsonarista nas redes sociais. A investigação se estendia ao presidente e a seu filho Carlos Bolsonaro (D'Agostino, 2022). Também no dia 20 daquele mês, o TSE aprovou uma resolução que proibia propaganda paga na internet no período de 48 horas antes do segundo turno e que dava poderes para a corte determinar a suspensão de conteúdos falsos sem precisar de medidas judiciais dos advogados de cada campanha. A partir da resolução, bastava que um conteúdo falso idêntico já houvesse sido derrubado por decisão judicial anterior, e ele serviria como base para a decisão de suspender conteúdos falsos futuros.

No período que se seguiu a essas decisões, influenciadores bolsonaristas no Twitter proferiram uma série de ataques à credibilidade da Corte, com as expressões "ditadura togada", "ditadura escancarada", "ditatoga", "Tribunal CENSOR Eleitoral", entre outras. Carlos Bolsonaro, filho do ex-presidente, dedicou o dia 25 de outubro de 2022 a provocações em seu perfil no Twitter, marcando a conta do TSE em diversas postagens irônicas. A corte não respondeu. A narrativa de que haveria censura por parte do TSE se insere em um contexto mais amplo de ataques ao Judiciário de maneira geral e a outras instituições, com a finalidade de questionar a credibilidade do processo eleitoral como um todo. Também foram alvos de ataques sistemáticos as urnas eletrônicas, os institutos de pesquisa e a imprensa.

Assim como o questionamento sobre a confiabilidade das urnas não é uma novidade das eleições 2022, tampouco é recente a construção do Judiciário como inimigo. Os ataques proferidos pelo então presidente Bolsonaro (e que foram incluídos no repertório de ataques de seus apoiadores) se iniciaram dois anos antes do período eleitoral. O gráfico a seguir, elaborado a partir da publicação de jornais sobre protestos entre 2018 e 2021, mostra que o período mais intenso de ataques ao poder Judiciário se iniciou em maio de 2020, no ápice da primeira onda de covid-19, quando faixas pedindo o fechamento do Superior Tribunal Federal (STF) e do Congresso começaram a ficar populares nas manifestações favoráveis a Jair Bolsonaro nas ruas.

Gráfico 1 – Alvos de protestos no Brasil – 2018 a 2021

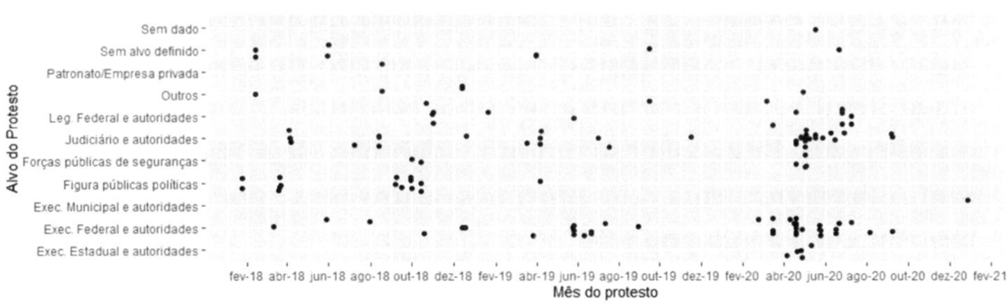

Fonte: Banco de dados do projeto "La Protesta" (2018-2021).

Os dados também mostram que os ataques e tentativas de questionar a credibilidade do poder Judiciário geralmente coincidiram com decisões das cortes superiores que eram desfavoráveis a Bolsonaro e seus aliados. Em abril de 2020, quando há a maior concentração de protestos contra o Judiciário, de acordo com o gráfico anterior, uma decisão do STF desagradou o ex-presidente. O ministro Alexandre de Moraes havia anulado a nomeação de Alexandre Ramagem para o comando da Polícia Federal (PF). O contexto naquela época era o do pedido de demissão do então ministro da Justiça Sérgio Moro, sob alegações de que Bolsonaro queria interferir na PF e que a nomeação de Ramagem facilitaria essa interferência (Boghossian, 2020).

No mês seguinte, novas decisões do STF irritaram Bolsonaro, que seguiu incentivando seus apoiadores a se mobilizarem e a criticarem o poder Judiciário. A primeira, do ministro Alexandre de Moraes, que ordenou uma operação policial contra aliados de Bolsonaro no âmbito do inquérito das *fake news*. E a segunda, do ministro Celso de Mello, de tornar público um vídeo de uma reunião ministerial que seria indício de interferência do presidente na PF. Na ocasião, o presidente fez ameaças à corte em seus discursos, com frases como: "Acabou, porra!", "Não teremos outro dia como ontem, chega" e "Quem divulga vídeos, imagens ou áudios do que não interessa ao inquérito... Tá lá [na lei], um a quatro anos de detenção".

No conceito de campanha permanente de Lilleker (2006), o uso dos recursos disponíveis se dá por organizações ou indivíduos eleitos, a fim de se constituir e manter o apoio popular. Até o momento em que este capítulo foi finalizado, ainda estavam acontecendo os protestos de eleitores de Bolsonaro em frente aos quartéis pedindo intervenção federal, algumas estradas seguiam bloqueadas por manifestantes e notícias falsas sobre uma possível futura ação do Exército em relação às eleições ainda circulavam aos montes em grupos bolsonaristas no WhatsApp e no Telegram. Resta saber se um indivíduo não eleito seguirá fazendo campanha permanente pelos próximos quatro anos e por quanto tempo ele manterá o apoio popular.

Os campos lulista e bolsonarista no Facebook e no Instagram nas eleições de 2022[1]

Eduardo Barbabela

Não é novidade a importância da comunicação para as democracias contemporâneas. Em um sistema cada vez mais descentralizado de divulgação de informações, no qual novas mídias surgem para dar voz a uma pluralidade de sujeitos, a mídia tradicional ainda desempenha o papel de agregadora de demandas e vozes, definindo a relevância ou não dessas vozes no processo político. Seja por sua extensa capilaridade, seja por sua capacidade de produção de matérias com checagem de fatos, os grandes meios de comunicação têm a confiança da sociedade para informá-la sobre o que acontece. Ao longo do século XX, a evolução da tecnologia e o desenvolvimento de novas formas de comunicação transformaram a sociedade e sua relação com a política.

Na era da comunicação em massa, em que o discurso político se adaptou a novos veículos, novas rotinas e novos formatos, o público foi conectado a uma nova linguagem dos meios eletrônicos, principalmente no aspecto visual e no simbolismo dos atributos, que cada vez mais se tornaram essenciais para se entender a mensagem. A aproximação entre eleitores e eleitos, somada à importância da propaganda, exigiu transformações na ação do político, principalmente em sua relação com os novos meios de comunicação. Alguns dos principais mecanismos foram as redes sociais.

Esses sites revolucionaram os espaços de interação social e ampliaram os espaços de conversação. Não é exagero afirmar que as redes

---

[1] Uma versão preliminar, apenas com uma parte dos dados analisados, foi divulgada no Boletim Lua Nova (Disponível em: https://boletimluanova.org/rede-social-nao-e-tudo-a-mesma-coisa-facebook-e-instagram-no-primeiro-turno-das-eleicoes-presidenciais/. Acesso em: 5 jan. 2023).

sociais, atualmente, têm papel importantíssimo na construção das redes de relações dos indivíduos. Esses sites possibilitam a criação de perfis que permitem conexões entre distintos atores, com a amplificação de conexões e das informações disponíveis (Recuero, 2009).

O processo de conexão pelas redes sociais também acaba influenciando na representação dos grupos, principalmente por suas características específicas, como a persistência e a replicabilidade da informação (Boyd, 2010). Além disso, nas redes sociais é comum que as fronteiras do público e do privado se misturem, somadas a uma audiência invisível que está presente na rede, porém, que não é imediatamente discernível (Recuero, 2012). Com isso, o estudo dessas redes sociais se tornou um caminho natural para entendermos o aprofundamento dos processos democráticos que vivemos e, em especial, no atual período eleitoral. Segundo pesquisa do DataSenado, 45% da população é influenciada pelas redes sociais na hora do voto (Baptista, 2019).

Este capítulo se propõe a discutir como os perfis ligados ao bolsonarismo e ao lulismo se comportaram ao longo da campanha presidencial no primeiro turno das eleições de 2022. Para isso, analisamos dados do CrowdTangle dos perfis oficiais dos dois candidatos durante o período eleitoral de 2022 nas redes sociais Facebook e Instagram. Comparamos apenas visualizações e interações nos dois campos ao longo das onze semanas da campanha para entendermos as diferenças nos dois sites de redes sociais da Meta.[2]

Um breve contexto

Para iniciarmos esta discussão, é preciso primeiro compreendermos os dois campos que analisaremos. O campo bolsonarista nas eleições de 2022 iniciou sua campanha no Facebook com uma rede forte e presente, que se montou desde antes das eleições de 2018. Ao analisarmos os relatórios "M Facebook" produzidos pelo Manchetômetro[3] nos últimos

[2] Os perfis escolhidos para compor cada um dos campos está na página do Observatório das Eleições (Disponível em: http://www.observatoriodaseleicoes.com.br. Acesso em: 5 jan. 2023).

[3] Os relatórios podem ser acessados em: https://www.manchetometro.com.br.

dois anos, percebemos que a página de Jair Bolsonaro e de diversos bolsonaristas, como Carla Zambelli (Partido Liberal – PL), Bia Kicis (PL) e Flávio Bolsonaro (PL), se mantiveram constantemente no topo dos rankings de interações, visualizações, compartilhamentos e seguidores ao longo desse período. O lulismo, por sua vez, iniciou sua campanha de 2022 com números muito mais modestos. No relatório "M Facebook", pudemos perceber, por exemplo, que apenas uma página desse campo se destacou durante o ano todo, a página de Humberto Costa (Partido dos Trabalhadores – PT). Ao longo do período eleitoral, entretanto, alguns personagens, antes fora do espectro e do grupo lulista, aproximaram-se das redes do ex-presidente e se tornaram essenciais na campanha nas redes.

O principal deles foi André Janones (Avante). O candidato a deputado federal e ex-pré-candidato à Presidência é uma das figuras mais importantes dentro do ecossistema do Facebook, com métricas comparáveis a algumas páginas bolsonaristas. Ao longo da pandemia e também no início da campanha eleitoral, Janones foi um personagem extremamente importante durante as discussões sobre o auxílio emergencial; após concretizar o apoio a Lula, conseguiu bater recordes e, principalmente, superar a página de Jair Bolsonaro em algumas métricas. Com seu alcance e visibilidade, Janones bateu recordes de visualizações na rede social e permitiu algum alcance a Lula, aliado a um grande perfil no Facebook para ajudá-lo a ter alcance na rede até então muito mais bolsonarista. As discrepâncias observadas nos números de seguidores entre os dois campos foram enormes no Facebook. O campo bolsonarista iniciou a campanha com um total de seguidores superior a 62 milhões, enquanto o campo lulista partiu de quase 36 milhões de seguidores. Ao final da campanha, essa diferença quase não se altera: 63,8 milhões contra 36,7 milhões, respectivamente. No Instagram, as diferenças são também significativas. Nos números de seguidores, a imagem é parecida com a que vimos no Facebook: a liderança do bolsonarismo, que iniciou a campanha com mais de 47,5 milhões de seguidores e terminou com mais de 55,6 milhões; já o lulismo iniciou o período eleitoral com 26 milhões de seguidores e alcançou 32,8 milhões ao final de outubro de 2022.

A métrica de total de números de seguidores demonstra os tamanhos dos campos nas redes e a facilidade que têm para alcançar internautas nas redes sociais. Em tese, aqueles que seguem as páginas têm algum interesse no conteúdo por ela veiculado. Para este capítulo, construímos a variável "engajamento". A ela somamos as variáveis "interações"[4] e "visualizações" e dividimos pelo número de seguidores dos campos. A proposta era avaliar se as campanhas estavam atraindo atenção ou não nas redes em uma variável ponderada pelo tamanho das próprias redes.[5]

Os dados no Facebook

Em números totais de visualizações e interações, o Facebook é um site de rede social em que o bolsonarismo está mais bem posicionado e é capaz de gerar mais interações e visualizações do que o lulismo, mesmo com a ajuda de personagens relevantes na plataforma, como André Janones.

Gráfico 1 – Engajamento dos campos no Facebook

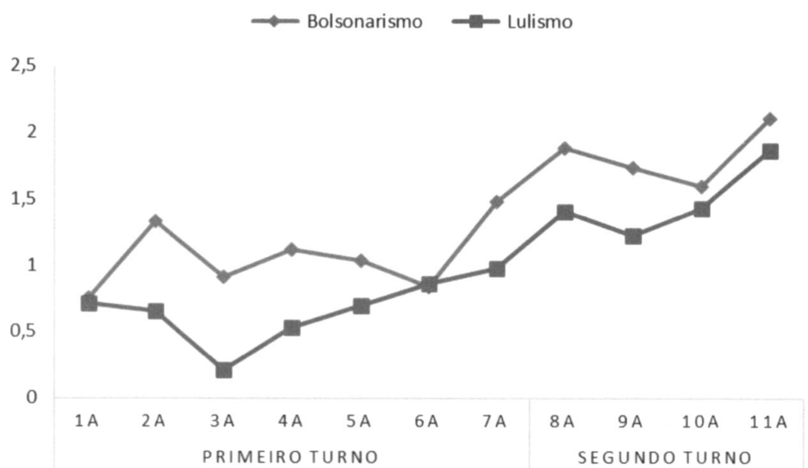

Fonte: Elaboração nossa; CrowdTangle (2022).

Quando comparamos os dados das onze semanas de campanha no Facebook, conforme o Gráfico 1, percebemos que, mesmo em dados

---

[4] A variável "Interações" é uma soma dos totais de reações, comentários e compartilhamentos.

[5] Sabemos da existência do impulsionamento de publicações e da possibilidade de ser seguidor e não visualizar as publicações das páginas, tanto no Facebook quanto no Instagram, além da existência de robôs. Entretanto, considerando que não é possível retirar nenhuma dessas informações a partir dos dados fornecidos pelo CrowdTangle decidimos por desconsiderar para ambos os candidatos.

ponderados, o bolsonarismo dominou a plataforma. Analisando os dois turnos de campanha, o conjunto de páginas de apoiadores de Bolsonaro dominou o engajamento nas redes, liderando 10 das 11 semanas. Apenas na semana 6, quando Lula esteve presente no programa do Ratinho e aproveitou para viralizar diversos cortes dessa participação, o lulismo conseguiu superar o bolsonarismo em engajamento.

As duas semanas em que temos os maiores distanciamentos entre os engajamentos dos dois campos são as semanas 2 e 3, ambas em prol de Bolsonaro. A segunda semana de campanha foi a semana de sabatinas do *Jornal Nacional*. Bolsonaro, o primeiro sabatinado, aproveitou o momento para realizar uma *live* após sua participação e também para publicar diversos conteúdos sobre sua ida à Rede Globo, principalmente seu embate com William Bonner. A terceira semana, por sua vez, foi a semana em que foram viralizados os conteúdos sobre o primeiro debate do primeiro turno, o debate da Band.

Nesse sentido, é importante destacarmos a mudança no comportamento digital da campanha de Lula, principalmente a partir da terceira semana. Lula, inicialmente, apostou mais na publicação de fotos e nas transmissões ao vivo de eventos grandes, sem a interação e o contato com seu público direto. Esse tipo de publicação, no entanto, não construiu conexão com o público do Facebook. Nesse quesito, sinalizamos a importância de André Janones, que transformou a campanha digital de Lula e inseriu mais *lives* do candidato em contato direto com seu público, fortalecendo os números de interações e visualizações.

Esta tática é utilizada por Bolsonaro desde o início de seu governo, construindo uma rotina de *lives* semanais nas quais o presidente conversava diretamente com seus apoiadores, em um bate-papo informal que o aproximava de seus eleitores, tática que tem se demonstrado eficiente no Facebook nos últimos anos.

Os dados no Instagram

No Instagram, os dados das métricas são bastante distintos do que os do Facebook, mesmo com a diferença grande de seguidores entre os campos na plataforma.

Gráfico 2 – Engajamento dos campos no Instagram[6]

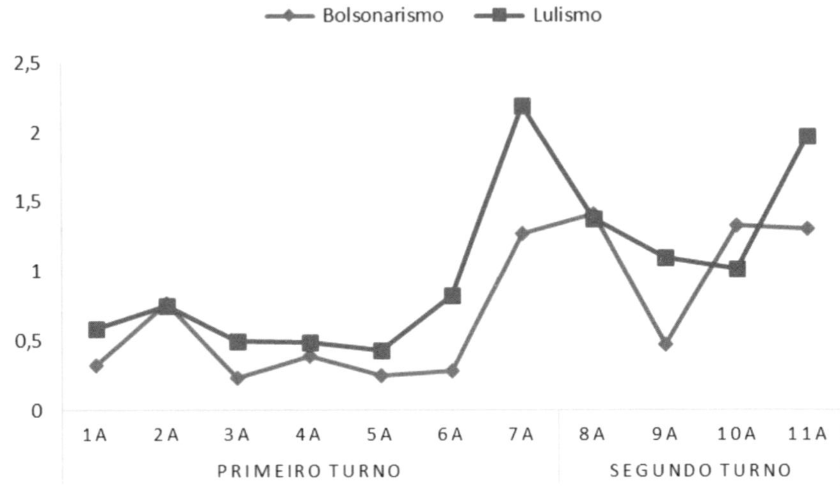

Fonte: Elaboração nossa; CrowdTangle (2022).

Nos dados do Instagram, apesar de o bolsonarismo ter também o maior número de seguidores, a situação se inverteu, e foi o lulismo que mais engajou na plataforma. O bolsonarismo superou o lulismo em apenas 3 das 11 semanas de campanha: a segunda, a oitava e a décima. A segunda semana, conforme citamos anteriormente, foi a semana na qual foram viralizadas as publicações sobre as sabatinas do *Jornal Nacional*. A oitava semana foi a primeira do segundo turno eleitoral, na qual o bolsonarismo aproveitou para agradecer suas vitórias no Legislativo e no Executivo estaduais, mas, principalmente, para fortalecer a campanha de Bolsonaro contra Lula no segundo turno, especialmente com críticas aos institutos de pesquisa e às pesquisas de opinião.

Finalmente, na décima semana, tivemos a participação de Bolsonaro no podcast *Inteligência LTDA.*, no dia 20 de outubro de 2022, que teve cortes amplamente divulgados com o objetivo de superar os números da participação de Lula no *Flow Podcast*, no dia 18 de outubro de 2022. É também importante reforçar que o desenho de plataforma do Instagram

[6] Na semana 9, o bolsonarismo teve diversas postagens retiradas do ar por ordem judicial, o que ajuda a explicar essa queda no engajamento. Por sua vez, o lulismo sofreu o mesmo revés na semana 10.

é um pouco distinto e influenciou no sucesso bolsonarista. A tática de gravar *lives* funciona bem no Facebook porque há também o mecanismo de linha do tempo, que mantém os vídeos rodando pelos distintos perfis durante o tempo. No Instagram, as *lives* ficam disponíveis apenas por 24 horas ou, quando há algum corte ou marcação, ela fica restrita a um destaque no perfil do dono do vídeo ou ao espaço de *Reels*, não aparecendo de forma espontânea para os usuários como na outra rede da Meta. A arquitetura do aplicativo ajuda a entender a dificuldade de Bolsonaro nessa rede; afinal, não há um incentivo para a publicização de vídeos longos na plataforma, embora existam mecanismos para tal.

As duas semanas com maior distância entre as médias dos dois campos são a sétima e a décima primeira, as duas semanas anteriores à eleição, ambas favoráveis ao lulismo. Nessas semanas, tivemos os dois debates da Rede Globo, dos quais principalmente a campanha lulista se aproveitou de cortes para fortalecer a presença nas redes.

No Instagram, a tática de publicizar fotos torna-se eficaz, pois é o principal objetivo da plataforma. E por ser uma prática recorrente da campanha de Lula, tal tática acaba alimentando tanto as fotos quanto os *stories* dos apoiadores do candidato e tirando o máximo da arquitetura da rede social.

Hoje, nosso sistema de informações é descentralizado, principalmente com o fortalecimento da internet. A rede tem capacidade, tal qual a televisão, de alcançar o cidadão e expor as pessoas a informações, além de sua inquestionável importância para a promoção da liberdade de expressão como mecanismo que possibilita que os indivíduos possam competir com os meios de comunicação em massa pela divulgação de notícias. A convergência das mídias para o campo digital desenvolveu um sistema considerado multimídia e em rede, que ampliou os produtores de conteúdo (Barendt *et al.*, 2013).

Os dados do Facebook e do Instagram, apesar de serem ambos redes sociais da mesma empresa, a Meta, demonstraram perfis e realidades distintas. Enquanto o bolsonarismo se estabeleceu como um campo fortíssimo no Facebook, apresentando um forte engajamento e demonstrando ter entendido como o sistema da plataforma está organizado, no Instagram, o campo engatinhou nesse processo de entender como a arquitetura do site e o sistema funcionam. O lulismo, por sua vez, demonstrou desconhecer inicialmente o sistema do Facebook, modificando-se aos poucos a um estilo de postagens mais atraente para engajamentos na plataforma. Já no Instagram, o campo se apresentou muito mais eficiente, com publicações que conseguiram retirar números melhores de interações, visualizações e de engajamento do que o campo bolsonarista, mesmo com quantidade de seguidores inferior.

As explicações para os resultados tão díspares passam por vários fatores, desde os objetivos específicos de cada campanha em cada rede, passando por seus públicos e mesmo pela própria arquitetura das plataformas. Podemos perceber que, à medida que o processo eleitoral avançou, as campanhas aprenderam a lidar melhor com os desafios e as plataformas, e foram aumentando seu engajamento.

Com o fim da eleição, os dados reforçaram a importância que as redes foram adquirindo ao longo do tempo, ainda mais se somarmos o WhatsApp, o Twitter e o YouTube a essa equação. O campo lulista, nessa eleição, demonstrou ter compreendido tal importância. Vejamos se, nos próximos quatro anos, teremos um governo com engajamento digital ou se retornaremos a uma rede dominada pelo bolsonarismo.

Democracia em dois turnos

Câmara dos Deputados 2022: direita tornou-se majoritária, esquerda e centro recuaram

Carlos Ranulfo Melo

Em 2018, pela primeira vez desde a redemocratização, partidos de direita conquistaram a maioria absoluta das vagas na Câmara dos Deputados. Em 2022, essa maioria foi ainda mais ampla. Os partidos situados ao centro tiveram seu pior desempenho nas duas últimas eleições e viram sua força cair mais de 55% se comparada a 2014. A esquerda, em que pese a votação de Lula, também recuou e elegeu sua menor bancada desde 2002.

Este capítulo mostra como evoluiu, desde 1982, a correlação de forças entre os três campos ideológicos na Câmara. Para tanto, os partidos foram categorizados de acordo com uma escala na qual 1 corresponde às posições mais à esquerda, e 10, àquelas mais à direita. Partidos situados entre 1 e 4,5 foram tratados como de esquerda, a saber, Partido Socialismo e Liberdade (PSOL), Partido Comunista do Brasil (PC do B), Partido dos Trabalhadores (PT), Partido Democrático Trabalhista (PDT), Partido Socialista Brasileiro (PSB) e Rede Sustentabilidade (Rede). Aqueles entre 4,6 e 6,5 foram considerados de centro: Partido Verde (PV), Movimento Democrático Brasileiro (MDB), Partido da Social Democracia Brasileira (PSDB), Avante e Solidariedade. O Cidadania foi classificado como esquerda até 2002 e depois passou a integrar o centro. O Partido Trabalhista Brasileiro (PTB) era tido como centro até a eleição de 2014 e depois rumou para a direita. Os demais partidos, situados entre 6,6 e 10 compuseram o campo da direita.

Para fazer essa classificação, foram adotados os seguintes critérios. Nos casos de PT, PSB, PDT, MDB, PSDB, PTB, Progressistas (PP) e Democratas (DEM), foram utilizados dados do projeto "Representação

Política e Qualidade da Democracia",[1] conduzido pelo Centro de Estudos Legislativos (CEL) do Departamento de Ciência Política da Universidade Federal de Minas Gerais (UFMG). O projeto posiciona os partidos anteriormente citados na escala esquerda/direita desde a legislatura 2003/2007, tendo como base a opinião dos deputados eleitos para a Câmara. Como o objetivo é mostrar como evoluiu longitudinalmente a correlação de forças entre os campos ideológicos, para a classificação de cada partido como esquerda, centro ou direita – dentro dos limites estabelecidos anteriormente – foi considerada a média dos posicionamentos obtidos nas cinco legislaturas pesquisadas pelo projeto (2003/2007 a 2019/2023). Essa média foi mantida, acredita-se sem qualquer prejuízo, para classificar os partidos nas legislaturas anteriores (1983/1987 a 1999/2003), bem como para a que emerge da atual eleição. Para os demais partidos, foi considerado o artigo de Bolognesi, Ribeiro e Codato (2022), que classifica todas as legendas inscritas no Tribunal Superior Eleitoral (TSE) com base em *survey* aplicado à comunidade de cientistas políticos em 2018.

A seguir, o Gráfico 1 mostra como evoluiu a força dos campos ideológicos na Câmara dos Deputados entre 1982 e 2022. Os percentuais referem-se às bancadas eleitas. Nos comentários a seguir, os dados foram desagregados por partido, o que não aparece no gráfico.

Gráfico 1 – Esquerda, centro e direita na Câmara – 1982 a 2022

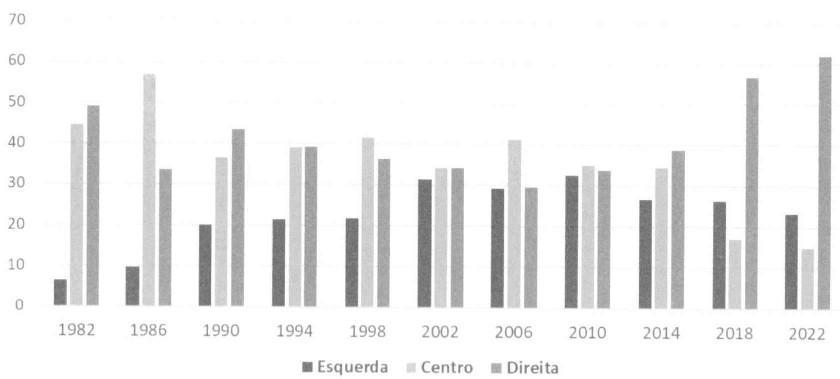

Fonte: Elaboração nossa.

[1] Os dados podem ser obtidos por solicitação através do site do Centro de Estudos Legislativos (CEL) (Disponível em: http://www.centroestudoslegislativos.com.br/index.php. Acesso em: 7 jan. 2023).

Como se percebe, os partidos de esquerda aumentaram suas bancadas da primeira eleição até 2010. Nos três pleitos seguintes, no entanto, seu desempenho caiu. O campo dependeu da performance eleitoral do PT. O partido alcançou sua força máxima como resultado da eleição de 2002, quando elegeu 91 deputados e deputadas. Naquele ano, assim como em 2010, 2014 e 2018, coube aos petistas eleger a maior bancada da Câmara.[2] Em 2022, o PT elegeu 68 representantes – 14 a mais do que em 2018 –, e a federação formada pelo partido juntamente com o PC do B e o PV conquistou 80 cadeiras. Também experimentou leve crescimento a federação PSOL/Rede, que chegou a 14 deputados e deputadas, três a mais do que os eleitos em 2018.

Mas PDT e PSB recuaram de forma expressiva. O melhor desempenho do PDT ocorreu em 1990 e 1994 – foram 47 e 34 cadeiras respectivamente. Nas sete eleições seguintes, o partido elegeu em média 23 representantes. Em 2022, foram 17 os eleitos, a pior marca de sua história. O PSB, a partir de 1994 com a eleição de Miguel Arraes para o governo do Pernambuco, firmou uma base no Nordeste e, daquele ano até 2010, sua bancada cresceu de forma contínua chegando a 35 deputados e deputadas na Câmara. O partido manteve a performance nos dois pleitos seguintes, mas em 2022 viu sua força reduzir-se pela metade.

Na década de 1980, a cena política esteve vinculada ao desempenho do MDB, partido que garantiu ao centro seus melhores desempenhos na série aqui resgatada e chegou a possuir, em 1986, maioria absoluta na Câmara, com 260 deputados e deputadas. A partir dos anos 1990, a força do partido diminuiu de forma sistemática, com um único momento de recuperação em 2006, quando elegeu 89 representantes

---

2 Cabe fazer uma distinção entre as bancadas do PT em 2002 e 2018. Em ambas as ocasiões, o partido elegeu a maior bancada, mas, em 2018, os petistas elegeram 37 representantes a menos do que em 2002. A diferença é explicada pelo fato de que, entre 1998 e 2018, observou-se na Câmara dos Deputados, como consequência do processo de fragmentação, uma sistemática diminuição na força das grandes bancadas – aquelas com mais de 10% das cadeiras – e um correspondente crescimento das de médio porte – as que possuem entre 5% e 10%. das cadeiras. No início da legislatura 1999/2003, as grandes bancadas respondiam por 79,4% dos representantes eleitos. Em 2019, chegavam a apenas 21,6%, enquanto os partidos de porte médio detinham 55,8% dos votos. A eleição de 2022 reverteu a tendência e as grandes bancadas ocupam 46,4% das cadeiras.

e fez a maior bancada da Casa. O recuo dos emedebistas seria compensado apenas parcialmente pelo crescimento do PSDB, fazendo com que, no cômputo geral, as bancadas eleitas fossem menores – entre 1990 e 2014 os partidos de centro elegeram em média 37,5% dos representantes na Câmara.

Mas como foi mostrado no Gráfico 1, na eleição de 2018, a bancada eleita pelo centro perdeu metade de sua força, recuando de 34,5% para 17,1% de cadeiras na Câmara. Em 2022, em um novo recuo, o percentual baixou para 15%.

A expressiva queda foi um dos desdobramentos da crise política que emitiu seus primeiros sinais ainda em 2013, quando o veto à participação dos partidos nas massivas manifestações sinalizou para uma demanda não satisfeita pela representação política vigente. A isso, seguiram-se a recessão do biênio 2015/2016, a operação Lava Jato e as manifestações contra o governo eleito em 2014 que, somadas à ação estratégica de lideranças do Congresso, de setores do Judiciário e da sociedade civil, "autorizaram" a transformação das chamadas pedaladas fiscais em crime de responsabilidade e forneceram a cobertura legal ao *impeachment* de Dilma Rousseff.

O que não estava previsto, por assim dizer, era que tucanos e emedebistas fossem atingidos pelos desdobramentos da Lava Jato e engolidos pela maré da antipolítica, em um processo que culminou com a eleição de Bolsonaro. O resultado das eleições de 2018 elevou a crise a outro patamar, não apenas porque representou a desarticulação do sistema partidário que se firmara entre 1994 e 2014, mas também porque lançou dúvidas sobre o futuro da democracia no país. Se o PT resistiu ao tsunami representado pela chegada da extrema direita à Presidência da República, o mesmo não vale para os partidos de centro, que foram fortemente atingidos.

O PSDB, que, embalado por suas duas vitórias nas eleições presidenciais, elegera sua maior bancada em 1998, com 99 representantes, gradativamente perdeu força na oposição aos governos petistas após 2002. Carente de base social, o partido viu-se cada vez mais dependente de canalizar o antipetismo, ficando sem ter em que se apoiar quando Bolsonaro capturou essa parcela do eleitorado. Se em 2018 foram 29 os eleitos, em 2022 as urnas reduziram o PSDB a uma legenda de pequeno porte, com apenas 13 representantes – o que ajuda a entender a formação da federação com o Cidadania.

No MDB, a "fórmula mágica" do partido – ter sucesso nas disputas para os governos estaduais como caminho para alcançar bancadas fortes em Brasília – deixou de funcionar e a legenda perdeu o lugar de ator vital no Congresso. Em 2018, foram 34 os eleitos. Em 2022, a legenda apresentou um desempenho um pouco melhor e elegeu 42 representantes – bancada 35% menor do que aquela de 2014.

À exceção do Avante, todos os demais partidos perfilados ao centro – de acordo com os critérios aqui adotados – apresentaram a mesma queda no desempenho. O PTB, que chegou a eleger 39 deputados e deputadas em 1990, em 2018 estava reduzido a dez representantes e, em 2022, já perfilado à direita, conquistou apenas uma cadeira na Câmara. O Cidadania, que chegara a 22 representantes em 2006, ao decidir pela formação da federação com o PSDB computava oito membros em sua bancada. O Solidariedade caiu de 15 eleitos em 2014 para quatro em 2022. O pequeno Avante, que como o PT do B havia elegido dois representantes em 2014, chegou a sete em 2018 e manteve a bancada em 2022.

Os partidos de direita sempre tiveram força no Congresso. Em 1982, o Partido Democrático Social (PDS), atual PP, respondeu sozinho por 49% da representação na Câmara. Entre 1986 e 2014, os partidos do campo conquistaram, em média, 36,1% das vagas em disputa. Nesse período, até 2006, a liderança da direita foi assumida pelo DEM (anteriormente Partido da Frente Liberal – PFL). O partido chegou a eleger 105 deputados em 1998, mas, assim como ocorreu com o PSDB, uma vez na oposição aos governos do PT o partido foi perdendo espaço. Em 2014, dividia com o Republicanos a quarta posição entre as legendas de direita, com 21 deputados, ficando atrás de PP, PSD e PL que elegeram 38, 36 e 34 deputados e deputadas respectivamente.

Na eleição de 2018, o crescimento da direita corresponde quase exatamente à queda verificada na votação dos partidos de centro: se lá o tombo foi de 17,4 pontos, aqui o salto foi de 17,8. Pela primeira vez desde a redemocratização, a direita torna-se majoritária na Câmara. Em 2022, o crescimento foi mantido e a soma das bancadas de seus partidos chegou a 61,9% da Casa.

As duas últimas eleições trouxeram também mudanças importantes no interior do campo. A primeira remete à emergência do Centrão não apenas como liderança da direita, mas também como força vital na Câmara. O bloco teve sua composição alterada no curso da legislatura 2019/2023, e seu "núcleo duro" – PL, PP e Republicanos – fortaleceu-se em função da movimentação dos parlamentares durante a "janela partidária" aberta em 2022. A segunda mudança destaca a fusão, aprovada pelo TSE no início de 2022, entre o DEM e o PSL – uma legenda nanica que se agigantou na esteira da eleição de Bolsonaro – dando origem ao União Brasil. O novo partido elegeu a terceira bancada da Câmara, com 59 membros. A terceira, refere-se ao desempenho do PL na eleição de 2022. Impulsionado pelo bolsonarismo, o partido, que havia conquistado 33 vagas em 2018, passa a controlar 99 a partir de 2023.

Ainda que não seja possível desenvolver aqui o ponto, cabe destacar que o crescimento da direita não pode ser analisado como algo estritamente parlamentar. Seu motor propulsor não foi nenhum partido – ainda que o PL, em especial, tenha sido beneficiado. Sua alavanca está no bolsonarismo, enquanto um movimento de caráter autoritário, articulado preferencialmente pelas redes sociais e dotado de forte base social. Foi esse movimento que capturou o eleitor antipetista e contribuiu de forma decisiva para o esvaziamento do centro capitaneado pelo PSDB.

Uma mostra de como esse movimento ecoa no eleitorado pode ser obtida por meio de dados extraídos de pesquisas de opinião realizadas pelo projeto "A cara da democracia no Brasil",[3] do Instituto da Democracia e Democratização da Comunicação (INCT/IDDC), entre os anos de 2018 e 2022. Os dados estão sintetizados na Tabela 1.[4]

[3] Os relatórios e bancos de dados das pesquisas podem ser consultados em: https://www.institutodademocracia.org/a-cara-da-democracia. Acesso em: 1 dez. 2022.

[4] Nas pesquisas, os entrevistados foram convidados a se posicionar em uma escala na qual 1 significava "esquerda" e 10, "direita". Para a categorização aqui apresentada, foram considerados de esquerda os entrevistados que se posicionaram entre 1 e 4; de centro os que se localizaram em 5 ou 6; e de direita os restantes.

Tabela 1 – Esquerda, centro e direita no eleitorado brasileiro – 2018 a 2022

Ideologia	2018	2019	2021	2022
Esquerda	16,6	20,5	21,3	20,3
Centro	22,9	23,5	27,7	27,3
Direita	21,8	32,4	35,7	36,2
Não sabe/Não respondeu	38,7	23,7	15,3	16,2

Fonte: INCT/IDDC (2022).

Entre a pesquisa realizada em 2018, ainda no primeiro semestre, e aquela de 2019, o percentual de cidadãos que se posicionavam à direita cresceu de 21,8% para 32,4%, enquanto o percentual dos que não souberam ou não quiseram responder à questão formulada recuou de 38,7% para 23,7%. As pesquisas realizadas em 2021 e 2022 confirmaram a mudança e ainda assinalaram um ligeiro crescimento da direita, que chegou a 36,2% dos entrevistados. A explicação parece clara. Pela primeira vez, desde a redemocratização, um candidato à Presidência da República apresentou-se explicitamente como um representante da direita, afirmou ser o único capaz de salvar o país de uma suposta ameaça comunista e defendeu posições que vão desde o armamento dos "cidadãos de bem" até a defesa de Deus, da família e da pátria. Uma vez eleito, governou para o eleitorado cativado por essa plataforma. Para uma parcela dos brasileiros, ser de direita, passou a ser "de bem".

No que diz respeito à Câmara, a eleição de 2022 confirmou e ampliou o avanço dos partidos de direita, reafirmou a fragilização das legendas que durante muitos anos operaram com sucesso pelo centro do sistema partidário e mostrou que a esquerda continua enfrentado dificuldades para crescer no Legislativo, em que pese seu bom desempenho nas eleições presidenciais. O quadro pode ser ainda estendido ao Congresso como um todo. No Senado, os partidos aqui considerados como de direita controlam agora 65% das cadeiras.

O cenário aponta para um ambiente no qual o desempenho do governo Lula dependerá fundamentalmente de sua capacidade e disposição para a negociação. Se comparado ao de 2002, quando de seu primeiro mandato, o cenário político atualmente é bem mais complexo. A começar pelos números. Se há vinte anos uma coligação entre a esquerda e o centro – excluindo-se o PSDB e levando em conta estritamente as bancadas eleitas – chegava a 47% dos votos na Câmara, a partir de 2023 uma coligação nesses moldes pode chegar a apenas a 35%.

A implicação direta desses números é que o novo governo Lula dependerá, mais do que em 2002, do apoio mais ou menos explícito de uma parcela da direita. Mas para além dos números, é preciso levar em conta que o esforço de construção de uma base legislativa capaz de permitir a governança deverá ocorrer em disputa com uma oposição patrocinada pelo bolsonarismo – uma força reacionária e sem compromisso com a democracia, mas capaz de pressionar o Congresso a partir de sua base social. Do desfecho dessa disputa pode depender a sorte do novo governo.

As eleições para os governos estaduais: mudanças, continuidades e perspectivas para o futuro

Marta Mendes
Luciana Santana
Gustavo Paravizo

Desde que as eleições voltaram a acontecer de forma casada no país, em 1994, os cidadãos e cidadãs brasileiras escolhem, além do presidente e membros do Congresso Nacional, os governadores e deputados que irão compor as assembleias estaduais nas 26 unidades federativas e no Distrito Federal. De agosto a outubro de 2022, o Observatório das Eleições dedicou uma editoria exclusiva em suas análises para o exame das disputas nos estados. Durante esse acompanhamento, concentramos nossa atenção nos pleitos majoritários, por meio dos quais foram escolhidos os novos governadores e governadoras e na eleição presidencial a partir da clivagem estadual. Neste capítulo, retomamos algumas dessas análises e discutimos: (1) a relevância das eleições estaduais; (2) as continuidades e mudanças no comando dos governos estaduais; (3) as conexões entre as disputas nos estados e a eleição presidencial; e (4) as perspectivas para o futuro considerando o quadro político-partidário derivado da eleição de 2022.

A relevância das eleições estaduais

Os governos estaduais são de fundamental importância na estrutura federativa brasileira. Isso pode ser evidenciado nas prerrogativas garantidas pela Constituição de 1988 aos estados e governadores. Cabe aos executivos estaduais a gestão da administração direta, além de uma série de prerrogativas em áreas-chave de políticas públicas com impactos diretos sobre a vida dos cidadãos, como saúde e educação. Também é responsabilidade dos governadores chefiar as polícias militares, civis e os corpos de bombeiros, o que os torna atores fundamentais na política de segurança pública. A organização federativa do país e a autonomia assegurada aos estados e municípios fazem dos governos subnacionais importantes atores do jogo político. Basta lembrar o protagonismo assumido pelos governadores durante o primeiro ano da pandemia de covid-19, quando eles lideraram os esforços de contenção do vírus.

No entanto, as marcantes heterogeneidades sociodemográficas, econômicas, culturais e políticas existentes no país fazem com que a competição eleitoral assuma diferentes contornos a depender da região e do estado. As regiões e os estados brasileiros diferenciam-se em termos demográficos por seu nível de desenvolvimento e indicadores sociais, bem como pela estrutura do sistema partidário e da competição eleitoral. Variações na estrutura econômica e produtiva local conectam-se a diferentes configurações de força e incidem sobre a formação de preferências do eleitorado e estratégias das elites políticas. Essas heterogeneidades criam um quadro complexo no qual diferentes questões adquirem especial saliência dependendo da região e estado.

Os movimentos das elites políticas não ocorrem no vazio e, por isso, é fundamental considerar o contexto da competição política nos diversos estados e regiões do país. Na próxima seção, analisaremos os resultados das eleições para os governos estaduais destacando os elementos de continuidade e mudança.

Continuidades e mudanças no comando dos governos estaduais

As continuidades observadas nas disputas estaduais foram marcantes em 2022. Dos 20 governadores que tentaram a reeleição, 18 foram bem-sucedidos, 12 no primeiro turno e seis no segundo. Isso significa 90% de recondução – 19% a mais do que a porcentagem média total de reeleições registrada entre 1998 e 2018. No primeiro turno, foram reeleitos os governadores do Acre, Distrito Federal, Goiás, Mato Grosso, Maranhão, Minas Gerais, Pará, Paraná, Rio de Janeiro, Rio Grande do Norte, Roraima e Tocantins. Alguns deles, ganharam com larga vantagem sobre os adversários.

No segundo turno, foi a vez de Alagoas, Amazonas, Espírito Santo, Paraíba, Rio Grande do Sul e Rondônia reelegerem seus atuais mandatários. Apesar da recondução, vitórias apertadas foram observadas em quatro estados nos quais a diferença para o segundo colocado variou de 2 a 4% do total de votos válidos. Paulo Dantas (Movimento Democrático Brasileiro – MDB), Marcos Rocha (União) e João Azevêdo (Partido Social Democrático – PSD), de Alagoas, Roraima e Paraíba respectivamente, enfrentaram dificuldades, mas venceram com margens inferiores a 3%, o que demonstra o nível de competição em seus estados. Apenas os governadores de São Paulo e Santa Catarina não conseguiram renovar seus mandatos e foram derrotados ainda no primeiro turno.

O número significativo de reeleições demonstra a força dos mandatários que tradicionalmente possuem vantagem sobre os desafiantes em função do domínio que têm da máquina pública. Isso porque os executivos estaduais concentram recursos de várias ordens, como cargos e orçamento, e também funcionam como "vitrine" de governança e políticas públicas. O cabedal de meios à disposição dos governadores atrai as elites locais e estaduais interessadas em acessar esses recursos e em projetar seus representantes para cargos eletivos de igual ou maior relevância.

Além disso, os resultados também representam a consolidação da liderança e a permanência de alguns governadores e seus partidos nos respectivos estados. Na Bahia e no Piauí, o Partido dos Trabalhadores (PT) manteve sua hegemonia, com a eleição de Jerônimo Rodrigues e Rafael Fonteles, respectivamente. Já são dezesseis anos do PT à frente do governo estadual na Bahia e dezenove anos no Piauí. Em Goiás, Ronaldo Caiado (União) segue como principal liderança política após se alinhar a Bolsonaro no segundo turno. Em Minas Gerais, Romeu Zema (Novo) saiu da condição de candidato desconhecido e *outsider* em 2018 para a posição de favorito em 2022, quando foi reeleito já no primeiro turno. No Pará, Helder Barbalho (MDB) também demonstrou amplo domínio, conquistando vitória em primeiro turno – repetindo o feito realizado por seu pai, o ex-governador Jader Barbalho. Em Alagoas, o êxito de Paulo Dantas (MDB) também representa o triunfo do grupo do senador Renan Calheiros (MDB). No Amazonas, Wilson Lima (União), desconhecido em 2018, foi reeleito para o cargo, a despeito do colapso na saúde pública do estado durante os momentos mais agudos da pandemia.

Do ponto de vista da mudança, oito unidades federativas terão novos governadores à frente do Executivo estadual. São Paulo é um caso evidente de mudança com potencial de reorganização da política estadual depois da vitória de Tarcísio de Freitas (Republicanos) e da derrocada do Partido da Social Democracia Brasileira (PSDB) paulista após 28 anos à frente do governo. No Ceará, Elmano de Freitas (PT) superou o domínio do Partido Democrático Trabalhista (PDT) e os desarranjos políticos da família Gomes, fortalecendo sua aliança com a ex-vice-governadora, Izolda Cela, e com ampla rede de prefeitos de diferentes partidos. Mudanças também ocorreram em Pernambuco, com a vitória de Raquel Lyra (PSDB) e a substituição do grupo político comandado pelo Partido Socialista Brasileiro (PSB). Em Santa Catarina, Jorginho Mello (Partido Liberal – PL) deve contar com mais apoios do que o ex-governador, Carlos Moisés (Republicanos).

Vale lembrar que a troca de governadores nem sempre significa a substituição dos grupos políticos que controlam os executivos estaduais. No Amapá, Clécio Luís (Solidariedade) representa continuidade tendo em vista a sua participação no grupo político do ex-governador, Waldez Góes (PDT). No Mato Grosso do Sul, Eduardo Riedel (PSDB) é parte do círculo comandado pelo ex-mandatário Reinaldo Azambuja (PSDB). No Rio Grande do Sul, Eduardo Leite venceu apesar de sua renúncia no primeiro mandato e representa uma espécie de "continuidade contraditória". Com posicionamento anterior contrário à reeleição, foi o primeiro governador do Rio Grande do Sul a ser reconduzido ao cargo com apoio da centro-esquerda.

Tomando em perspectiva a distribuição dos governos estaduais por partido, notamos uma leve diminuição no número de agremiações vencedoras em comparação aos resultados de 2018. Em 2022, 11 partidos dominaram as cenas estaduais, dois a menos que no pleito anterior, com destaque para o PT (4), que manteve o desempenho anterior, e para o União Brasil (4), que perdeu um governo estadual (levamos em conta a soma entre DEM e PSL, 5). MDB (3), PSDB (3), PSB (3), PSD (2) e Novo (1) também garantiram espaços com o mesmo número de estados conquistados nas últimas eleições. PL (2), Republicanos (2) e Solidariedade (1), por sua vez, ingressaram no grupo de partidos com controle sobre governos estaduais e juntaram-se ao PP (2), agora com um governador a mais. Por fim, PSC (-2), PDT (-1), PHS (-1) e PC do B (-1) perderam os executivos estaduais vencidos em 2018 e não elegeram governadores nesse pleito.

Conexões entre a arena estadual e nacional

O fato de os representantes do Executivo e Legislativo em nível nacional e estadual serem escolhidos na mesma eleição produz impactos sobre o processo eleitoral, preferências dos eleitores e estratégias das elites políticas. As eleições "casadas" fazem com que partidos e candidatos movimentem-se de modo a articular e coordenar suas estratégias nos dois níveis na tentativa de otimizar os recursos de campanha e assegurar o maior retorno eleitoral possível.

Os presidenciáveis buscam assegurar palanques nos estados e garantir o apoio dos candidatos ao governo e ao Legislativo como cabos eleitorais estratégicos para atingir êxito eleitoral. Estes últimos, por sua vez, tentam associar sua imagem aos candidatos que se apresentam como os mais competitivos à Presidência, como uma forma de fazer emplacar sua própria candidatura no estado. Em qualquer uma das direções, há evidências de que candidatos que contam com boa aprovação popular podem transferir parte de sua popularidade para seus aliados. A costura das alianças, contudo, é cercada de complexidades uma vez que candidatos e partidos diferenciam-se em relação a suas preferências por priorizar a arena nacional ou estadual, e também porque o histórico de competição no estado pode limitar as possibilidades de alianças.

Na construção das alianças em 2022, os movimentos das elites estaduais centraram-se nas duas principais candidaturas que concentravam a maior parte das intenções de voto segundo as pesquisas. Luiz Inácio Lula da Silva (PT) teve a seu favor, como facilitador para atrair aliados e aliadas nos estados, a memória da população em relação à boa avaliação de seus governos (2003-2010), quando contou com altos índices de aprovação e uma significativa e consolidada vantagem no Nordeste. Lula tinha contra ele o antipetismo ainda bastante difundido na sociedade brasileira.

Por sua vez, Jair Bolsonaro, que, em 2018, concorreu por um partido até então de pouca expressão, o Partido Social Liberal (PSL), em

2022 apresentou-se pelo PL, agremiação consolidada, capaz de garantir recursos fundamentais e estrutura organizativa. Ainda assim, Bolsonaro enfrentou dificuldades na consolidação de seus palanques estaduais, o que decorreu do histórico de confrontos com os governadores ao longo de todo o seu mandato como presidente, dos conflitos com os demais poderes e da desaprovação de seu governo.

Antes do primeiro turno das eleições, muitos candidatos aos governos estaduais foram cautelosos em relação a quanta energia mobilizar em prol de seu aliado presidenciável. De olho no que poderiam perder ou ganhar, alguns optaram por "esconder" seus aliados na primeira fase da disputa enquanto outros investiram em uma forte associação entre as candidaturas. Ao final do primeiro turno, dos 15 governadores eleitos, 8 apoiavam Bolsonaro e 5 Lula. Entre os que passaram ao segundo turno e lideravam as pesquisas de intenção de voto nos 12 estados, 6 apoiaram Lula e outros 6 alinharam-se a Bolsonaro.

Considerando o padrão regional, Bolsonaro costurou alianças com a maioria dos governadores no Sul, Centro-Oeste e Norte: dos 14 governadores eleitos nessas regiões, 10 declararam apoio ao ex-presidente. Ele também contou com o alinhamento de 3 dos 4 governadores eleitos no Sudeste: São Paulo, Minas Gerais e Rio de Janeiro. Lula, por sua vez, contou com governadores eleitos em 8 dos 9 estados do Nordeste, além de Amapá, Pará e Espírito Santo.

Perspectivas para o futuro

Uma das características do federalismo é a dispersão de poder verticalmente. Isso favorece a tradução política e institucional da diversidade que marca a sociedade brasileira e multiplica os atores com poder de voz e veto. A autonomia política dos governos subnacionais permite configurações políticas muito complexas e a coexistência, em diferentes níveis, de governos com inclinações ideológicas e programáticas muito díspares.

Assim, uma das questões que a vitória de Lula para a Presidência traz é a do relacionamento entre governo federal e governos estaduais. Os governadores aliados a Bolsonaro farão forte oposição ou tenderão a se aproximar do governo federal? Buscarão um meio-termo entre adesão completa e oposição ferrenha? Parte da resposta remete, é claro, ao posicionamento dos partidos políticos – o que nos dirá muito sobre as condições de governabilidade do novo presidente.

Considerando as alianças e os apoios declarados durante as eleições, a partir de 2023, Lula contaria com o apoio de pelo menos 11 governadores eleitos e enfrentaria a oposição de outros 14. Os posicionamentos de Raquel Lyra, em Pernambuco, e Eduardo Leite, no Rio Grande do Sul, ambos do PSDB, ainda são incertos. Contudo, a centralização de autoridade decisória e recursos em torno do governo federal, e a disposição declarada de Lula para dialogar com todos os governadores e governadoras, pode alterar os termos do relacionamento.

Uma mudança no comportamento dos atores já pode ser observada na movimentação dos governadores eleitos logo após o anúncio dos resultados. Nesse sentido, deve-se destacar o tom de moderação que marcou, por exemplo, as falas dos governadores dos três maiores estados do país e que estiveram ao lado de Bolsonaro nas eleições. Romeu Zema pediu o fim dos bloqueios de rodovias e o cumprimento da lei, por ocasião dos atos antidemocráticos que se seguiram ao anúncio do resultado da eleição presidencial. O governador também afirmou disposição para o diálogo com o presidente. Tarcísio de Freitas apontou a necessidade de alinhamento com o governo federal para garantir a defesa dos interesses paulistas. Já Cláudio Castro reforçou a importância de articulação com o governo eleito na tentativa de promover o desenvolvimento econômico e de infraestrutura no Rio de Janeiro.

Há um intenso debate na Ciência Política brasileira sobre a extensão do poder dos governadores sobre as bancadas estaduais no Congresso Nacional e a forma como ele se manifesta. De um lado, há os que enfatizam a importância dos governadores vendo-os como atores centrais do jogo com poder de fazer valer suas preferências, bloquear decisões indesejadas e frustrar os planos da Presidência (Abrucio, 1998). Do outro, há os que questionam essa tese deslocando a atenção para os partidos políticos e lideranças políticas nacionais (Cheibub; Figueiredo; Limongi, 2009).

Seja como for, a interação entre as elites e governos estaduais e nacionais é parte central do jogo e da dinâmica política brasileira, tanto na arena eleitoral quanto governativa, assim como no processo de formulação e implementação de políticas públicas. Os próximos anos dirão em que medida a nova configuração de forças resultantes das eleições de 2022 permitirá frear o processo de degradação política e institucional que caracterizou o país entre 2019 e 2022.

Gênero e raça nas eleições de 2022[1]

Carlos Machado
Danusa Marques
Flávia Biroli
Pedro Paulo de Assis
Viviane Gonçalves Freitas

A política é historicamente dominada por homens e, no caso brasileiro, brancos. Isso é importante porque estamos falando de quem participa da definição dos parâmetros que organizam a sociedade, assim como da alocação dos recursos públicos. Em sociedades complexas e desiguais, direitos políticos universais podem ser insuficientes para garantir que presença e influência política espelhem a diversidade e os conflitos sociais. As vivências, os problemas cotidianos, as necessidades e visões de mundo de setores majoritários do Brasil, como mulheres e pessoas negras, ficam à margem quando o controle dos recursos políticos segue, ano após ano, nas mãos de grupos minoritários e com acesso privilegiado.

O Brasil é internacionalmente conhecido por suas baixíssimas taxas de representação feminina nos legislativos. Pelo ranking da presença de mulheres nos parlamentos da Inter-Parliamentary Union,[2] que é atualizado mensalmente, em outubro de 2022, o Brasil encontrava-se na 143ª posição entre 190 países. Na América Latina e Caribe, estava à frente apenas de Antígua e Barbuda, Belize, Santa Lucia e Haiti.

---

[1] Este capítulo é fruto de pesquisa realizada numa parceria entre o Instituto de Ciência Política da Universidade de Brasília (IPOL-UnB) e o Observatório Nacional da Mulher na Política da Câmara dos Deputados, sob coordenação da professora Flávia Biroli.

[2] Os dados do ranking estão disponíveis em: https://data.ipu.org/women-ranking/?month=10&year=2022. Acesso em: 10 nov. 2022.

Nos processos eleitorais, partimos de posições muito desiguais (Campos; Machado, 2020). Nas listas partidárias, as candidaturas são majoritariamente masculinas. E, ainda, são poucas as que podemos considerar competitivas, ou seja, com chances reais de eleição. A competitividade é resultado de muitos fatores, como acesso a redes de apoio partidárias, visibilidade social e recursos financeiros. São homens e brancos os que têm mais acesso a recursos de campanha, ampliando sua competitividade eleitoral. Essa realidade torna-se mais aguda na disputa pelos cargos executivos – nas eleições gerais, estas são as candidaturas a governos estaduais e à Presidência. Mas isso se estende também às proporcionais, que, nas eleições de 2022, corresponderam às disputas pelos cargos de deputado(a) federal e estadual (ou distrital, no caso do Distrito Federal). Desde 1997, as eleições são reguladas pelas cotas de gênero previstas na Lei Eleitoral n.º 9.504/97, que determina um mínimo de 30% das candidaturas para cada um dos sexos. Até 2009, os partidos utilizavam-se do fato de que se falava em "reserva" desse mínimo para ignorar tal patamar. Depois disso, com a mudança na legislação, que requer o "preenchimento", passaram gradualmente a utilizá-lo, na prática, como um teto.

Temos observado crescimentos contínuos, mas tímidos numericamente e na diversificação dos perfis. Estamos longe de atingir os patamares de países da região que adotaram cotas eleitorais nos anos 1990, mas que, desde então, evoluíram para regras paritárias, como Argentina, Bolívia, Costa Rica e México.

Nas candidaturas femininas[3] à Câmara dos Deputados, passamos de 29% em 2014, para 32% em 2018, e 35% em 2022. No caso das assembleias legislativas e da Câmara Legislativa do Distrito Federal, tivemos 29% de candidaturas femininas em 2014, 31% em 2018 e chegamos a 33% em 2022.

Se observamos isoladamente as candidaturas de mulheres negras (pretas e pardas), chama atenção a variação dos dados referentes às mulheres pretas. Elas eram 3% em 2014, passando para 4% em 2018. Em 2022, chegaram a 6%, tanto entre as candidaturas aos legislativos

[3] O presente texto considerou apenas as candidaturas estaduais e nacionais referendadas como aptas pelo Tribunal Superior Eleitoral (TSE).

estaduais quanto à Câmara dos Deputados. É importante destacar que o mesmo processo não ocorreu para homens pretos, que, nas candidaturas a ambos os cargos, tinham 6% em 2014, 7% em 2018 e chegaram a 8% em 2022.

GRÁFICO 1 – Candidaturas a deputado(a) estadual e federal por gênero e raça/cor nas eleições de 2014, 2018 e 2022

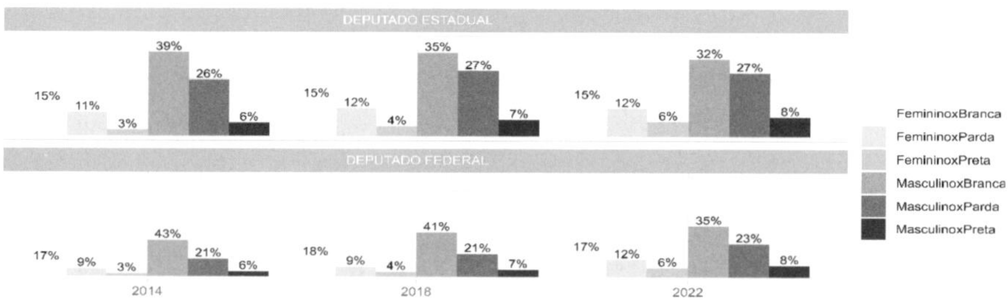

Fonte: Elaboração nossa; TSE (2022).

GRÁFICO 2 – Candidaturas a deputado(a) estadual e federal por gênero nas eleições de 2014, 2018 e 2022

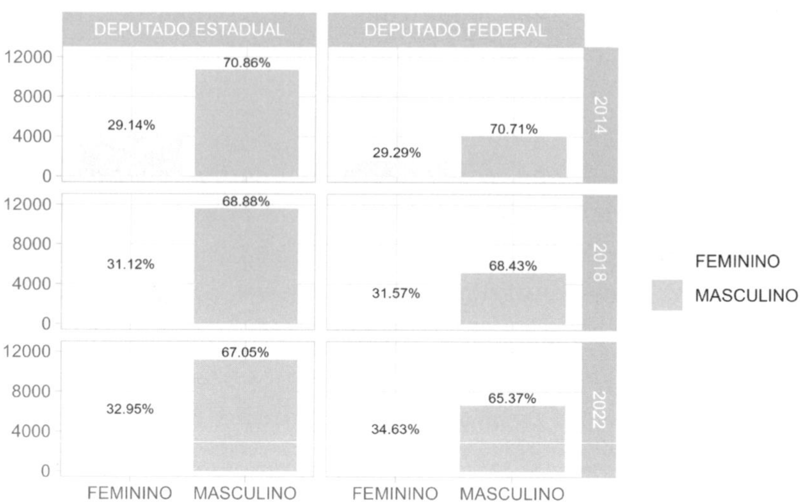

Fonte: Elaboração nossa; TSE (2022).

Gráfico 3 – Candidatos a deputado(a) estadual e federal por cor nas eleições de 2014, 2018 e 2022

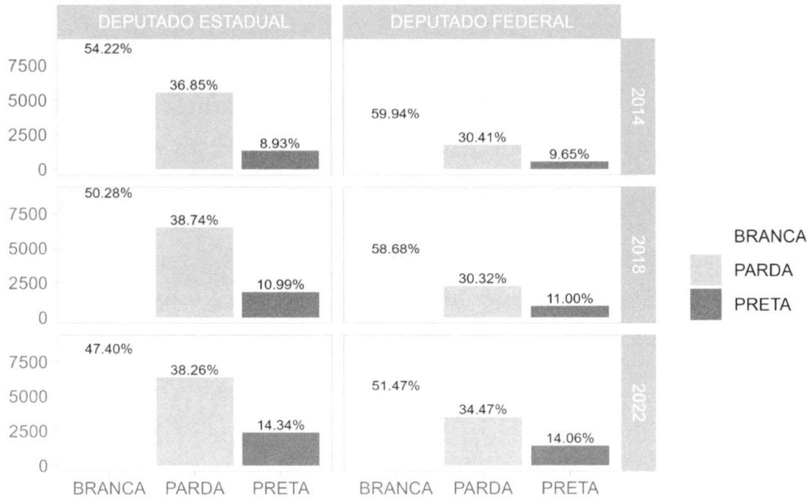

Fonte: Elaboração nossa; TSE (2022).

Os percentuais de candidaturas por gênero e raça, registrados nos gráficos 1, 2 e 3, nos dizem muito sobre um dos momentos iniciais das disputas eleitorais, o registro das candidaturas, que depende da chancela dos partidos. É sempre bom lembrar que temos evidências de que as mulheres buscam a política partidária. Um exemplo é que elas são 45% das pessoas filiadas a partidos políticos, segundo dados de 2021 do Tribunal Superior Eleitoral (TSE).

Um primeiro desafio permanece sendo garantir que os partidos cumpram a legislação de mínimo de candidaturas. A própria Justiça Eleitoral tem atuado para coibir os casos de fraude às cotas, vulgo candidaturas-laranja, quando partidos registram candidaturas femininas inviáveis apenas para preencher a cota de gênero.[4] Mas, além de combater judicialmente a fraude nas cotas pelos partidos, é preciso priorizar que eles ampliem esses percentuais, isto é, ultrapassem a casa dos 30%, evitando que

[4] Apenas para ilustrar, em 2022, a candidatura de Kyara Zaruty (PMB) à Câmara Legislativa do Distrito Federal é um exemplo do fenômeno, denunciado pela própria candidata à mídia (Disponível em: https://www.metropoles.com/colunas/rodrigo-rangel/fui-laranja-diz-ex-candidata-a-deputada. Acesso em: 2 dez. 2022).

transformem o mínimo em teto e ampliando o percentual de candidatas negras (Campos *et al.*, 2020). *O segundo desafio é concorrer com chances de vencer as eleições.* No Brasil, a taxa de sucesso (total de pessoas eleitas/ total de candidaturas) tem sido baixa entre as candidaturas femininas.

Gráfico 4 – Taxa de sucesso eleitoral de candidaturas à Câmara dos Deputados por gênero e raça – 2022

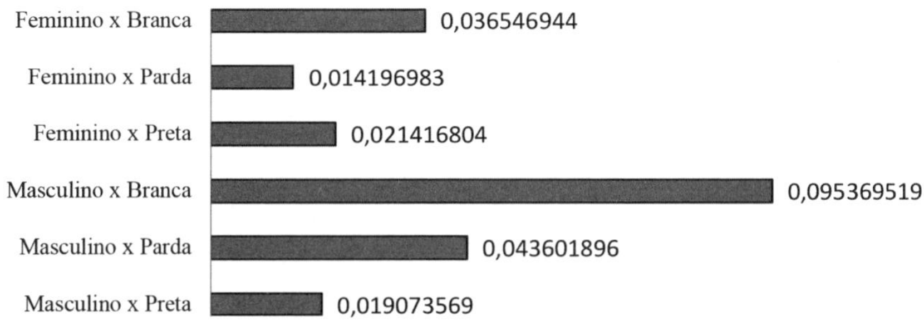

Fonte: As autoras, a partir de dados do TSE (2022).

Gráfico 5 – Taxa de sucesso eleitoral de candidaturas às assembleias estaduais por gênero e raça – 2022

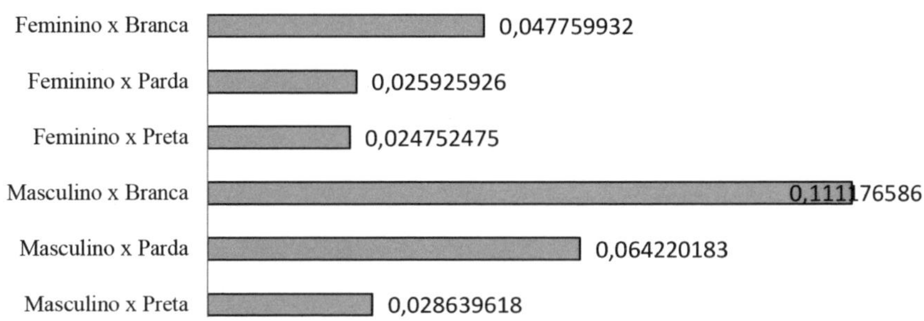

Fonte: As autoras, a partir de dados do TSE (03/11/2022).

Para o cargo de deputado(a) federal, entre homens, a taxa de sucesso foi 11% em 2014, 8% em 2018 e 7% em 2022. Já entre as mulheres, foi de 3% em 2014, 2018 e 2022. Entre mulheres negras, que tiveram um crescimento na apresentação de candidaturas, é ainda mais baixa. A taxa de sucesso de mulheres pardas foi de 1% em 2014, 2018 e 2022, e das mulheres pretas, 1% em 2014 e 2018 e 2% em 2022. Tais taxas são consideravelmente menores do que a das mulheres brancas, que tiveram taxa de sucesso de 4% em 2014, 5% em 2018 e voltaram a 4% em 2022.

Esse quadro repete-se para as candidaturas aos legislativos estaduais. Nesse caso, homens apresentaram taxa de 9% em 2014 e 8% em 2018 e 2022, enquanto mulheres obtiveram 3% em 2014 e 2018 e 4% em 2022. Quando consideramos a autodeclaração racial das candidatas, mulheres pretas obtiveram taxa de sucesso de 3% nas eleições de 2014 e de 2% em 2018 e 2022, e mulheres pardas, 2% em 2014 e 2018 e 3% nas eleições de 2022. Independentemente do nível federativo, os dados apontam que as mulheres negras precisam de ainda mais apoio e investimento das legendas para obterem sucesso próximo ao das candidatas brancas, que ainda é muito pequeno.

A que fatores podemos associar essa variação nas taxas de sucesso eleitoral, que, como mostraram os gráficos 4 e 5, transformam a diversidade de raça e gênero em padrões de desigualdade agudos na Câmara dos Deputados e nas assembleias legislativas estaduais do país (Chaves; Mancuso, 2020)?

A possibilidade de realizar uma campanha efetiva, com chances de sucesso, depende do acesso a *financiamento* e *visibilidade*. Desde 2018, a Resolução n.º 23.575/2018 do TSE assegurou para as candidaturas femininas ao menos 30% dos recursos do Fundo Especial de Financiamento de Campanha (FEFC) e do tempo de propaganda eleitoral gratuita no rádio e na TV. Esse percentual não é, pela regulamentação, restrito apenas às candidaturas lançadas em eleições proporcionais, sendo, muitas vezes, utilizado para as candidaturas a vice de chapas encabeçadas por homens para cargos executivos. No caso das candidaturas negras, em 2020, a Consulta 0600306-47 da deputada Benedita da Silva (PT-RJ) ao TSE gerou o entendimento de que a distribuição dos recursos do FEFC e do tempo de propaganda eleitoral gratuita deveria ser proporcional ao total de candidaturas de pessoas negras que o partido (ou federação) registrasse. Nas eleições de 2018, depois de descontados os valores dos fundos públicos, candidaturas masculinas obtiveram R$ 66 milhões de financiamento para o cargo de deputado(a) federal, enquanto para as candidaturas de mulheres esse valor foi de R$ 37 milhões. Para deputado(a) federal, em média, mulheres receberam R$ 95 mil de financiamento total, contra R$ 142 mil para os homens, segundo dados do TSE. Esse retrato mostra como as candidaturas de mulheres são amplamente subfinanciadas. Quando observamos apenas as candidaturas eleitas (ou seja, aquelas que foram muito competitivas e conquistaram uma cadeira), a média feminina é de R$ 1,6 milhão e a masculina é de R$ 1 milhão, evidenciando que as candidatas competitivas necessitam gastar uma quantidade maior de recursos, em média superior ao financiamento dos homens, para viabilizar seu sucesso eleitoral.[5]

Outro fator é a *violência política de gênero*. Demandas das mulheres por participação e dispositivos institucionais que procuram garanti-la têm encontrado resistências que se expressam em diversas formas de violência, que podem ser físicas, sexuais, simbólicas, psicológicas e econômicas (Biroli; Marques, 2022). Pela primeira vez, temos eleições em que são vigentes leis que tipificam essa violência no Brasil (Leis n.º 14.192 e n.º 14.197, ambas de 2021). Essa primeira experiência permite indicar alguns desafios. É preciso que as candidatas tenham condições facilitadas para realizar a denúncia e que essas denúncias sejam acolhidas com celeridade, para que suas campanhas não sejam prejudicadas e possam realizá-las com segurança. Seria preciso, ainda, unificar as bases de dados nacionais, para que possamos conhecer essas denúncias, entender seus padrões e agir de maneira adequada para evitar essa violência, além de punir os agressores. Por fim, parece necessário um trabalho junto aos partidos políticos, para que operem produzindo condições seguras e justas para as candidatas.

Para que o sistema político brasileiro seja mais representativo em termos de gênero e raça (ou seja, menos injusto e desigual), é preciso *cobrar compromissos dos partidos*, que são o ponto organizador das disputas eleitorais. Se os partidos não forem fiscalizados e cobrados, continuarão burlando as exigências públicas de igualdade e anistiando a si mesmos no Parlamento, como foi feito com a aprovação da Emenda Constitucional n.º 117/2022 – que, na prática, perdoou os partidos que não preencheram a cota mínima de recursos ou que não destinaram os valores mínimos relativos a gênero e raça em eleições anteriores. Esses

[5] No momento em que este texto foi finalizado, os dados referentes ao financiamento das campanhas para as eleições de 2022 ainda estavam sendo processados.

compromissos precisam ser expressos no registro das candidaturas, no suporte e financiamento a candidatas e nas condições, livres de violência, para o exercício das campanhas. É urgente fiscalizar e assegurar o controle público e democrático dos partidos.

Pensando ainda nos partidos políticos, é relevante compreender como se distribuem as candidaturas por gênero e raça. Isso permite um diagnóstico mais detalhado de como eles têm atuado, levando em consideração tamanho, acesso a fundos públicos e ideologia. Um dos dilemas ao abordar a dinâmica eleitoral no Brasil é definir a melhor maneira de analisar um sistema partidário que é muito fragmentado, ou seja, com elevado número de partidos políticos registrados. A título de ilustração, nas eleições de 2022, 32 legendas tiveram autorização do TSE para participar da disputa.

Para analisar e comparar os partidos, frequentemente selecionamos alguns casos para análise, normalmente aqueles com maior expressão eleitoral nacional. No entanto, excluir as legendas de menor porte da análise significa desconsiderar a expressão profunda das desigualdades partidárias no Brasil. Um fato central é que as chances de uma legenda lançar mais candidaturas femininas e de pessoas negras variam de acordo com seu porte eleitoral, sendo a ideologia apenas um segundo aspecto nesse processo. A lista de candidaturas é proporcionalmente mais diversa (com mulheres e pessoas negras, por exemplo) entre aqueles partidos de menor porte. Os partidos considerados pequenos são aqueles que conquistaram poucas cadeiras nas eleições anteriores, o que se configura em um indicador prévio de que são pouco competitivos. A maior presença de mulheres e pessoas negras entre suas candidaturas é reflexo da violência institucional que incide sobre grupos demograficamente majoritários, embora politicamente periféricos, que encontram mais dificuldades de se viabilizar em partidos maiores e significativamente estabelecidos.

Reconhecer que partidos pequenos, como PCdoB, PCB e PSTU (em 2014), PCO e PMB (em 2018) e PCdoB e UP (em 2022), foram mais abertos à apresentação de candidaturas mais diversas para a Câmara dos Deputados ajuda a compreender as dificuldades de entrada no campo político. Os partidos não são todos iguais e variam quanto à sua capacidade organizativa, tanto na apresentação de candidaturas como na habilidade de angariar recursos financeiros e organizativos suficientes para viabilizar a eleição de postulantes.

O conjunto das candidaturas a deputado(a) federal pode apresentar desigualdades internas relevantes não só quanto ao gênero, mas também quanto às características raciais. Em 2014, 81% das candidaturas femininas do PMDB eram de mulheres brancas, seguido por PV e PRTB (67%) e PSDB e Patriota (63%). Nas eleições de 2018, PV, PSDB, MDB, PRB, PROS e PSL apresentaram mais de 60% de mulheres brancas entre as que buscavam vaga na Câmara dos Deputados. A título de comparação, no mesmo pleito, entre as mais de 200 candidatas do PSOL, 48% eram brancas.

Quatro anos depois, em 2022, esse pódio é composto por PL (60%), Republicanos e União Brasil (55%). Nessa eleição de 2022, o inverso ocorre com PT, PSOL e AVANTE, que apresentam mais de 60% de candidaturas femininas pretas e pardas. O contraste entre as candidaturas femininas nos partidos indica que não é suficiente considerar se há uma inserção maior de mulheres na corrida eleitoral em um ou outro partido. É necessário analisar qual é a distribuição racial dessas candidaturas – um poderoso indicador de diversidade do perfil de recrutamento político dos partidos, que tem reflexo nos problemas políticos mobilizados pelas candidatas.

Nas eleições de 2014, os partidos que mais elegeram mulheres apresentaram uma taxa de sucesso média de 6,7% de suas candidatas vitoriosas, sendo que apenas PCdoB e PT se destacaram, respectivamente, com 12,5% e 7,2%. Porém, ao considerar as seis mulheres negras eleitas nesse pleito, é importante ressaltar que elas se concentraram no PCdoB (3), PRB (2) e PSB (1), sendo que cada um desses partidos, respectivamente, apresentou taxa de sucesso de mulheres negras de 9,3%, 2,3% e 0,7%.

Já em 2018, quando houve mudança no entendimento das regras de distribuição do financiamento eleitoral público e do tempo de TV e rádio para a propaganda eleitoral pública, reservando 30% para as candidaturas femininas, ocorreu um incremento de 50% na eleição de mulheres para a Câmara dos Deputados (de 10%, em 2014, para 15% das deputadas federais em 2018, o que representou um grande crescimento, mas sobre um percentual muito baixo). Aqui, notamos que há uma maior quantidade de partidos que elegeram mulheres no geral, assim como especificamente deputadas negras. Em 2018, as maiores taxas de sucesso de candidaturas femininas são observadas nas seguintes legendas: PP (12,8%), PR (12%), PSDB (8,4%) e PCdoB (8%). Nesse mesmo pleito, para as mulheres negras, houve um aumento significativo de 46% nas cadeiras conquistadas; mas, em números absolutos, isso representa sair de 6 eleitas, em 2014, para 13, em 2018 – entre 513 cadeiras em disputa. Para as candidaturas de mulheres negras nessa eleição, as maiores taxas de sucesso são de PSDB, PCdoB e PR, todos com valor de 2%, mostrando como a eleição de 2018 continuou sendo de baixíssima chance de vitória para as mulheres negras que se candidataram. Vale ressaltar que, em 2018, foi eleita pela primeira vez uma deputada federal indígena, Joênia Wapichana (REDE), por Roraima. Em 2022, ela não conseguiu se reeleger.

Gráfico 6 – Distribuição racial das candidaturas femininas e suas respectivas taxas de sucesso por partido – 2022

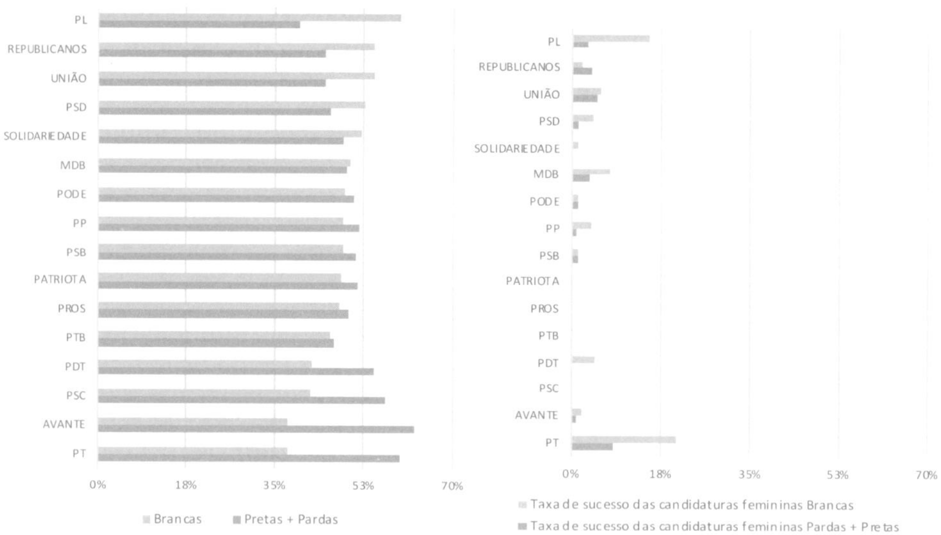

Obs.: Foram selecionados os partidos que apresentaram maior quantidade absoluta de candidaturas, considerando aqueles com valor superior à mediana.
Fonte: Elaboração nossa; TSE (2022).

Em 2022, houve um crescimento de 18,2% na bancada feminina, que passou de 77 para 91 deputadas federais, ou seja, 17,7% das cadeiras na Câmara dos Deputados. Esse cenário representa um aumento muito aquém do percentual das cotas de gênero nas candidaturas (30%) e do percentual de candidaturas de mulheres que concorreram em 2022 (35,2%). Também é menor do que a paridade reivindicada pelos movimentos de mulheres e feministas, já implementada e efetivamente alcançada em países vizinhos. Olhando o quadro geral, as comemorações devem ser bastante contidas, já que seria necessário mais do que dobrar esse valor para chegarmos à paridade de gênero. No entanto, há diversos aspectos a serem destacados quando analisadas as candidaturas simultaneamente por raça e gênero.

Gráfico 7 – Taxas de sucesso das candidaturas femininas, por partidos e raça – 2022

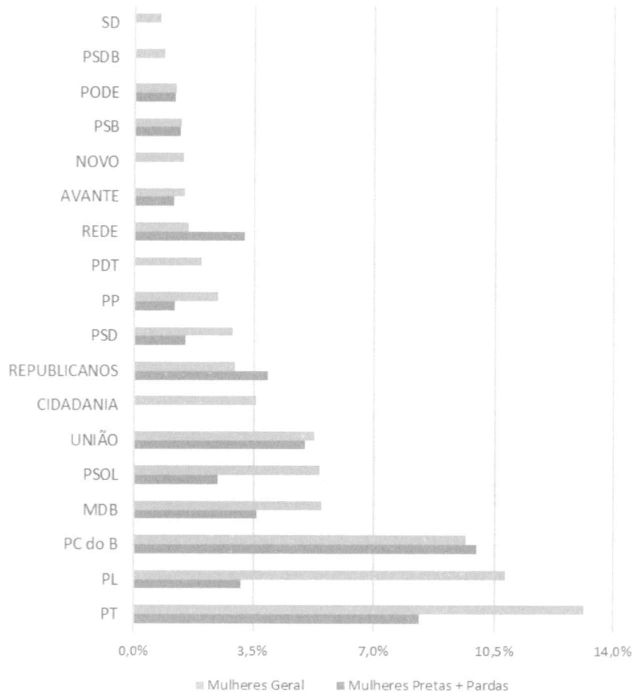

Obs.: Partidos que elegeram alguma mulher.
Fonte: Elaboração nossa; TSE (2022).

Essa variação no crescimento da bancada feminina no pleito de 2022 deu-se, principalmente, pelo aumento da bancada de mulheres negras. Se as eleitas pretas e pardas eram 6 em 2014 e 13 em 2018, em 2022 elas passaram a ser 29 – um crescimento de 123%. Ainda assim, deve-se destacar que esse número de cadeiras representa somente 5,7% das 513 cadeiras da Câmara dos Deputados. A bancada indígena, que era composta apenas por uma deputada, passou a ser de 5 pessoas, ou seja, 1% da Casa, sendo quatro delas mulheres. Nesse contexto, a bancada de deputadas brancas diminuiu de 63 cadeiras, em 2018, para 58 em 2022, correspondendo a 11,3% da Casa.

Como mencionado anteriormente, foi apenas em 2014 que atingimos o percentual mínimo de 30% de candidaturas nas listas partidárias, exigido por lei desde 2000 pelas cotas de gênero expressas na Lei Eleitoral n.º 9.504/97. Desde essa eleição, percebemos que não há um viés ideológico explícito entre quem recruta mais ou menos mulheres candidatas. Isso é esperado, já que apresentar o mínimo de 30% de candidatas é uma exigência legal e seu descumprimento pode ter implicações para os partidos. Entretanto, quando observamos as características raciais dessas candidaturas femininas, percebemos que, se até 2018 ficava evidente um viés mais branco entre partidos de direita e centro, enquanto partidos de esquerda eram mais abertos a candidaturas de mulheres negras, em 2022 esse cenário fica mais difuso. Muito provavelmente, como indica a literatura, é resultado dos parâmetros de gênero e raça delimitados pelas políticas de ação afirmativa eleitorais também citadas acima.

Devido ao número de mulheres negras eleitas ser tão baixo, a análise comparativa entre os partidos fica prejudicada. Ainda assim, consideramos que o fato de a taxa mais alta de sucesso de candidaturas de mulheres negras ser metade da taxa de sucesso das mulheres brancas – que, por sua vez, é menos do que a metade da taxa de sucesso dos homens brancos – é um forte indicativo de que há necessidade de que os partidos registrem uma quantidade muito maior de candidaturas negras para viabilizar um número, mesmo que ainda bem pequeno, de eleitas. É, ainda, indicativo de que essas candidatas precisam acessar as estruturas de financiamento e recursos organizativos partidários para serem, de fato, competitivas.

As eleições de 2022 mostram que estamos caminhando muito lentamente na construção de condições mais justas e democráticas de competição política no Brasil. Evidentemente, é preciso destacar que o pequeno avanço na eleição de mulheres, principalmente negras e indígenas, ocorre durante uma crise política sem precedentes na Nova República, assim como em meio a uma reação anti-igualitária por parte de atores políticos conservadores, que buscam barrar conquistas democráticas e fechar o sistema político à participação plural. Ao mesmo tempo, sabemos que se tratando de política, tudo está em disputa. A agenda de igualdade de gênero e raça, da qual a participação nos espaços de tomada de decisão é um elemento central, é uma demanda democrática irrefreável.

Racismo estrutural e debates presidenciais

Carla Rosário
Ana Luísa Machado de Castro

Nas eleições brasileiras de 2022, as candidaturas negras foram maioria pela primeira vez na história do país. No entanto, entre os cargos majoritários, como a Presidência, os governos estaduais e o Senado, os dados do Tribunal Superior Eleitoral (TSE) mostraram que pessoas negras continuaram sendo a minoria em termos de candidatura. Amarrada à história de sujeição e exclusão da população negra do sistema político, o jogo entre a ausência de negros e a presença do racismo nas estruturas e instituições tem sido um dos impasses seculares de difícil superação no Brasil. Uma herança histórica das barbáries da desigualdade racial que seguiu tendo reflexos ao longo de todo o processo eleitoral, inclusive nos debates presidenciais das eleições de 2022 pelas tradicionais emissoras de televisão.

Em 2022, foram realizados, ao todo, sete debates presidenciais em canais abertos da televisão brasileira durante os dois turnos do pleito, cada um com uma dinâmica própria e abordando temas diversos de interesse da sociedade. De forma geral, os debates deveriam promover momentos centrais para o processo eleitoral, uma vez que são oportunidades únicas para os candidatos apresentarem e discutirem suas propostas de governo, contribuindo para uma escolha mais informada do eleitorado. Mas, apesar da relevância do momento, na prática, os debates não conseguiram superar uma dinâmica de ataques aos adversários, reprodução de informações falsas e notável ausência de propostas que dessem destaque à questão racial no Brasil.

A população negra no país é parte dos grupos mais afetados em contextos que sofrem a desdemocratização e desmantelam políticas sociais. A desigualdade social no Brasil está profundamente associada à desigualdade racial. Como destacam Marcia Lima e Ian Prates (2019), os dados comprovam um processo cumulativo de desvantagens socioeconômicas que tem mantido a população negra na base da pirâmide social, dificultando a mobilidade social do grupo. Isso fica evidente quando analisamos, por exemplo, os dados relativos à segurança alimentar, que apontam que 70% das pessoas que atualmente passam fome no país são negras.[1] O mesmo se repete quando analisamos o desemprego, que atinge mais essa parcela da população (brancos: 7,3%; pardos: 10,8%; e pretos: 11,3%) (Nuzzi, 2022).

Considerando esse cenário, os debates nas eleições de 2022 geraram expectativas em torno de discussões que estiveram no centro do desmonte de políticas sociais e ambientais nos últimos quatro anos. Mas o que se viu na prática foi uma ausência da transversalidade das questões de raça e racismo na avaliação das consequências desse desmonte. Assim, é possível afirmar que o racismo se mostrou presente nos debates entre os presidenciáveis de forma não endereçada, embora o Brasil seja um país majoritariamente negro.

Para compreender melhor esses elementos, neste capítulo analisamos brevemente se e como apareceram as questões de raça e racismo nos principais debates presidenciais transmitidos nos canais abertos, em especial, Bandeirantes e Globo. Para isso, abordamos o problema de duas formas: (1) ausência de pessoas candidatas negras, apesar de duas pleitearem o cargo da Presidência em 2022; (2) ausência de representação negra se estendendo também para jornalistas participantes dos debates. Tais ausências refletem-se em outra ausência, a discursiva. Na década de 1990, Mansbridge (1999) trazia como categorias de análise a representação enquanto descritiva (representação do corpo) e substantiva (representação dos interesses). Sem a presença descritiva, a representação substantiva também se torna uma questão.

A ausência de pessoas candidatas negras diz respeito à representação descritiva e ocorre apesar de duas candidaturas estarem, à época,

---

[1] Os dados estão disponíveis no site *Notícia Preta*. (Disponível em: https://noticiapreta.com.br/70-das-pessoas-que-passam-fome-no-brasil-sao-negras-aponta-estudo/#:~:text=O%20n%C3%BAmero%20de%20brasileiros%20em,negras%20(pretas%20ou%20pardas). Acesso em: 5 dez. 2022).

pleiteando o cargo da Presidência. Léo Péricles (Unidade Popular – UP) e Vera Lúcia (Partido Socialista dos Trabalhadores Unificado – PSTU) não foram convidados para nenhum dos debates televisionados. O Código Eleitoral Brasileiro (BRASIL, 2022) estabelece, no Artigo 46, a participação apenas dos candidatos à Presidência de partidos que tenham pelo menos cinco deputados federais eleitos no Congresso Nacional. No entanto, ainda de acordo com o Artigo 46 do Código, fica a cargo dos veículos convidarem ou não candidatos que não atingem esse patamar, caso de Léo Péricles (UP) e Vera Lúcia (PSTU). Quer dizer, não havia obrigatoriedade de convidá-los, mas isso também não foi vedado.

Ainda que normativas, as regras não deixam de carregar nuances que impactam significativamente a qualidade das informações divulgadas para os eleitores brasileiros. Talvez esse seria o momento de repensar as regras considerando-se paridade de gênero e raça, e acompanhando as eleições mais exitosas para a população negra em termos de candidaturas negras. Se assumirmos as lentes de gênero, observaremos que a presença, ainda que menor, de candidatas e jornalistas mulheres conseguiu deslocar os debates de forma que a pauta de gênero fosse recolocada no espaço político.

Historicamente, o número de pessoas negras pleiteando as eleições presidenciais é bastante reduzido, observando-se a heteroidentificação de pretos e pardos. O TSE passou a coletar dados raciais autodeclarados somente em 2014, e entre 2014 e 2018, candidaturas de políticos negros representaram apenas 16,6% de um total de 24 candidatos ao pleito da Presidência. Somados os números de sub-representação dessa população na política institucional e os entraves estruturais, substantivos e subjetivos que candidaturas negras enfrentam, percebe-se que o debate e as políticas de inclusão e igualdade racial ainda precisam ganhar espaço para que pessoas pretas e pardas e as questões que evocam enquanto sujeitos políticos tenham mais visibilidade e centralidade.

É possível perceber maior presença de candidaturas negras para o cargo de presidente em partidos menores, que não atingem os critérios mínimos para que as emissoras sejam obrigadas a convidar os candidatos para os debates. Isso não se restringe às candidaturas à Presidência. Esse padrão repete-se nas demais. Há maior presença de pessoas negras disputando cargos a partir de partidos pequenos e com menos acesso a recursos do que em grandes partidos, o que afeta a competitividade dessas candidaturas e informa sobre os modos de recrutamento e abertura dos partidos maiores a essa parcela da população (em outro capítulo desta coletânea, chamado "Gênero e raça nas eleições 2022", essa discussão é elaborada a partir de dados das candidaturas proporcionais).

É cada vez mais urgente a adoção de medidas que garantam maior presença de pessoas negras nas disputas eleitorais, com candidaturas competitivas e em condições de pautar o debate político. Os estudos que têm buscado explicar as causas da sub-representação de pessoas negras na política indicam que estas estão relacionadas à origem socioeconômica, ao acesso a recursos e aos critérios de recrutamento partidário. Como apontam Campos e Machado (2017), os partidos, em especial os de grande porte, ainda têm priorizado a indicação de homens brancos com renda elevada para as disputas dos cargos mais estratégicos.

Nesse sentido, em 2022, duas alterações na legislação foram adotadas em uma tentativa inicial de mudança desse cenário. A primeira deu-se a partir da consulta 0600306-47 da deputada Benedita da Silva (Partido dos Trabalhadores – PT), do Rio de Janeiro, ao TSE, que estabeleceu que a divisão dos fundos partidários e eleitoral, além do tempo de propaganda no rádio e TV, deveria ser proporcional ao número de candidaturas negras. A segunda foi a aprovação da Emenda Constitucional 111, que determinou que os votos dados a candidatas mulheres ou a pessoas negras sejam contados em dobro para fins de distribuição dos recursos dos fundos partidário e eleitoral para os partidos políticos. Na prática, essa última alteração estabelece um incentivo positivo para os partidos investirem em candidaturas de mulheres e de pessoas negras para eleições proporcionais, mas não impacta necessariamente a ausência de candidaturas negras na disputa por cargos majoritários.

Retornando aos debates presidenciais, a segunda forma em que o racismo estrutural esteve presente nos debates presidenciais foi pela ausência de representação descritiva negra entre os jornalistas participantes, como no primeiro debate realizado pela Bandeirantes no primeiro turno das eleições. A emissora, na tentativa de responder a críticas relacionadas à ausência de pessoas negras no primeiro turno, garantiu que no debate do segundo turno houvesse tanto um jornalista negro quanto uma questão sobre o tema. Ela apareceu a partir do tema da educação, com uma pergunta feita por Tayguara Ribeiro sobre o enfrentamento da defasagem educacional causada pela pandemia que afetou especialmente crianças negras e de baixa renda. As respostas não chegaram a considerar raça e racismo como elementos fundamentais no processo de construção de estratégias de enfrentamento ao problema, ainda que a pandemia tenha aumentado os riscos de evasão escolar para crianças pretas e pardas (Santos, 2021). Na resposta do candidato Jair Bolsonaro, foi apresentada como solução um aplicativo de celular já utilizado pelo governo para alfabetizar crianças a partir de um jogo que possibilitaria a alfabetização em até seis meses. O então candidato não considerou as amplas disparidades de acesso à internet e a dispositivos móveis no Brasil, que comprometem significativamente tal estratégia, especialmente em relação às crianças negras.

A expressiva ausência de pessoas candidatas negras sabatinadas nos debates, acrescida da ausência de pessoas negras na condição de jornalistas, contribuiu, sobremaneira, para a ausência da questão racial como elemento transversal aos demais temas, tornando o racismo presente enquanto uma questão não endereçada. A presença descritiva de pessoas negras, tanto na condição de candidatas quanto na condição de participantes, possivelmente deslocaria o substrato das dimensões de raça e racismo. Romper as barreiras da política da presença é uma questão fundamental no processo de superação do racismo. Corpos negros presentes deslocam a configuração original de espaços tradicionais da política brasileira, inclusive nos debates presidenciais, eventos históricos em eleições.

Sem a presença descritiva, a ausência da representação substantiva também se torna uma questão. Ao analisarmos os debates, vemos que, na ausência de corpos negros, a representação de interesses substantivos também pode ter sido suprimida no ciclo de debates. Foi possível observar algumas limitações e alguns entraves entre representação descritiva e substantiva, proporcionados pela ausência de candidatos comprometidos com a centralidade do elemento racial no Brasil. Embora a palavra racismo tenha sido algumas vezes mencionada nos debates, como ocorreu nos debates da Globo, frequentemente os candidatos se mostravam ora despreparados para lidar com a questão, ora negando propriamente a existência do fenômeno.

No debate realizado pela Globo no primeiro turno das eleições, no dia 29 de setembro de 2022, que registrou a maior audiência dos últimos dezesseis anos, a questão foi tratada de forma superficial. Embora o tema "cotas raciais" tenha sido escolhido, o candidato sorteado para fazer a pergunta foi Felipe D'Avila (Novo), que preferiu ignorar o tema e falar sobre corrupção. Como resposta, o candidato Lula (PT) evidenciou os avanços realizados em seus governos anteriores para a inclusão de estudantes negros e indígenas nas universidades e reafirmou o compromisso com o combate ao racismo. Entretanto, o curto tempo de resposta não permitiu que o tema fosse debatido de forma mais aprofundada nem que se falasse das estratégias de enfrentamento às desigualdades raciais.

Por implicações da falta de representação negra descritiva e substantiva, a questão racial passou ao largo das dinâmicas propostas para os debates. Ela deveria balizar as falas políticas uma vez que, no Brasil, o racismo é um problema generalizado, um problema de negros e brancos. Porém, observa-se na ausência das perspectivas de pessoas candidatas profundamente comprometidas com a luta antirracista, com as políticas públicas, com as ações afirmativas e com a experiência de serem pessoas negras, em um país como o Brasil – a exemplo de Léo Péricles (UP) e Vera Lúcia (PSTU) –, a expressão do racismo estrutural. Sempre presente como o é, paradoxalmente, explícito, mas não devidamente percebido.

Raça e racismo são elementos da teoria social que, quando interseccionados, têm a capacidade de complexificar a leitura da realidade de diversas outras temáticas, como saúde, educação, segurança, emprego e renda. Para além disso, o movimento da intersecção faz-se necessário uma vez que a população negra, maioria da população brasileira, é também o grupo mais afetado em contextos que precarizam essas áreas de políticas públicas citadas. Quando ausentes do debate, presentes estão os indícios de continuidade de uma sociedade desigual e de uma falsa ideia de democracia racial.

A ausência de representação negra descritiva e substantiva e a omissão de proposições políticas de combate ao fenômeno nas falas dos candidatos deram o tom da presença do racismo estrutural. Segundo o intelectual Silvio de Almeida (2019), racismo estrutural é o termo que constrói noções de raça e racismo e desafia sociedades contemporâneas de passado escravista. Sendo um elemento que articula a organização econômica e política, o racismo estrutural é a tecnologia capaz tanto de conservar quanto de renovar as formas de reprodução de desigualdades. Tal aspecto parece ser também o elemento central produtor e reprodutor de eleições presidenciais embranquecidas em um país com 54% de pessoas negras ainda sub-representadas na política institucional.

Assim, a ausência discursiva da questão racial evidenciou o descompromisso da grande maioria dos presidenciáveis com políticas de igualdade racial e de combate ao racismo. Em um ano tão decisivo, não apenas por causa das eleições, como também por ser o ano previsto para a revisão da Lei Federal de Cotas (12.711/2012), que normatiza a política de cotas econômicas e raciais no ensino superior federal, tal ausência é, no mínimo, preocupante. A possibilidade de revisão dessa lei poderia ter sido explorada de modo a fomentar uma discussão sobre seus avanços e retrocessos, bem como a possibilidade de sua ampliação para além da área da educação.

Cabe pontuar que a ausência de discussões relacionadas à igualdade racial e ao combate ao racismo não se limitou aos debates televisionados. Nos programas de governo, apenas metade dos candidatos mencionou a questão racial e/ou o combate ao racismo. Ciro Gomes (PDT), Leo Péricles (UP), Lula (PT), Simone Tebet (MDB), Sofia Manzano (PCB) e Vera Lúcia (PSTU) foram os candidatos que mencionaram o tema em seus planos de governo, ainda que o fizessem de forma geral e pouco detalhada. Em sua maioria, eles se mostraram favoráveis à manutenção e à ampliação das ações afirmativas no ensino superior e nos concursos públicos. Com menor expressão, apareceram menções à segurança pública como forma de combater o genocídio da população negra.

Apesar da vitória do candidato Luiz Inácio Lula da Silva (PT), comprometido com as políticas de igualdade racial e com o combate ao racismo, é possível ainda visualizar as dificuldades de romper com a sub-representação negra na esfera da política institucional. Ao todo, foram eleitos 32,3% de parlamentares negros, entre deputados federais, estaduais e senadores (Freire; Mazzei, 2022), de acordo com a autodeclaração. Nesse ano, observou-se um aumento expressivo e bastante polêmico a respeito, uma vez que a autoidentificação como negros e/ou pardos pode ser uma forma de burlar a nova legislação que destina de forma proporcional às campanhas de candidatos negros o dinheiro dos fundos partidário e eleitoral.

Implicados pelo sentimento comum de salvaguarda da democracia brasileira em face a um processo eleitoral singular na história do país, devido às ondas de desconfiança lançadas ao pleito e às urnas, a resistência negra continua sendo construída em espaços públicos e semipúblicos por expressivas organizações dos movimentos negros. Ainda que com a invisibilização de negros no processo eleitoral, é possível observar que parte dos setores progressistas soma-se à capacidade e ao comprometimento com a ocupação e a retomada do espaço público pelos movimentos negros, o que deve gerar bons frutos para os próximos tempos. A mobilização da Coalizão Negra por Direitos, com o "Quilombo nos Parlamentos",[2] foi um prenúncio da ocupação da política a partir das eleições. Dele fizeram parte mais de cem pré-candidaturas negras alinhadas às pautas antirracistas e de democracia racial plena, que pretendiam alterar a correlação de forças no campo institucional. Um anúncio de que a mudança estrutural segue em disputa.

[2] Ver Coalizão Negra por Direitos, Quilombo nos Parlamentos. (Disponível em: https://coalizaonegrapordireitos.org.br/2022/06/04/quilombo-nos-parlamentos/. Acesso em: 2 dez. 2022).

Urnas, cartas e ruas: protestos na eleição de 2022 e o caso dos grupos armamentistas

Priscila Delgado de Carvalho

Nas democracias, o voto é uma opção de cada cidadão e cidadã, individualmente. Os partidos são a forma institucionalizada de agregar preferências, mas a política também comporta outras associações de pessoas para defender seus interesses e paixões, promovendo debates, evidenciando posicionamentos e pressionando o sistema político desde a sociedade civil. Ao longo da última década, as eleições brasileiras têm sido marcadas por protestos que articulam candidaturas e temas específicos, levando as disputas às ruas para além do formato dos tradicionais comícios de apoio a um ou outro candidato. Em 2022, não foi diferente: vimos cartas e atos públicos em defesa da democracia, manifestações contra as urnas eletrônicas e setores do sistema político. Passada a votação, grupos bolsonaristas pararam estradas e reuniram-se para questionar os resultados, colocar em dúvida as urnas e defender intervenção de militares na política, indicando que a contenciosidade tende a permanecer no próximo período.

Este capítulo tem o duplo objetivo de discutir o atual padrão de protestos no Brasil e suas conexões com a eleição. Nesse cenário, em que as manifestações de extrema direita seguem visíveis e fortes, são apresentadas brevemente aqui as estratégias articuladas por grupos armamentistas para impactar as eleições, eleger candidatos e manifestar-se nas ruas.

Padrões de protestos

A partir dos anos 1960, emergiram em todo o mundo movimentos sociais com pautas comportamentais, ambientais e de direitos civis.

Na América Latina, essa onda teve sua expressão relacionada também à defesa da democracia no contexto de embates contra os regimes militares. Houve aqui experimentação de práticas e formas de sociabilidade, aliadas a demandas por liberdades individuais e políticas. Nesse caldo, surgiram movimentos populares nas periferias das cidades e nas áreas rurais, movimentos de mulheres e de pessoas negras. Fortaleceu-se o movimento estudantil e o sindicalismo renovou-se: fez greves que contribuíram com o início da redemocratização e, mais tarde, aproximou-se do formato dos movimentos e foi protagonista do novo sindicalismo. Tais grupos organizados foram centrais para a construção da Nova República.

Em interessante pesquisa coordenada pela professora Evelina Dagnino (1998) sobre como a democracia era entendida por diversos grupos no Brasil dos anos 1990, foram entrevistadas pessoas com experiência de participação em movimentos sociais de vários perfis (urbanos, ecológicos, de mulheres e negros), membros de sindicatos e de associações empresariais. Na década de 1990, as organizações não governamentais (ONGs) ganharam visibilidade. Até o início dos anos 2010, manteve-se esse perfil associativo.

Porém, a partir de 2013, o Brasil passou por uma alteração no padrão de ação coletiva que havia se estabelecido desde a redemocratização. Realizar uma pesquisa semelhante à de Dagnino no Brasil contemporâneo exigiria incluir outros grupos. Alguns deles já existiam, como grupos assistenciais de diversos perfis, porém ganharam nova visibilidade nos anos recentes. Outros só se formaram recentemente: grupos religiosos evangélicos a favor de pautas conservadoras ou em defesa de agendas progressistas, grupos conservadores de direita e extrema direita que passaram a ir às ruas questionando o poder Judiciário ou exigindo intervenções militares. Também passaram a povoar a política brasileira trabalhadores organizados não em sindicatos, mas em articulações de entregadores de aplicativos, ou de caminhoneiros – estes últimos fortemente identificados com pautas da extrema direita e defensores de regimes militares, conectados, portanto, com grupos que defendem expressamente o fim da democracia, algo praticamente impensável no início da Nova República.

Essa transformação do cenário associativo é fortemente relacionada à transformação do cenário de protestos. Em junho de 2013, foi iniciado um ciclo de protestos com lideranças e demandas mais difusas do que víamos nos anos anteriores. Analisando atores mobilizados e suas reivindicações nas notícias publicadas por jornal de circulação nacional, as pesquisadoras Luciana Tatagiba e Andreia Galvão (2019) encontraram, a partir dos protestos massivos de 2013, um novo padrão de mobilização que combina duas dinâmicas: a polarização política e a heterogeneização de atores e reivindicações. Continuam a ocorrer conflitos clássicos, com aqueles relativos a classes sociais, e atores como os sindicatos são centrais na organização de atos e protestos. Esses protestos convivem com outras agendas relativas à defesa de identidades políticas – mulheres, negros, LGBTQIA+, entre outros. Grande novidade é a força de setores conservadores ao condensar insatisfações e angariar a capacidade de mobilização gerada pela pauta da corrupção,[1] passando a levar massas às ruas também sob a pauta nacionalista e conservadora nos costumes.

Alinhados a esse novo padrão, os últimos períodos eleitorais têm sido palco de protestos massivos. A corrida presidencial de 2018 começou com protestos questionado a inelegibilidade do então candidato Lula e terminou com as feministas clamando #Elenão, enquanto apoiadores de Bolsonaro reuniram-se nas ruas para defender "o Mito". A partir de 2018, pesquisas sobre notícias de protestos mostram que demandas por emprego, saúde, educação, moradia e segurança perdem espaço para questões relativas ao próprio sistema político e ao jogo eleitoral – foi o que afirmamos, com Luciana Tatagiba e Larissa Mello, em texto sobre perfil dos protestos durante eleições publicado no site Jota.[2]

Protestos e eleições de 2022

Esse padrão aprofundou-se em 2022. Protestos mostraram-se relevantes desde o primeiro mês da campanha. Agosto foi marcado por articulações em defesa da democracia, com a formação de grupos

[1] A discussão sobre o quanto a corrupção é força mobilizadora de protestos no Brasil é feita de modo mais detido em outro capítulo desse livro. Ver: "Brasileiros viram protesto como parte da democracia, mas corrupção mobilizou mais do que defesa de direitos".

[2] Artigo disponível em: https://www.jota.info/opiniao-e-analise/artigos/das-cartas-ao-7-de-setembro-protestos-e-eleicoes-0709202. Acesso em: 2 dez. 2022.

e a publicação de diversas cartas. Duas delas tiveram maior visibilidade e impacto. Reeditando a "Carta aos brasileiros", de 1977, juristas e apoiadores redigiram a "Carta às brasileiras e aos brasileiros em defesa do Estado democrático de Direito" e coletaram assinaturas, chegando a um milhão de apoiadores. Uma segunda carta de empresários e do setor financeiro, que contou inclusive com apoio de sindicatos, também foi divulgada. Ambas foram lidas em atos no dia 11 de agosto de 2022, que se espalharam por capitais de todo o Brasil. O maior deles ocorreu na Faculdade de Direito da Universidade de São Paulo (USP), no Largo São Francisco, localizado no centro da cidade.

O protagonismo foi de agrupamentos informais, puxados por pessoas com visibilidade pública ou grupos preexistentes, buscando angariar aliados, influenciar a opinião pública e colocar em pauta as preocupações com o respeito às eleições. Ainda em agosto, aqui e ali, houve protestos contra as urnas eletrônicas, alinhados com a estratégia da candidatura de Bolsonaro de assentar bases para questionar o funcionamento das eleições no país.

O mês de setembro começou dominado pelo campo bolsonarista, com as manifestações do dia 7, no bicentenário da Independência, que deixaram evidente o apoio de setores da sociedade à agenda de Bolsonaro e tiveram forte tom eleitoral. Os maiores atos, dessa vez, ocorreram em Brasília e no Rio de Janeiro. Empresários e movimentos de direita levaram caravanas às duas cidades. Em uma estranha mistura de parada militar, comício e protesto, inúmeros candidatos discursaram em carros de som, enquanto a multidão em verde-amarelo era pontuada por demandas pela intervenção militar e uma perceptível ênfase religiosa que coloca em dúvida o apoio de setores da população à ideia de Estado laico.

A pressão pela democracia aliada à necessidade de Jair Bolsonaro de não afastar eventuais eleitores moderados parece ter contribuído para manter certa moderação nas falas do candidato à reeleição. Não evitaram, porém, frases questionando a atuação de outros poderes da República. Não faltaram nos atos de Sete de Setembro menções à Câmara, ao Senado e ao Supremo Tribunal Federal (STF) – o que levou a multidão a vaiar a corte: "vocês sabem como funcionam", disse Bolsonaro. Embates sobre o funcionamento das instituições da República, portanto, estiveram na fala do presidente durante as manifestações transformadas em comício. Enquanto falava dos atos de governo e fazia promessas para um eventual próximo mandato, Bolsonaro tentava dar um ar de normalidade eleitoral ao momento.

No início da campanha, em texto publicado no Observatório das Eleições,[3] sugerimos que valia atentar para se o pleito reforçaria ou traria alterações ao padrão de protestos no país, reformulado após 2013, quando se tornou mais heterogêneo e polarizado. Em 2022, não houve alterações relevantes, e a forma dos protestos não foi desafiada. Há, porém, algumas particularidades que merecem destaque. Por um lado, uma delas é a relevância das cartas que, de fato, são abaixo-assinados capazes de aglutinar indivíduos e setores amplos da população – é possível que o pleito de 2022 contribua para uma redescoberta dessa ferramenta. Por outro lado, a relevância de atores de extrema direita nas ruas, durante e inclusive depois das eleições, utilizando estratégias que mostraram seu potencial de impacto em anos anteriores, como o bloqueio de estradas, aponta que a presença desses grupos não tende a se dissipar com o início do novo governo de Luiz Inácio Lula da Silva.

A concentração de manifestantes em frente a quarteis do Exército, nos dias seguintes aos resultados do segundo turno e com demandas por intervenção militar e questionamentos a um sistema eleitoral, que, inclusive, permitiu a eleição de candidatos de direita e extrema direita, indica que os atores e as tensões sobre a democracia não se dissiparão automaticamente. A força do tema da ruptura democrática e sua capacidade de angariar apoio passa tanto pelas correntes que circulam nas redes sociais como pela atuação do ex-presidente Bolsonaro – que tende a perder um pouco de palanque sem cargo público, mas pode ser compensado pela presença do clã Bolsonaro na política e por apoiadores eleitos com números expressivos de votos.

Em síntese, para além dos protestos, em termos dos atores coletivos que se mostraram centrais em 2022, mulheres, evangélicos e agronegócio já eram atores esperados. Indígenas e sem-terra ganharam visibilidade ao longo do pleito, nos debates sobre reforma agrária e

---

[3] O texto está disponível em: https://observatoriodaseleicoes.com.br/2022/08/03/votamos-sozinhos-mas-fazemos-politica-em-grupo-acao-coletiva-e-eleicoes/. Acesso em: 2 dez. 2022.

meio ambiente e também ao eleger candidatos próprios. Entre os atores de extrema direita que emergiram nas ruas nos últimos anos e que parecem dar sinais de visibilidade prolongada, estão caminhoneiros, grupos de empresários, grupos nacionalistas e grupos armamentistas. Esses articularam de modo particular a clássica estratégia de apoio a candidatos alinhados com seus interesses e a realização de protestos. É deles que falamos a seguir.

Grupos armamentistas: listas, urnas e protesto

Resultados do primeiro turno do pleito de 2022 acabaram por evidenciar os grupos armamentistas, que articulam estratégias de apoio a candidatos de peso com mobilizações de rua e angariaram visibilidade na imprensa.

Grupos armamentistas são conhecidos pelo *lobby* em defesa da flexibilização da política de armas. Apresentar demandas diretamente aos parlamentares é uma das principais atividades de grupos de pressão que se organizam para defender seus interesses. Em geral, a estratégia de contato direto é usada por quem tem maior poder econômico, que se traduz em acesso mais direto a parlamentares via relações pessoais ou assessorias contratadas.

Desde 2018, grupos pró-armas ganharam visibilidade com a facilitação do acesso a armas para caçadores, atiradores e colecionadores (CACs) e pelo expressivo apoio da família Bolsonaro. Em 2022, eles foram além dessa conexão.

Uma das atividades foi a divulgação de uma lista de candidaturas alinhadas com a agenda armamentista pela principal associação da área, a PROARMAS. A lista, que não está mais no ar, chegou a 88 nomes, incluindo mais de trinta deputados estaduais e federais, dez senadores e seis governadores – estes últimos, todos do Partido Liberal (PL). Havia ali tanto candidatos diretamente ligados às organizações pró-armas, como outros sabidamente apoiadores de suas plataformas. O sucesso eleitoral de pessoas apoiadas pelo movimento, mas não diretamente associadas a ele, acabou sendo divulgado como vitória dos armamentistas – ao que parece, então, a estratégia da lista deu certo para gerar visibilidade sobre o tema na imprensa.

A estratégia de campanha gerou também resultados eleitorais diretos. Marcos Pollon, fundador do PROARMAS e candidato pelo PL, foi eleito o deputado federal mais votado em Mato Grosso do Sul. Da lista, foram eleitos ainda sete senadores, 16 deputados federais e dez deputados estaduais. Cinco candidatos disputaram o segundo turno, de acordo com levantamento da *Folha de S.Paulo*, que mencionava também o financiamento às campanhas por proprietários de clubes de tiros e lojas de armas. Até aqui, foram três estratégias: candidatos diretos, visibilidade a apoiadores da causa e do próprio movimento e financiamento de campanhas.

Há uma quarta: o PROARMAS, de Pollon, também foi às ruas, defendendo uso de armas sob o enquadramento da liberdade. Em julho, a terceira edição do Encontro PROARMAS reuniu centenas de apoiadores em frente à Catedral de Brasília para uma manifestação, com carro de som e uma performance, difundindo seu enquadramento de que a defesa das armas é defesa da liberdade. Ativistas posicionaram-se a distâncias idênticas, formando quadrados no gramado da Esplanada, em frente a uma bandeira verde-amarela. Dois meses depois, nas comemorações do Sete de Setembro, integraram o ato pró-Bolsonaro na Esplanada dos Ministérios.

A mobilização de apoiadores no espaço público, para dar visibilidade a sua agenda e mostrar que tem apoio numérico relevante, é a principal estratégia de movimentos sociais, desde o século XIX. O uso dessas estratégias por organizações e associações da direita e extrema direita cresceu, no Brasil, a partir de 2013, alterando a configuração da sociedade civil brasileira, com a chegada de temas antes inexistentes, ou, pelo menos, pouco visíveis.

A eleição de candidatos simpáticos à flexibilização da legislação sobre porte e uso de armas não é novidade. A bancada da segurança pública – também conhecida como bancada da bala – cresce paulatinamente no Congresso: de 210 deputados em 2011, para 306 na legislatura 2019-2023. A expectativa é que, em 2023, siga crescendo. O número de policiais e militares eleitos na Câmara aumentou 35,7% em 2022, segundo levantamento da CNN: dez candidaturas além das 28 do pleito anterior, a maioria do PL.

O empenho de ativistas armamentistas para chegar diretamente a cargos representativos dá pistas de como buscarão seguir influenciando a política institucional. A julgar pelos apoios entre políticos eleitos e em setores da sociedade, pode-se esperar que a agenda armamentista continue visível nos próximos anos, e que as mudanças no perfil de associações no Brasil tenham vindo para ficar.

Governabilidade e futuro da democracia

O problema da governabilidade em Lula III

Fabiano Santos
Beatriz Rey

Com a vitória em 30 de outubro de 2022, Luiz Inácio Lula da Silva conquistou, pela terceira vez, o direito de comandar o poder Executivo federal brasileiro. Com margem pequena, algo em torno de 2 milhões de votos a mais do que obteve seu adversário, o então presidente Jair Bolsonaro, Lula terá vários desafios no novo governo que se iniciou em janeiro de 2023. Trata-se de um país muito diferente daquele de vinte anos atrás, ocasião na qual ascendeu pela primeira vez à Presidência da República. Na economia, o setor dinâmico transita do setor industrial para o agronegócio, os serviços e o setor financeiro. No âmbito das corporações do Estado, com Bolsonaro, os militares voltaram a assumir papel de relevância no processo político, controlando milhares de cargos na administração direta e indireta. De imediato, portanto, surgem as tarefas de articular o diálogo com os novos protagonistas da cena econômica e organizar a reocupação do setor público pelos civis. Outras e tão decisivas questões poderiam ser citadas, tais como o aumento da pobreza e da fome, os conflitos na fronteira envolvendo a preservação da Amazônia e o advento da clivagem religiosa/comportamental.

Nada parece mais desafiador, contudo, do que a tarefa de constituir bases mínimas de governabilidade junto ao Legislativo, poder cuja cooperação é necessária para qualquer passo que se queira dar com vistas seja a manter o dia a dia da administração, por causa das leis orçamentárias anuais, seja a avançar em agendas mais substantivas de mudança de políticas. Neste capítulo, analisamos alguns cenários básicos, apresentados de maneira esquemática na próxima seção, com o intuito de mostrar o tamanho do problema a ser enfrentado pelo novo governo. Além disso, avaliamos também de que maneira o perfil do chamado Centrão pode contribuir para agravar ou amenizar o quadro.

"Jogos legislativos" na Câmara dos Deputados e no Senado Federal

Em 2 de outubro de 2022, os eleitores decidiram manter uma orientação majoritariamente de centro-direita, tanto na Câmara dos Deputados quanto no Senado Federal. Alterações ocorreram, embora na margem, com o aumento da representação de partidos perfilados à direita e à esquerda do espectro democrático e declínio de agremiações mais ao centro.

Os gráficos a seguir mostram a quantidade de cadeiras controladas por partido e sua respectiva colocação nos espaços ideológicos da Câmara e do Senado. Assim, os partidos são agrupados por orientação ideológica: em cinza escuro, os partidos à esquerda; em cinza médio, os partidos ao centro; e, em cinza claro, os partidos à direita. Nos gráficos, encontra-se indicado também o esforço a ser despendido por Lula, eleito por partido posicionado mais à esquerda, o Partido dos Trabalhadores (PT), em cenários críticos tanto para bloquear resultados indesejados (casos de *impeachment*, implantação do semipresidencialismo ou derrubada de veto presidencial) quanto para aprovar suas políticas (como medidas provisórias e lei orçamentária anual).

Gráfico 1 – Jogos legislativos no governo Lula – Câmara dos Deputados

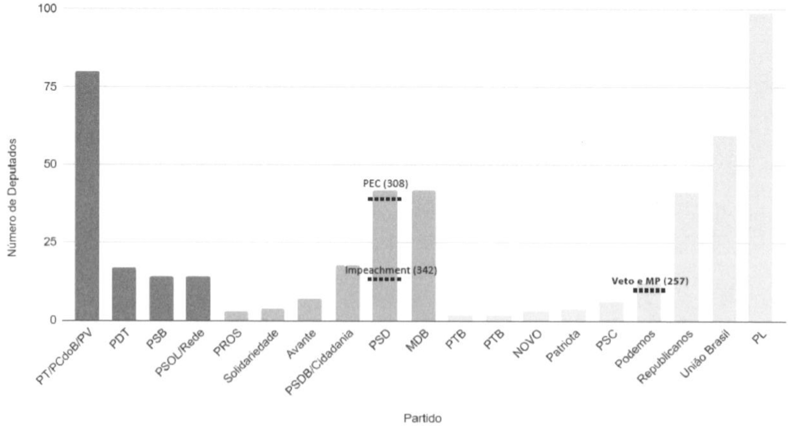

Fonte: Tribunal Superior Eleitoral (TSE) e Câmara dos Deputados.

Cada ponto indicado no eixo horizontal pode ser pensado como um jogo legislativo. A ideia subjacente é de que Lula controle, por proximidade de agenda, os votos dos partidos adjacentes ao PT e posicionados à esquerda na Câmara e no Senado. Na medida em que nos movemos no espaço em direção ao polo oposto, isto é, à direita, a convergência com o presidente vai diminuindo, o que faz aumentar os custos de negociação em torno da decisão. Tal configuração introduz também no jogo alternativas de barganha para além da identidade no campo político, como, por exemplo, participação no governo com a concessão de ministérios a lideranças indicadas pelos partidos. O que nos informam os gráficos?

Na Câmara dos Deputados, o *impeachment*, para ser viável (2/3 dos votos), supõe consenso entre todos os partidos da direita e quase todos do centro. Descartar tal cenário, tornando-o remoto, exigirá de Lula, além de manter a esquerda em seu entorno, atrair para sua coalizão legislativa Movimento Democrático Brasileiro (MDB), Partido Social Democrático (PSD) e a frente composta pelo Partido da Social Democracia Brasileira (PSDB)/Cidadania. Muito provavelmente, portanto, postos ministeriais serão oferecidos a membros dessas agremiações, uma vez que a afinidade programática não é suficientemente forte a ponto de garantir sua adesão ao interesse do governo em manter o mandato do presidente. Podemos dizer o mesmo com relação a uma eventual tentativa de Arthur Lira de estabelecer imediatamente o semipresidencialismo no Brasil, transferindo para si a prerrogativa de montar o ministério, e em relação à conclusão da reforma administrativa nos moldes sonhados por Paulo Guedes (3/5 dos votos). Nesses dois casos, o esforço será maior para quem deseja iniciar o processo, cabendo ao presidente montar uma boa retaguarda na estrutura do Executivo e evitar defecções à esquerda.

Os jogos se complicam quando pensamos em iniciativas do Congresso contrárias às preferências do governo ou em tentativas do governo de iniciar novos programas, por exemplo, via medidas provisórias. Caberá ao presidente organizar sua base legislativa para, uma vez vetando projetos indesejáveis, não permitir a derrubada do veto (maioria absoluta de votos), além de conferir quórum e aprovar medidas provisórias uma vez cumprido o prazo constitucional de tramitação, evitando assim que caduquem (maioria absoluta de votos para dar quórum). Para se ter uma ideia da importância de manter vetos, basta lembrar que estão em tramitação 14 projetos que flexibilizam as leis ambientais no país.[1] Para se ter uma ideia da importância da tramitação das medidas, basta lembrar que toda a reformulação de ministérios costuma tramitar por essa via.

Gráfico 2 – Jogos legislativos no governo Lula – Senado

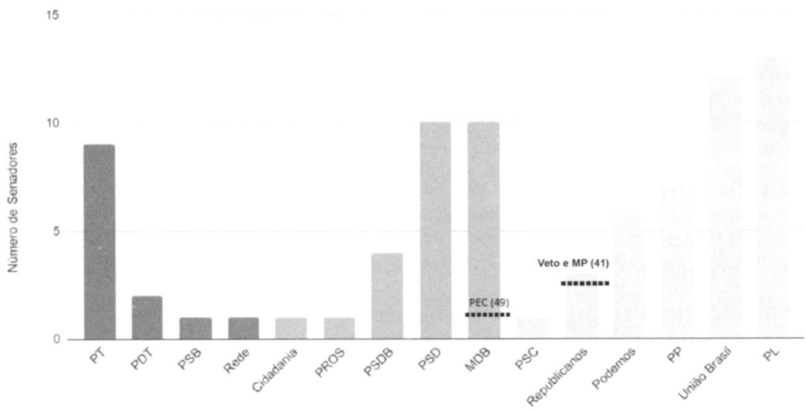

Fonte: Tribunal Superior Eleitoral (TSE) e Câmara dos Deputados.

No Senado, como mostra o gráfico anterior, os jogos são igualmente desafiadores para Lula. Assim como na Câmara, a configuração partidária pós-eleição pende para a centro-direita. A aprovação de propostas de emendas à Constituição (PECs), que exige 3/5 dos votos, demandará do Executivo a busca de apoio com todos os partidos ao centro e o avanço em direção aos partidos de direita. Isso vale para a manutenção da derrubada de vetos quanto à aprovação de medidas provisórias, que exigem maioria absoluta de votos. Esses cenários indicam, portanto, a necessidade de um esforço considerável do governo – é preciso conquistar todo o centro do espectro e avançar na direção

[1] Agradecemos a Suely Araújo, do Observatório do Clima, pela gentileza de compartilhar o monitoramento realizado junto ao Congresso Nacional a respeito das iniciativas legislativas com impacto potencial relevante. Os autores se responsabilizam inteiramente pela utilização feita neste capítulo.

de parlamentares de agremiações mais à direita, como União Brasil, Progressistas (PP) e o próprio Partido Liberal (PL) de Bolsonaro.

A importância do Centrão

Os "jogos" descritos sumariamente até aqui pressupõem disciplina perfeita das bancadas. A realidade, contudo, é um pouco distinta, pois os partidos na Câmara costumam abrigar facções em seu interior, divisões mais ou menos agudas que acabam se refletindo no padrão de votos de apoio ou de oposição ao governo. Com isso, deve contar o governo, no sentido de negociar suas pautas mais nevrálgicas e ganhar tempo até que resultados positivos no âmbito da economia e do bem-estar possam aparecer. Partidos de direita e centro-direita, como PL, União Brasil (UB), PP e Republicanos, assim como PSD e MDB, contam com parcelas importantes de membros sensíveis ao problema da governabilidade, parcelas suficientemente pragmáticas, dispostas a negociar posições estratégicas no governo em troca de votos favoráveis em comissões ou no plenário.

Também é necessário fazer uma análise mais acurada sobre o chamado Centrão. Trata-se de um grupo de partidos à direita do espectro político, mas sem forte identificação ideológica. Em princípio, são partidos mais fisiologistas do que conservadores. O Observatório do Legislativo considera as seguintes agremiações como parte desse grupo: PP, PL, Podemos, Partido Republicano da Ordem Social (PROS), PSD, PTB, Republicanos, Solidariedade, Avante e Patriota. São 260 os deputados filiados a esses partidos (ante 258 na última legislatura). Ou seja: na Câmara, o Centrão tem a maioria absoluta e precisa angariar apenas 48 votos para aprovar propostas de emenda à Constituição.

Como mostram os gráficos anteriores, o PL tem o maior número de deputados e senadores nas casas legislativas. A bancada do partido cresceu em função da filiação de Bolsonaro, que levou ao Legislativo os eleitos André Fernandes, Bia Kicis, Carla Zambelli, Carol de Toni, Eduardo Bolsonaro, Eduardo Pazuello, Nikolas Ferreira e Ricardo Salles. Assim, impõe-se a questão da força do bolsonarismo ao PL e a outros partidos do Centrão. Se forem bolsonaristas apenas os parlamentares citados, Lula terá canal de diálogo com as alas mais fisiologistas desses partidos.

Outra dificuldade é o grau de autonomia atual do Legislativo. As reformas conduzidas em 2015 e 2019 tornaram as emendas orçamentárias individuais e coletivas impositivas, diminuindo o poder de barganha do Executivo na construção de bases legislativas. Se antes o presidente podia negociar a liberação dessas emendas como moeda de troca, hoje não conta mais com essa ferramenta. O orçamento secreto, a solução encontrada pela aliança do governo Bolsonaro com Arthur Lira e Rodrigo Pacheco, não deve sobreviver na era Lula – ao menos não nos moldes atuais. Além disso, o Congresso tem exibido protagonismo na própria formulação de políticas públicas. Almeida (2014) identifica o ano de 2009 como o primeiro em que o Congresso aprovou mais projetos de lei e projetos de lei completar de autoria dos parlamentares do que de autoria do Executivo. Essa tendência permaneceu ao longo dos últimos anos. Portanto, Lula chega à Presidência da República com um leque menor de instrumentos que o permitem formar apoio legislativo diante de um Congresso mais ativo.

Por fim, as reformas institucionais adotadas na eleição de 2022 provocaram uma redução no número de partidos na Câmara dos Deputados, que passou de 30 para 23. Dos 32 partidos que lançaram candidaturas para a Câmara, apenas 23 elegeram deputados. Ficaram de fora siglas como AGIR, Democratas (DEM), Partido Comunista do Brasil (PCB), Partido da Causa Operária (PCO), Partido da Mulher Brasileira (PMB), Partido Renovador Trabalhista Brasileiro (PRTB), Partido Socialista dos Trabalhadores Unificado (PSTU) e Unidade Popular (UP), que não atenderam aos critérios das novas regras eleitorais. O Número Efetivo de Partidos (NEP), que representa a quantidade de partidos com alguma relevância numérica no Legislativo (já que considera o tamanho de cada bancada), também caiu de 17 para 10. Segundo o Observatório do Legislativo, Lula precisará recorrer ao apoio de quase 10 partidos, e não 17, como era o caso no início da atual legislatura em 2019, para formar sua coalizão.

Por um lado, se essa redução pode ajudar Lula a construir uma coalizão mais homogênea do ponto de vista ideológico; por outro lado, ela também pode criar dificuldade para o novo governo à medida que cai o número de partidos nanicos, que não têm identificação ideológica clara e são mais facilmente cooptáveis.

A política é suficientemente dinâmica e complexa, o que torna a análise feita até aqui mero exercício de especulação. Instrumentos não formais à disposição dos atores e a decisão de um *timing* para ativá-los são tão importantes quanto as regras que definem o quórum para as diferentes possibilidades inerentes ao processo legislativo. Certamente, nesse sentido, a aliança partidária e societal que elegeu Lula é, portanto, um ativo importante. O eleitor procurou nitidamente equilibrar o jogo político ao alçar à Presidência uma experiente liderança de esquerda *vis-à-vis* da escolha para o Congresso, de orientação majoritariamente conservadora. O recado das urnas foi, assim, o da busca pelo diálogo e pela conciliação. Cabe às elites entender e encontrar saídas criativas para eventuais impasses e soluções que estabilizem a democracia, afastem o extremismo direitista e promovam o apaziguamento social.

Como será a democracia brasileira em 2026?[1]

Carlos Ranulfo Melo

Durante o ano de 2022, ante a possibilidade de reeleição de Bolsonaro, uma pergunta se impunha: o Brasil será uma democracia em 2026? Três respostas distintas estavam disponíveis. No entorno da família que então ocupava o Palácio do Planalto a resposta estava na ponta da língua: seremos uma democracia na qual o Supremo Tribunal Federal (STF) vai deixar o governo trabalhar, a imprensa será responsável, os valores tradicionais da família serão respeitados, o amor à pátria e a Deus estarão acima de tudo e o Partido dos Trabalhadores (PT) será extirpado.

A resposta bolsonarista não merece muitos comentários, até porque pai, filhos e agregados não têm qualquer credibilidade para falar sobre o tema. O que eles imaginavam como uma democracia não merece esse nome – seria um regime no qual o ex-capitão tivesse liberdade para "traçar as quatro linhas da constituição" como bem entendesse.

Uma segunda resposta foi vocalizada por Ciro Gomes em seu apoio envergonhado a Lula no segundo turno da eleição. Segundo o ex-governador do Ceará, a democracia não corria risco, independentemente do vencedor da disputa presidencial. Diga-se de passagem, alguns poucos cientistas políticos compartilhavam essa visão.

Entre os que não enxergavam riscos à democracia, estava a crença de que as instituições democráticas estavam funcionando bem, eram robustas e, portanto, resistiriam a qualquer tentativa de retrocesso. É

[1] Este capítulo trata das manifestações golpistas do bolsonarismo com base nos acontecimentos registrados até os primeiros dias de dezembro de 2022. A análise não cobre, portanto, a tentativa de golpe verificada em 8 de janeiro de 2023.

verdade que, apesar de todo o esforço contrário de Bolsonaro, a democracia sobreviveu a seu mandato. Encabeçando a resistência, destacaram-se o STF e o Tribunal Superior Eleitoral (TSE), com este mantendo uma atuação impecável em um processo eleitoral no qual as urnas foram sistematicamente atacadas. No Senado, a comissão parlamentar de inquérito (CPI) da covid encurralou o governo. No Congresso, as propostas mais reacionárias foram barradas. Bolsonaro colocou na Procuradoria-Geral da República (PGR) e na Polícia Federal (PF) aliados dispostos a protegê-lo, mas não conseguiu controlar por completo nenhuma das duas instituições. Neutralizou a Câmara dos Deputados e, com isso, livrou-se de um processo de *impeachment*, mas a montagem de coalizões que sirvam como escudo para o poder Executivo faz parte do jogo.

O problema com o argumento de que a democracia não corria riscos com a reeleição de Bolsonaro é desconsiderar que a atuação das instituições pode mudar a depender das pessoas que ali estão e/ou das pressões a que são submetidas. Regras podem ser alteradas e assim abrir opções, antes não existentes, para retrocessos – no interior do bolsonarismo, muitos foram os que alimentaram a ideia de um aumento do número de juízes no STF a fim de deixar o caminho livre para as aventuras autoritárias. Regras também podem ser objeto de uma interpretação a gosto de maiorias circunstanciais – como foi o caso da transformação das pedaladas fiscais em crime de responsabilidade para legalizar o *impeachment* de Dilma Rousseff.

Por isso, a melhor resposta à pergunta formulada anteriormente era a de que a sorte da democracia brasileira encontrava-se associada ao resultado da eleição presidencial. Em outras palavras, *no caso de um segundo mandato de Bolsonaro*, não seria possível afirmar com segurança que teríamos uma democracia em 2026.

Quem acompanha a estratégia da extrema direita pelo mundo sabe que o tempo é uma variável crucial: autocratas modernos não tentam subverter a democracia de golpe. Segundos ou, por que não, terceiros mandatos são essenciais para que se avance passo a passo. No caminho, vão se contabilizando a adesão consciente de setores das elites política, econômica e social, além da aquiescência de parcelas do eleitorado que priorizam a satisfação de seus objetivos – morais, financeiros ou de outra ordem – ante a preservação da democracia.

Nesse processo, mesmo aqueles que se preocupam com a democracia podem ter dificuldade de antecipar os efeitos de determinadas medidas sobre a natureza do regime e demorar a reagir (Przeworski, 2019). Quando "acordam", já vivem sob *outro arranjo institucional* e os instrumentos para reverter o processo lhes foram tirados. Nas autocracias modernas, os autocratas permitem eleições – isso possibilita que eles digam que são a voz do povo –, mas o jogo a ser jogado os favorece de saída. O Estado de Direito é suprimido ou reduzido a uma caricatura na qual o controle sobre o poder não existe e os direitos individuais não são assegurados. A imprensa livre encontra-se sob cerco e a oposição, ameaçada com todas as armas possíveis, vê suas chances de vitória eleitoral reduzidas a algo próximo de zero.

Caso tivesse conquistado um segundo mandato, Bolsonaro governaria com um Congresso no qual os partidos de direita controlam mais de 60% dos votos, seja na Câmara, seja no Senado. Obviamente não se pode rotular a direita, em seu conjunto, como bolsonarista, mas seria temerário desconsiderar a força de atração do governo. Se, na Câmara, o quadro não mudaria de forma significativa – como, aliás, não se alterou com a vitória de Lula – a eleição de um aliado fiel a Bolsonaro para a presidência do Senado poderia ser a senha para uma crise institucional deflagrada, por exemplo, por um pedido de *impeachment* de um juiz do STF, por mais absurda que fosse a fundamentação apresentada.

A vitória de Lula não altera a composição do Congresso, mas reduz a força de atração do bolsonarismo sobre os partidos de centro-direita e direita, o que muda por completo a dinâmica do processo político e bloqueia de imediato a possibilidade de retrocesso. O Brasil será uma democracia em 2026. Derrotar a extrema direita foi o passo decisivo.

Governando sob a ameaça da polarização

A democracia é um regime no qual indivíduos livres e iguais em direito decidem quem vai governar, e no qual os governos, legitimamente eleitos, têm de atuar dentro de limites que não foram por eles estabelecidos. Nesse tipo de regime, as disputas tendem a desenvolver-se como um jogo no qual não há quem leve tudo e deixe o(s) outro(s) sem nada. Eleições competitivas conferem um determinado grau de incerteza quanto aos resultados e a periodicidade das disputas acena com a possibilidade real de alternância. A quem perde, resta fazer oposição, esperar e preparar-se para a próxima. Por isso, a democracia é o único tipo de regime que permite que os conflitos que atravessam a sociedade sejam resolvidos de forma pacífica. Nas palavras de Adam Przeworski (1988), votos são pedras de papel (*paper stones*).

Um dos problemas que o novo governo irá enfrentar é que a extrema direita brasileira não acredita em nada disso. Sua reação à derrota na eleição presidencial, seja nas manifestações nas estradas, seja em frente aos quartéis, faz lembrar a declaração de um deputado do Partido Liberal (PL) no Ceará: "se a gente não ganhar nas urnas [...] nós vamos ganhar na bala" (Se a gente..., 2022). Se depender do entorno do ex-capitão, a democracia brasileira ainda irá conviver com a ameaça da polarização.

Um país entra em um processo de polarização quando as pessoas passam a alinhar suas preferências sobre as mais diversas questões como se a sociedade e a política pudessem ser reduzidas a uma única dimensão, especialmente como um confronto entre "nós" e "eles".

À medida que isso ocorre, ou seja, que as preferências se sobrepõem, a sociedade vê-se dividida entre grupos relativamente homogêneos e distantes entre si. A multidimensionalidade da esfera pública ameaça entrar em colapso e, com isso, a diversidade que alimenta a democracia (Levin; Milne; Perrings, 2021). O passo seguinte é o aumento da hostilidade entre os diferentes grupos.

A polarização é hoje um fenômeno mundial, fortemente relacionado ao crescimento do populismo de direita. Ainda que possua raízes na sociedade, ela é alimentada e potencializada por um discurso que dirige sua intolerância ao multiculturalismo, à diversidade social e às instituições da democracia liberal. É, portanto, caracterizada por forte assimetria em sua origem.

A assimetria repete-se no caso do Brasil. Em estudo baseado em *survey*, Fuks e Marques (2020) mostraram que, na eleição de 2018, enquanto os eleitores de Bolsonaro situavam-se claramente à direita, os que haviam votado em Haddad assumiam posições próximas ao centro. Na mesma direção, dados disponibilizados pelo projeto "A cara da democracia no Brasil",[2] do Instituto da Democracia e Democratização da Comunicação (INCT/IDDC), revelam que, em 2022, 54% dos eleitores de Bolsonaro estavam nas posições 9 e 10 de uma escala na qual 1 significava esquerda, e 10, direita. Apenas 16,5% optavam pelas posições 5 e 6, mais cêntricas. Entre os eleitores de Lula, 22,1% ocupavam as posições 1 e 2, ao passo que 34,4% situavam-se ao centro. Esses números indicam a inexistência de um polo tensionando a disputa em direção à esquerda.

Tanto em 2018 como em 2022, Bolsonaro buscou traduzir as tensões latentes no país como se os eleitores estivessem diante de alternativas absolutamente excludentes. O objetivo era traçar uma linha, tão artificial quanto qualquer *fake news*, que mostrasse um país irremediavelmente dividido em duas partes. Em 2018, a escolha deveria ser entre um país ordeiro, de valores cristãos e sem corrupção (o "nós") e, do outro lado, a velha política (a "deles").

Em 2022, a contraposição entre o "nós" e o "eles" baseava-se em outra ficção – os comunistas tomariam o poder, nossa bandeira seria vermelha, as igrejas seriam fechadas, os bandidos seriam soltos e a família, destruída. Capturados em bolhas diferenciadas – o bolsonarismo trabalha mensagens distintas para grupos distintos – alguns milhões de brasileiros passaram a agir como se vivessem em um universo paralelo e a acreditar em tudo isso.

Da mesma forma, há quem esteja convicto de que a eleição foi roubada. Bolsonaro, é claro, sabe que nunca houve fraude nas eleições brasileiras. Mas isso não importava. Ciente desde o início da corrida eleitoral de que poderia perder a eleição, esse era seu "plano A": criar as condições para que o resultado pudesse ser questionado. O importante nessa estratégia era que, após a derrota, os bolsonaristas, armados ou não, ocupassem as ruas e permitissem dizer que o resultado das urnas não era confiável. Antecipando-se aos acontecimentos, o senador Flávio Bolsonaro, em junho de 2022, dizia que seria impossível impedir um levante de apoiadores revoltados com o resultado das eleições (Frazão, 2022). A partir daí, apostava-se na confusão.

---

[2] Os relatórios e bancos de dados da pesquisa podem ser consultados em: https://www.institutodademocracia.org/a-cara-da-democracia. Acesso em: 2 dez. 2022.

Não houve, portanto, nenhuma surpresa quando a parcela mais radicalizada dos eleitores de Bolsonaro passou a bloquear estradas, utilizando-se de métodos violentos, ou a pedir aos militares que salvassem o país por meio de um golpe de Estado, nesse caso proporcionando algumas das cenas mais patéticas da crônica política nacional, como a dos manifestantes que rezavam em frente ao muro de um quartel. Imersos em uma realidade alternativa, um punhado de autodenominados cidadãos de bem lançou-se em uma cruzada, uma espécie de batalha final cujo objetivo seria salvar a liberdade e o país, impedindo a volta dos "demônios" que haviam ocupado o Palácio do Planalto. Era tudo ou nada.

O plano falhou, marcando a segunda derrota de Bolsonaro. Pouca gente atendeu ao "chamado". A acusação de fraude não encontrou qualquer ressonância para além do bolsonarismo e mesmo aliados importantes trataram de se afastar da estratégia. O presidente da Câmara, Arthur Lira (Progressistas – PP), apressou-se em reconhecer a vitória de Lula. Progressistas e Republicanos deixaram Valdemar da Costa Neto, presidente do PL, falando sozinho por ocasião do esdrúxulo pedido de anulação de cerca de 60% das urnas utilizadas no segundo turno.

O naufrágio do "plano A", no entanto, não permite que as cenas vistas após as eleições sejam tratadas como algo de menor importância. O que importa aqui não é quem participou delas diretamente. Ao não reconhecer a derrota na eleição e emprestar um apoio às manifestações golpistas – apoio ainda que não de todo explícito, mas óbvio o suficiente, Bolsonaro mostrou o que dele se pode esperar para os próximos anos. O mesmo pode ser dito a respeito de setores do agronegócio e do empresariado que financiaram tais manifestações.

Nesse ponto, cabe lembrar que o apoio ao ex-capitão entre setores da elite brasileira manteve-se elevado apesar de seu evidente desprezo pelas instituições democráticas. Nas pesquisas, a intenção de voto no ex-presidente crescia com o aumento do nível de renda e escolaridade dos entrevistados. Entre os empresários, os índices de adesão estavam entre os mais altos.

Por isso é preciso ir além de Bolsonaro e lembrar que não se fazem democracias sem democratas, sem pessoas que possuam uma preferência normativa pela democracia. Essa exigência torna-se imperiosa quando o foco sai do cidadão comum e dirige-se ao reduzido número de pessoas que, de uma forma ou de outra, envolve-se com a atividade política e possui recursos para interferir no resultado das disputas. Recorrendo a Scott Mainwaring e Aníbal Pérez-Liñan (2013), agentes políticos que possuem uma preferência normativa pela democracia estão dispostos a aceitar perdas no que se refere aos resultados das disputas políticas desde que se preserve ou estabeleça um regime democrático. O que os últimos anos ensinaram é que, entre a elite brasileira, existe um expressivo contingente de pessoas dispostas a aceitar, e até protagonizar, um retrocesso político em troca da satisfação de seus interesses mais imediatos.

O grupo de respeitáveis empresários flagrado, em agosto de 2022, trocando figurinhas pelo WhatsApp a respeito de um golpe de Estado expressa de forma exemplar o precário compromisso de setores da elite brasileira com a democracia: ou nosso time ganha ou levamos a bola embora, fechamos o campinho e mandamos prender os inimigos. Outra faceta desse comportamento esteve expressa nas mais de 2.500 denúncias de coação eleitoral por parte de patrões sobre empregados por todo o país (Ortega, 2022).

Nesse jogo, uma menção honrosa cabe aos militares. As Forças Armadas têm procurado equilibrar-se entre ocasionais manifestações de compromisso democrático e o discurso segundo o qual o objetivo do golpe de 1964 teria sido salvar a democracia. Em 2018, o General Villas Bôas acintosamente pressionou o STF por ocasião do julgamento do *habeas corpus* a favor de Lula. O flerte com o golpismo tornou-se ainda mais explícito com a atitude tomada diante dos bloqueios nas estradas e dos acampamentos em frente aos quartéis do Exército. Em vez de se manifestarem claramente em defesa do resultado das urnas, o que contribuiria para dissuadir os apelos por intervenção militar, comandantes do Exército, Marinha e Aeronáutica preferiram soltar um comunicado criticando "eventuais restrições a direitos, por parte de agentes públicos" (Forças..., 2022).

Governar após quatro anos de um processo de destruição conduzido pelo principal mandatário do país não será fácil. A urgência de retomar um crescimento associado à inclusão social e econômica terá que ser compatibilizada com a responsabilidade fiscal. Será preciso retomar políticas públicas e reestruturar instrumentos para garanti-las nas mais diversas áreas. Mas os desafios ficarão ainda maiores se não for desarmada a bomba da radicalização: parcela da população não reconhecerá a legitimidade do governo, e o bolsonarismo procurará potencializar essa base, colocando em curso um contínuo processo de fustigamento. O país verá em ação uma oposição desleal, sectária e sem qualquer compromisso com a democracia.

Processos de polarização esvaziam o centro e tornam difícil, quando não inviabilizam, a convivência democrática. A melhor maneira de evitá-los é justamente ocupando o centro do espectro político. Foi esse o movimento que possibilitou a vitória de Lula nas eleições. E ele deve se manter pelos próximos quatro anos, no exercício do governo – até mesmo em função da composição político-partidária do Congresso Nacional. É a partir do centro que uma força de esquerda pode dialogar com os mais amplos setores, atrair os setores de direita comprometidos com a democracia, governar e reduzir a capacidade de atração do bolsonarismo. Por isso, ainda que se reconheça a importância e a centralidade da figura de Lula para o período que se abre ao país, o novo governo não pode ser "do PT".

O Brasil será uma democracia em 2026, mas a extrema direita pode ter vindo para ficar. Para que não estejamos, daqui a quatro anos, sob a ameaça de um novo retrocesso, o terceiro mandato de Luiz Inácio Lula da Silva deve expressar um amplo leque de forças democráticas.

Futuro climático: o que esperar do governo Lula?[1]

Helena Dolabela

As eleições de 2022 foram a disputa presidencial mais importante desde a Nova República em função dos ataques sofridos pelas instituições eleitorais por parte do presidente Jair Bolsonaro antes e durante a campanha eleitoral. São objetos de análise em alguns textos deste livro os mecanismos para fomentar o descrédito nas urnas eletrônicas e na própria Justiça Eleitoral, como, por exemplo, a difusão irrefreada de *fake news* suportada por um ecossistema de desinformação e a tentativa de contornar o sistema eleitoral, como foi a proposta de auditoria das urnas eletrônicas por parte de um corpo de militares. Com todo o esforço do ex-presidente Bolsonaro para manter um clima de instabilidade em relação ao resultado das eleições, reforçado por seus apoiadores, especialmente no segundo turno, as atenções voltaram-se para o ambiente doméstico e para a capacidade institucional de estabilização política.

No entanto, é fundamental também colocar o foco na geopolítica internacional para entender a magnitude deste momento histórico. Noam Chomsky, professor de linguística do Massachusetts Institute of Technology (MIT) e ativista político, concedeu uma entrevista há poucos dias do primeiro turno para o programa americano *Democracy Now!* no qual foi perguntado sobre o significado da eleição presidencial brasileira. Disse ele:

---

[1] Este artigo é uma versão atualizada do texto "O projeto autocrático de Jair Bolsonaro e o futuro climático do planeta" publicado no site Jota, em 26 de outubro de 2022.

> [essas eleições] são muito significativas não apenas para o Brasil, mas também para todo o mundo. No Brasil, por vários aspectos, mas um deles é o fato de que a maior parte da Região Amazônica está no Brasil. Há dois candidatos, um deles é o presidente em curso, Bolsonaro, que é comprometido com a destruição da Amazônia. [...] É sabido há algum tempo que, cedo ou tarde, se a destruição da Amazônia continuar, não existirão mais nutrientes para a sua reprodução e ela deixará de ser um sumidouro e passará a produzir carbono transformando-se em uma savana. Isso é uma catástrofe para o Brasil. E, de fato, para todo o mundo (Democracy Now!, 2022, tradução nossa).

Os resultados da política ambiental do governo Bolsonaro são catastróficos não apenas no âmbito nacional, mas também em relação aos acordos multilaterais para o enfrentamento da emergência climática. Segundo a última informação disponibilizada pelo Climate Watch,[2] em 2019 o Brasil estava na sexta posição entre os países emissores de gases de efeito estufa, sendo responsável por 2,9% das emissões globais. Tudo indica que esses números devem ter piorado desde então.

Conforme informações formalizadas junto à Organização das Nações Unidas (ONU) pelo Instituto Socioambiental (ISA), Articulação dos Povos Indígenas do Brasil (APIB), Conectas Direitos Humanos, Observatório do Clima e WWF-Brasil, em 2020 a emissão de gases de efeito estufa subiu 9,5% no Brasil, enquanto caiu aproximadamente 7% no restante do mundo, devido, especialmente, à pandemia de covid-19. Em 2021, o padrão manteve-se, com um aumento no Brasil para 12,2%, atingindo o pico de emissão de 2.42 bilhões de toneladas de dióxido de carbono equivalente (Gt Co2e).[3]

---

[2] Os dados estão disponíveis em: https://www.climatewatchdata.org/ghg-emissions?source=CAIT. Acesso em: 2 dez. 2022.

[3] Dados informados em documento denúncia encaminhado às Organizações das Nações Unidas (ONU), em 15 de novembro de 2022, pelas organizações citadas no texto. O relatório, intitulado "Structural violation of the right to a clean, healthy and sustainable environment perpetrated by the Brazilian government: a submission on environment destruction, climate change and human rights abuses in Brazil", pode ser consultado em: https://pt.scribd.com/document/608105450/Structural-Violation-of-the-Right-to-a-Clean-and-Healthy-Environment. Acesso em: 2 dez. 2022.

As metas definidas na Política Nacional de Mudança Climática (PNMC) para o controle do desmatamento foram ultrapassadas em duas e três vezes nos anos de 2020 e 2021, respectivamente. Esses resultados estão relacionados ao aumento do desmatamento e à conversão da vegetação nativa em agroecossistemas na Amazônia. Pela primeira vez, as taxas de desmatamento aumentaram quatro vezes seguidas (2018-2021), sendo que, em 2021, atingiu o maior nível desde 2006. Nos territórios indígenas e nas áreas de proteção ambiental na Amazônia, houve aumento de 138% e 130%, respectivamente, no período entre 2019-2021 comparativamente a 2016-2018. Sob a expectativa de mudança de governo, de forma trágica, as queimadas na Amazônia aumentaram 70% no mês de setembro de 2022, de acordo com o levantamento histórico dos últimos dez anos.

Os sucessivos resultados negativos em matéria climático-ambiental deixaram em alerta organismos multilaterais com representação de países de diversas regiões do globo, os quais cobraram uma resposta oficial. O governo Bolsonaro seguiu a cartilha baseada no negacionismo científico e de viés nacionalista: promoveu constantes críticas infundadas às metodologias empregadas nas aferições de números sobre queimadas e desmatamentos por órgãos oficiais brasileiros, colocou em suspeição o compromisso de países estrangeiros com a proteção da floresta amazônica e afirmou solenemente a soberania nacional.

Nesse cenário, a arena judicial tornou-se uma alternativa para fazer frente aos retrocessos em matéria climático-ambiental. Houve um aumento expressivo da chamada litigância climática nos últimos quatro anos, com a propositura de ações judiciais por parte do Ministério Público, partidos políticos e associações civis em defesa dos direitos socioambientais e climáticos, com destaque para a atuação de associações indígenas. É importante acompanhar o resultado dessas ações judiciais uma vez que podem indicar (re)direcionamentos para a governança climática no Brasil. A decisão mais recente do Supremo Tribunal Federal (STF) em ação judicial relacionada à gestão e aplicação de recursos do Fundo da Amazônia (ADO 59) ocorreu dias após o segundo turno da eleição presidencial e foi julgada procedente pela maioria dos membros do STF justamente pela existência de um "estado de coisas inconstitucional em matéria ambiental" por parte da União, determinando-se a retomada da aplicação dos recursos do Fundo Amazônia no prazo de sessenta dias.

A inclinação autocrática do governo Bolsonaro não é, contudo, um fenômeno local. O mundo vive um processo de autocratização, ainda que a natureza deste tenha se alterado, como mostra o volume da revista *V-Dem*, "The Democracy Report 2022: The Autocratization Changing Nature?". Esse relatório ajuda a explicar, com base em dados científicos, quais são os dividendos da relação entre democracia e mudança climática. Compilando estudos sobre a relação entre governos democráticos e cooperação para o clima, identificou-se que democracias de alta qualidade têm um compromisso político quase 20% maior com a mitigação das mudanças climáticas do que autocracias fechadas como a China (Bättig; Bernauer, 2009 *apud* The Democracy..., 2022). Também equivale a uma diferença nas metas da política de redução do Acordo de Paris de 1,6% (Tørstad *et al.*, 2020 *apud* The Democracy..., 2022). Isto é, democracias comprometem-se objetivamente em maior nível com medidas para a redução da emissão de gases de efeito estufa. A publicação aponta ainda que um aumento de 1% nas liberdades civis gera uma redução de 0,05% nas emissões nacionais de CO_2 (Pacheco-Veja; Murdie, 2020 *apud* The Democracy..., 2022).

A conclusão é clara: por um lado, são as democracias que fornecem a arena para a sociedade civil defender as questões relacionadas às mudanças climáticas e, assim, poder pressionar internamente os sistemas políticos. Por outro lado, o tratamento de um problema que não respeita fronteiras depende de comportamentos governamentais cooperativos no âmbito das relações exteriores.

O Brasil é um ator político fundamental e fiel da balança na discussão sobre o clima. Sua posição geopolítica em relação às mudanças climáticas é de interesse de todo o planeta. Nos últimos anos, o país projetou-se como um pária nos organismos multilaterais devido ao comportamento negacionista de seu dirigente e ao comprometimento governamental com uma agenda favorável à exploração minerária, a não demarcação de terras indígenas e unidades de conservação, e à placidez, senão leniência, diante do aumento exponencial da ocupação territorial por organizações criminosas na região da Amazônia.

A eleição de Lula em 2022 representa uma retomada mais do que urgente das negociações diplomáticas na questão climática, já preanunciadas durante a campanha eleitoral pelo encontro com parlamentares da União Europeia para debater e firmar termo de cooperação envolvendo a proteção da floresta amazônica. Em ato contínuo, o presidente eleito para o mandato 2023-2026 construiu aliança em primeiro turno com a ex-senadora e ex-ministra do Meio Ambiente, agora eleita deputada federal e empossada ministra de Estado do Meio Ambiente e Mudança do Clima do Brasil, Marina Silva.

Do reencontro entre Lula e Marina Silva resultou o compromisso de implementação de uma pauta climático-ambiental baseada em três pilares. Primeiro, a criação de uma Autoridade Nacional para Mudança Climática, o que demonstra uma visão institucional e operacional sobre o tema de modo transversal a vários ministérios e políticas. Segundo, a retomada da demarcação de terras tradicionais. E, terceiro, a criação de novas unidades de conservação ambiental. Estas duas últimas pautas estão diretamente relacionadas com a regulação do clima uma vez que esses territórios formam "barreiras verdes" comprovadamente eficientes no controle do desmatamento e das queimadas. Também fruto da aliança com os povos indígenas e tradicionais, Lula anunciou a criação inédita do Ministério dos Povos Originários para o seu mandato e expressou o desejo de ter uma liderança indígena em sua direção.

No campo diplomático, as respostas positivas de governos estrangeiros após a divulgação do resultado do segundo turno da eleição no Brasil vieram de imediato. As declarações oficiais de reconhecimento da vitória de Lula por parte dos Estados Unidos e de vários países da Comunidade Europeia exaltaram tanto a legitimidade do processo eleitoral no Brasil quanto a perspectiva de cooperação global na questão climática. De forma concreta, países como a Noruega e Alemanha, principais doadores externos de recursos para projetos de desenvolvimento sustentável e proteção da floresta amazônica, declararam interesse na retomada imediata de investimentos no Fundo do Clima, que foram paralisados durante o governo Bolsonaro, especialmente como sanção às mudanças nas regras de gestão e composição dos seus membros. Os Estados Unidos, sob a presidência de Joe Biden, também sinalizaram o interesse de se tornar um doador internacional para a preservação da Amazônia brasileira.

Já efeito do resultado das eleições de 2022, e em reconhecimento ao papel de liderança política na questão climática, o presidente do Egito, Abdel Fatah al-Sisi, convidou Lula para participar da 27º edição da Conferência do Clima da Organização das Nações Unidas (COP-27), em meados de novembro 2022, antes mesmo de sua posse em janeiro de 2023. Lula foi recebido com entusiasmo por parte das lideranças internacionais. Em seu discurso, destacou a centralidade da pauta climático-ambiental e da pauta indígena para o seu próximo mandato e levantou a bandeira da justiça climática ao cobrar o financiamento por parte de países do Norte global para a adequação climática nos países do Sul global, onde estão os grupos mais vulneráveis e que já sofrem com o aumento dos eventos climáticos extremos. De forma inédita, conclamou uma governança climática mais efetiva e justa voltada também para a redução da fome e das desigualdades e para a promoção da justiça social.

Mas nem tudo são flores. A atuação de Lula no âmbito doméstico enfrentará a resistência de um Legislativo adverso a políticas pós-materialistas, incluindo a pauta ambiental. Dessa forma, a capacidade de construção de uma governabilidade ampla dentro do Congresso Nacional determinará, em grande medida, a possibilidade de contenção de uma agenda antiambiental que segue forte e de implementação das promessas políticas que foram indicadas durante toda a campanha eleitoral, e, já como presidente eleito, na COP-27.

Os desafios para o combate à crise climática são enormes e demandam posicionamentos e compromissos urgentes por parte de todos os países do mundo. A vitória de Lula nas urnas não torna essa pauta menos complexa, mas recoloca o Estado brasileiro na posição de liderança política nas negociações e compromissos cada vez mais exigentes para o real enfrentamento das mudanças climáticas e injustiça socioambiental, especialmente nos países do Sul global.

O futuro do bolsonarismo

João Feres Júnior

Jornalistas têm um pendor para demandar de suas fontes previsões do futuro. Provavelmente, imaginam que tais especulações atraem a atenção de seu público. Para as fontes, tal demanda é deveras incômoda. Nós, cientistas sociais, por exemplo, somos mais treinados para fazer diagnósticos do que prognósticos. Ademais, o espaço reservado para a fala das fontes nas matérias de jornal é quase sempre exíguo, o que torna a tarefa de lidar com assuntos complexos, de forma minimamente competente, praticamente impossível. No presente texto, vou aproveitar o espaço maior proporcionado pelo formato "capítulo de livro" para tentar articular, de maneira organizada, uma resposta à demanda mais quente do momento: qual seria o futuro do bolsonarismo?

Só posso utilizar o conhecimento acumulado sobre o bolsonarismo para ensaiar esse exercício de futurologia. Em meados de 2021, coordenei, no âmbito do Laboratório de Estudos de Mídia e Esfera Pública (LEMEP), junto com a cientista política Carolina de Paula, uma pesquisa qualitativa de alcance nacional intitulada "Bolsonarismo no Brasil".[1] Realizamos, em maio de 2021, 24 grupos focais em capitais estaduais de todas as regiões brasileiras – Rio de Janeiro, São Paulo, Goiânia, Curitiba, Belém e Recife – com eleitores arrependidos e fiéis de Bolsonaro. Todos os participantes haviam votado nele em 2018. Separamos, em grupos distintos, os arrependidos dos que ainda permaneciam fiéis em seu apoio ao ex-capitão a fim de capturarmos características específicas de cada

[1] Para um relatório com resultados da pesquisa, acessar: https://iree.org.br/wp-content/uploads/2021/08/Pesquisa-Bolsonarismo-no-Brasil.pdf.

categoria. Essa pesquisa serviu de base ao exercício feito neste capítulo, com informações colhidas de outras pesquisas qualitativas feitas pelo Laboratório de Estudos de Mídia e Esfera Pública (LEMEP) ao longo de 2022 e algumas análises quantitativas que venho produzindo a partir de microdados de pesquisas de institutos conhecidos.

Primeiramente, é preciso ter em mente que os bolsonaristas radicais são minoria entre os eleitores de Bolsonaro. Aqueles que apoiam golpe militar, então, são a minoria da minoria. É recomendável entender o eleitorado de um candidato como uma cebola, na qual as camadas mais externas, e maiores, são compostas por aqueles que estão mais longe do centro. Ou seja, seguindo a analogia, os bolsonaristas não são majoritariamente super-reacionários ou autoritários militaristas. Muitos deles inclusive não têm preferências muito fortes por Bolsonaro. Em vários grupos focais, bolsonaristas fiéis reprovaram o comportamento do ex-capitão – inadequado para um presidente da República, grosseiro, desrespeitoso – e em relação a aspectos de seu discurso, como a misoginia, a homofobia, a glorificação das armas etc. Mas o antipetismo desse grupo ainda era forte o suficiente para preferir Bolsonaro à alternativa, isto é, Lula e o Partido dos Trabalhadores (PT). A pequena proporção de radicais também pode ser constatada pelo número pífio de pessoas que se dispuseram a ir às estradas bloquear o trânsito ou acampar na frente de quartéis, se comparado aos 58 milhões de brasileiros que sufragaram 22 no segundo turno. Os apoiadores mobilizados nessas ocasiões representavam somente as camadas mais internas e, portanto, radicalizadas, da cebola bolsonarista.

Em segundo lugar, é importante notar que o bolsonarismo é um fenômeno político e de opinião que vai muito além dos conteúdos de suas mensagens. Os analistas de plantão se esfalfam em discutir o significado preciso do discurso bolsonarista, estabelecer a correta combinação entre valores conservadores, autoritarismo e neoliberalismo (Cioccari; Persichetti, 2018; Maitino, 2018; Silva, 2021), mas esse é um exercício em boa medida inútil para a tarefa que se coloca à frente: impedir que o bolsonarismo se torne uma ameaça constante à democracia brasileira. É claro que, nas hostes de seguidores do ex-presidente, encontramos em profusão discursos ligados a temas conservadores, como os valores familiares, a rejeição da homoafetividade e dos direitos de minorias, mas é preciso entender que a lógica de funcionamento desse "movimento" não está propriamente na sedução de seus argumentos, em sua maioria de péssima qualidade lógica e fática, mas na estrutura comunicacional que os promove.

Evidências abundantes colhidas na pesquisa "Bolsonarismo no Brasil" apontaram para a refutação da tese de que o bolsonarismo seria propriamente um discurso coerente, ou mesmo que sua falta de coerência seja, em última instância, a lógica estratégica que o articula enquanto discurso (Parzianello, 2020). E também apontaram para a proposição da hipótese de que ele seja, antes de tudo, uma esfera comunicacional baseada em pelo menos três pilares principais: (1) o Gabinete do Ódio, entendido aqui como uma rede mais ou menos centralizada de produtores de conteúdo digital que disseminam ativamente narrativas bolsonaristas sobre os principais fatos da política; (2) os meios de comunicação tradicionais cooptados, além das inúmeras rádios e pequenos jornais Brasil afora, as empresas de mídia Record, SBT, Rede TV e Jovem Pan, cada uma proprietária de uma pluralidade de meios; e (3) as igrejas evangélicas associadas.

Parafraseando o hoje quase esquecido profeta acadêmico Marshall McLuhan, o bolsonarismo precisa ser entendido muito mais como meio do que como mensagem. E o que deve acontecer com esse aparato comunicativo que lhe serve de plataforma? Se em 2018 a campanha de Bolsonaro montou um esquema de comunicação via redes sociais e serviços de mensageria financiados pela iniciativa privada (Mello, 2020), os dados levantados pelas comissões parlamentares mistas de inquérito (CPMIs) da Pandemia e das Fake News indicam que, ao longo do mandato de Bolsonaro, parte significativa desse esquema se transferiu para o Palácio do Planalto, utilizando-se como mão de obra para a produção de conteúdo e de interações nas redes sociais do trabalho de pessoas nomeadas para cargos de confiança. Esse esquema de comunicação, responsável pela geração contínua de narrativas que confirmam as versões bolsonaristas dos fatos e não fatos, foi comandado pelo chamado Gabinete do Ódio.

Ao mesmo tempo, o bolsonarismo se espalhou pelas redes sociais, arregimentando um sem-número de produtores de conteúdo de direita e de extrema direita: *bloggers*, *vloggers*, *podcasters*, comediantes, jornalistas etc. É incerta ainda a conexão que tais produtores de conteúdo têm com o Gabinete do Ódio e com as fontes de financiamento ilegal que atuaram na campanha de 2018 em prol de Bolsonaro, e que voltaram com força ainda maior na campanha de 2022, mas o material levantado pelas CPMIs e pelos inquéritos está prenhe de pistas (Mello, 2020; SAID, 2020). Durante a campanha de 2022, o Gabinete do Ódio e a rede de comunicação digital bolsonarista funcionou a todo vapor, mas, dessa vez, o PT não foi um observador passivo, conseguindo oferecer resistência e mesmo contra-atacando, particularmente no segundo turno.

A partir de 2023, o Gabinete do Ódio não mais poderá operar no Palácio do Planalto. Ele terá que ser transplantado para a "sociedade civil" e funcionar às expensas de doações de empresários benevolentes, coisa que já acontecia ao longo do governo Bolsonaro. Aqui está um ponto nevrálgico: é preciso continuar o desenvolvimento de instrumentos estatais de controle e repressão à prática da disseminação de *fake news*, e isso requer uma mobilização dos três poderes: o Legislativo, aprovando leis mais adequadas para o cerceamento dessa atividade criminosa, que foquem não somente em sua produção e disseminação, mas em seu financiamento; o Sistema de Justiça, estabelecendo padrões de procedimentos para investigar e julgar (poder Judiciário) e para investigar e processar (Ministério Público) tais práticas; e o Executivo, criando um braço de inteligência digital capaz de detectar a movimentação criminosa do Gabinete e de suas sucursais.

Além disso, é preciso que os três poderes, principalmente o Executivo e o Judiciário, estabeleçam um padrão de relacionamento com as *big techs* das redes sociais para que aperfeiçoem critérios efetivos de autorregulação de práticas criminosas. É bastante improvável que os algoritmos das principais redes sociais tenham um viés ideológico em prol da direita, ou mesmo antidemocrático. Mas isso não é sequer necessário para que sua operação seja daninha à democracia. Supondo que sigam estritamente uma lógica comercial, essas empresas não se interessam por coibir pessoas dispostas a pagar para turbinar conteúdos falsos. Pelo contrário, elas obtêm lucro com essa prática, como parece ter ocorrido novamente na eleição de 2022. Se não forem reguladas por forças estatais interessadas em coibir práticas antidemocráticas, não vão se mexer. Aí as armas de convencimento devem ir desde a conversa franca e cortês até o uso de dispositivos legais para coibir abusos.

As empresas de mídia bolsonaristas, por seu turno, tendem a se reconfigurar após a derrota de Bolsonaro. A Jovem Pan deu a partida, despedindo parte de sua tropa de militantes reacionários disfarçados de jornalistas. Ratinho, dono do SBT do Paraná, já vem fazendo menções a Lula desde a campanha. Em suma, o caminho aqui deve ser de relativa distensão, inclusive porque as grandes mídias dependem, em parte, de verbas públicas de publicidade do Governo Federal para seu precário equilíbrio financeiro.

Mas não podemos nos esquecer de que, no âmbito da grande imprensa, o problema também reside nos canais que foram mais benevolentes em relação à candidatura Lula durante o pleito, pela primeira vez na história desse país, isto é, Globo, *Folha de S.Paulo*, Bandeirantes e alguns mais. Foi essa imprensa tradicional, muito mais que Record e SBT, que apostaram na Lava Jato para derrubar o governo do PT, promoveram abertamente o movimento em prol do *impeachment* de Dilma e criaram o caldo cultural de forte rejeição à representação política do qual se alimentou o bolsonarismo (Feres Júnior, 2020). Nada garante que em sua sanha de defender os interesses do "mercado" em detrimento do povo brasileiro, mais especificamente, em restringir o gasto público e advogar pela privatização do aparato estatal, esses canais de mídia não irão voltar às suas velhas práticas de promover cotidianamente o desgaste do governo petista, distorcendo criminosamente o debate público acerca das questões mais importantes para a vida coletiva em nosso país, prática em tudo similar às *fake news*, ou pior, pois a distorção provém de canais supostamente "autorizados".

O PT, por seu lado, somente tentou resistir à campanha negativa que a grande imprensa lhe direcionou ao longo de seus quatro governos, nada fazendo de propositivo para mudar as regras do jogo. Se adotar novamente uma estratégia meramente reativa, corremos o risco de ver a história se repetir. A grande imprensa certamente vai buscar um substituto funcional para os tucanos, favorecidos pela cobertura jornalística, eleição após eleição, ao longo de toda a Nova República. Candidatos não faltam – Eduardo Leite, Simone Tebet, Geraldo Alckmin, basta que ele se vista com o manto da diminuição do gasto público, da promoção das privatizações e do diligente respeito aos interesses do "mercado" na condução da política econômica do governo. A tragédia social que essa agenda fiscalista tem causado ao nosso país é enorme e remete aos primórdios da Nova República, quando o campeão da mídia, Fernando Collor, a introduziu no âmbito da administração federal, seguindo a tendência internacional da *Reaganomics*, definida por Milton Friedman como dotada de quatro princípios: impostos marginais baixos, menos regulamentação governamental, restrição aos gastos públicos e política monetária não inflacionária.

No Brasil, com o passar do tempo, a manutenção de vastos setores da população em torno da linha da pobreza, vivendo muitas vezes em situações degradantes e indignas, teve consequências políticas. A primeira e mais perene delas é o sucesso do PT, como partido campeão das preferências da população, e de Lula, como figura que encarna um projeto alternativo ao receituário fiscalista, o que pode ser traduzido, em linguagem simples, pela maior atenção aos mais pobres. Mas o choque de opinião pública causado pela Lava Jato e pelos longos anos de cobertura jornalística da grande imprensa associando Lula e o PT à corrupção criou uma janela de oportunidades para a ascensão da extrema direita, mais especificamente, da figura de Jair Bolsonaro. Após a eleição, o mercado e sua fiel escudeira, a grande imprensa, se apressaram a cobrar de Lula adesão à agenda fiscalista. Se o petista assim o fizesse, estaria não somente rifando seu capital político, cometendo um tipo de estelionato eleitoral, mas também criando uma nova janela de oportunidades para a volta ao poder do capitão ou de algum outro político de sua estirpe.

E aqui fica um breve parênteses para aqueles que pensam que, nos dias de hoje, a imprensa tradicional é irrelevante perante a internet: 60% dos brasileiros ainda têm a televisão como sua principal fonte de informação política. Os grandes meios de comunicação são responsáveis pela quase totalidade do conteúdo jornalístico produzido no país. Os jornais impressos são, de fato, muito pouco lidos, mas as mesmas empresas que os produzem são proprietárias dos mais frequentados portais informativos da internet. Esses portais continuam liderando os rankings de sites de informação mais visitados. E, por fim, as elites políticas, administrativas, judiciais, empresariais e intelectuais de nosso país ainda são ávidas consumidoras do jornalismo tradicional, e mais, pautam boa parte de seu comportamento a partir das opiniões e dos fatos que recebem dele.

Essas razões abundantes explicam por que o bolsonarismo não abriu mão de cooptar seus canais tradicionais de mídia. Já dentro da esquerda, há ainda os que sofrem da ilusão alucinatória de que o bolsonarismo é um fenômeno exclusivo das redes sociais e que a solução do problema da comunicação política do governo Lula pode ser produzida exclusivamente por meio das redes sociais. Ledo engano.

Por fim, vamos falar das igrejas evangélicas, ou melhor, da esfera comunicativa própria das igrejas evangélicas. Ela é formada não somente pelo púlpito de muitas congregações, que se prestam à militância política e à manipulação eleitoral, mas também pelo vasto cabedal de canais de comunicação que essas instituições têm com seus fiéis, que vão de grandes empresas de comunicação, como a Record, a rádios, jornais, tempo em outros canais de televisão etc. Como nossa pesquisa sobre o bolsonarismo mostrou, as igrejas funcionam também como *hubs* para a formação de grupos de serviço de mensageria (WhatsApp, Telegram etc.) que mantém os fiéis dentro da esfera comunicacional, recebendo reiteradamente as narrativas e informações que ali circulam.

Nesse caso, o desmantelamento do bolsonarismo precisa ser ativamente buscado por meio do estabelecimento de pontes de negociação e conversa com os líderes evangélicos. Sabemos que a estrutura organizacional de cada igreja é, em geral, bastante hierárquica (sem trocadilhos, por favor), mas, ao mesmo tempo, há também uma profusão de denominações. A tarefa requer, portanto, conhecimento do campo e sensibilidade. Essa é uma tarefa muito mais política do que propriamente estatal. Nem todos os evangélicos são bolsonaristas, muitos rejeitam o capitão veementemente; nem todos os evangélicos bolsonaristas são radicais. Ou seja, há espaço para negociação. Tudo o que digo aqui sobre os evangélicos se aplica também para as frações ultraconservadoras da Igreja Católica. Mas há necessidade de ação estatal também. As igrejas, muitas vezes, se utilizam do direito à liberdade religiosa para escaparem da regulação. Contudo, as regras para coibir a disseminação do discurso de ódio e das *fake news,* discutidas anteriormente, devem valer para todos, inclusive para os cristãos bolsonaristas.

Nessa breve tentativa de antever o futuro do bolsonarismo, elaborei mais sobre as condições de sua existência do que sobre suas opções estratégicas de sobrevivência. Ou seja, parti do diagnóstico de qual seria a natureza do bolsonarismo e seus modos de operação. O futuro do bolsonarismo propriamente dito dependerá muito das ações do próprio Bolsonaro e de seus próceres e, acima de tudo, das ações das forças democráticas de dentro do governo que se inicia em 2023 e da sociedade civil.

O futuro da democracia no Brasil

Leonardo Avritzer

A eleição de Luiz Inácio Lula da Silva para a presidência da República recolocou o Brasil na trajetória de um processo de construção democrática que merece ser visto em perspectiva para que possamos avaliar melhor suas dificuldades.

A construção democrática brasileira deve ser dividida, claramente, em dois momentos: um de forte expansão e consenso democrático entre a sociedade e as elites, que vai de 1985 a 2014; outro de forte regressão democrática, que começou em 2014 e que ainda não sabemos qual será seu desfecho. No entanto, para entendermos esse período recente, vale a pena analisar com uma nova mirada o período anterior, que foi avaliado no campo da ciência política como mais positivo e promissor do que hoje entendemos ter sido.

O período entre 1985 e 2014 foi marcado pela não resolução ou por uma resolução deficiente de três problemas: o papel dos militares, o novo papel do poder Judiciário e a fragmentação excessiva do sistema político dificultando a governabilidade. Comecemos pelo problema mais grave que parece continuar na agenda depois do resultado eleitoral: a questão militar. Ao se iniciar o período de transição para a democracia e a elaboração da carta constitucional, parecia que os militares brasileiros haviam se resignado a abandonar a cena política. Hoje sabemos que temos um setor militar fortemente antidemocrático, que interveio na decisão do Supremo Tribunal Federal (STF) em relação à prisão em segunda instância, que interveio no exercício da presidência do STF durante a gestão Dias Toffoli, que usurpou poderes em relação à avaliação da lisura das urnas eletrônicas e que por fim, na semana posterior ao final das eleições de 2022, soltou uma nota patética na qual reconhecia que não havia identificado qualquer fraude nas urnas, mas se recusava a reconhecer abertamente o resultado eleitoral. Todos esses fatos, tomados conjuntamente, nos permitem dizer que não temos Forças Armadas democráticas no Brasil, quase quarenta anos após o fim do regime militar.

Vale a pena traçar a trajetória da relação entre militares e democracia no primeiro período da Nova República para tentar entender por que, diferentemente de países que tiveram forte envolvimento dos militares na política, como Portugal e Argentina, o Brasil não conseguiu civilizar o exercício do poder político. Durante os primeiros anos da Nova República, algumas questões envolveram as relações entre civis e militares no país e foram todas muito mal resolvidas.

A primeira delas foi a gerada pelos militares que não aceitaram a democratização, entre eles, Jair Bolsonaro. Em uma entrevista "explosiva" à revista *Veja* em outubro de 1987, ele ameaçou explodir algumas bombas na Escola Superior de Aperfeiçoamento de oficiais. A resposta da liderança militar, representada então pelo ministro Leônidas Pires Gonçalves, foi militar e não institucional ao não puni-lo abertamente e apenas aposentá-lo. Assim, não somente a transição não foi realizada com qualquer tipo de punição aos abusos passados, como também os próprios abusos por parte de militares na ordem civil não foram tratados institucionalmente.

Mas o pior estava reservado para o debate sobre o papel dos militares durante a Assembleia Nacional Constituinte. Eles haviam se preparado para a Constituinte com a organização de um *lobby* específico, que não conseguiram emplacar com o então relator Bernardo Cabral, o texto do artigo sobre o papel das Forças Armadas. Pela proposta de Cabral, as Forças Armadas teriam como atribuição a defesa nacional e dos poderes constitucionais, proposta feita pelo então senador Fernando Henrique Cardoso. Em um discurso açodado em uma reunião ministerial em agosto de 1987, o general Leônidas Pires Gonçalves atacou o Partido do Movimento Democrático Brasileiro (PMDB) e cobrou a manutenção da versão feita pelas Forças Armadas de manutenção da lei e da ordem, o que acabou prevalecendo e se tornando o Artigo 142.

Assim, o que se pode ver em relação às Forças Armadas na transição é que sua retirada do campo político se deu em seus próprios termos, com a defesa de ações mesmo ilegais por parte de seus membros, o que continuaria ao longo do período democrático. Com a imposição de um artigo na elaboração da Constituição, que determina em seus próprios termos também as condições de sua intervenção na manutenção da ordem democrática, os militares deixaram em aberto a ampliação de seu papel na ordem política nos últimos seis anos. Esse papel precisa ser fortemente redefinido no próximo governo.

A segunda questão central para o futuro da democracia no Brasil diz respeito ao papel do poder Judiciário. O legislador constituinte achou, com razão, que parte da instabilidade e da fraqueza da democracia brasileira entre 1946 e 1964 deveu-se a uma subordinação do poder Judiciário ao Executivo, que começou ainda nas primeiras administrações republicanas. O século XX brasileiro, muito mais autoritário que democrático, encarregou-se de continuar essa tradição, que apenas se alterou com as novas prerrogativas do poder Judiciário atribuídas pelos artigos 102 e 103 da Constituição, que institucionalizaram a revisão judicial.

Essas prerrogativas do poder Judiciário se intensificaram com a transformação do STF em fórum para o julgamento dos delitos dos membros do sistema político. E criaram, em um primeiro momento, um novo e saudável equilíbrio entre os poderes, que foi exercido com parcimônia até 2010. O STF interveio em questões importantes relativas ao acesso a direitos, principalmente na área de saúde, e pontualmente em questões relativas ao sistema político, principalmente por meio do uso parcimonioso do mandato de injunção. No entanto, a partir de 2012, temos o início de um novo período no qual se associam um forte punitivismo em relação ao sistema político e uma forte intervenção na elaboração e implementação de políticas públicas.

A partir de 2012, com o julgamento da ação penal 470, acentuou-se o lado punitivista do STF associado a uma forte visibilidade midiática. Iniciou-se também em 2015, com o segundo governo Dilma Rousseff, um processo de intervenção cada vez mais acentuado em decisões do sistema político, que acabaram levando às decisões de remoção dos presidentes da Câmara e do Senado (essa última revertida) em 2016. O governo Bolsonaro, a pandemia e a eleição de 2022 ampliaram o forte protagonismo do poder Judiciário na área de políticas públicas, o que foi justificado, em parte, pela gravidade da conjuntura, mas que precisa ser adequado para que conflitos entre o Executivo e o Judiciário deixem de marcar o dia a dia da democracia brasileira.

Quanto à relação entre o STF e a democracia, dois tipos de ação são necessários para estabilizar esse processo. A primeira ação é a proposição de uma lei de defesa da democracia que retire o ônus do STF e do Tribunal Superior Eleitoral (TSE) em realizar ações que contam com baixo respaldo constitucional, tal como foi o caso da retirada do ar de um grande número de perfis ou até mesmo sites sobre os quais havia a suspeita de uma contribuição para a desinformação sistemática envolvendo os candidatos. Não devemos ter dúvidas da urgência da decisão sobre o uso indevido de meios de comunicação e abuso de poder político, tal como alegou o ministro Alexandre de Moraes. Mas, para evitar o cerceamento do direito de defesa ou do assim chamado *due process*, é importante que exista uma base legal para as decisões ligadas ao cerceamento da liberdade de expressão para que a democracia brasileira possa se proteger de abusos e ataques por meios democráticos.

Em segundo lugar, temos a questão da interferência do poder Judiciário na elaboração de políticas públicas. O STF, durante o governo Bolsonaro, ampliou a prerrogativa – que já era exagerada – de invalidar políticas ou decisões nas quais o poder Executivo tem atribuições exclusivas, tal como o indulto natalino. Durante a pandemia, essa prerrogativa alcançou um certo clímax quando da decisão do ministro Luís Roberto Barroso, que não apenas criou uma regra para a entrada de turistas no Brasil, como também redigiu sua regulamentação administrativa.

Mais uma vez, é preciso distinguir entre uma situação emergencial – a entrada de pessoas contaminadas com covid no Brasil, no fim de 2021 – e uma concepção de longo prazo sobre as prerrogativas do STF em termos de políticas públicas. Temos, assim, as duas questões que balizarão a relação entre o STF, o Executivo e a sociedade: a consolidação de uma visão de defesa da democracia e de regulação do discurso do ódio, da qual o STF não pode ser o único protagonista, e a repactuação de um espaço para elaboração de políticas públicas que tem que pertencer ao poder Executivo. Nesse sentido, o STF precisa achar um espaço de relevância que implique também uma diminuição do ativismo.

Por fim, temos a questão mais relevante para a estabilização democrática no Brasil, que é a relação entre o Executivo e o Congresso.

O Brasil é um país que teve dois *impeachments* presidenciais em pouco menos de trinta anos e três presidentes que sofreram processos de *impeachment*, mas não chegaram a ser afastados. A frase que resume o funcionamento da democracia brasileira e que mais expressa a realidade é: o presidente do Brasil, quando fica em minoria no Congresso, acaba impedido. O governo Jair Bolsonaro expressou um novo pacto com o Congresso, especialmente com a Câmara dos Deputados, o que levou a uma política de transferência de recursos orçamentários para os deputados de forma pouco pública e anticidadã, conhecida como orçamento secreto.

Portanto, o Congresso no Brasil é, hoje, extremamente forte em dois quesitos que são pouco democráticos. O primeiro deles é que o Congresso derruba os presidentes que são fracos, algo que dificilmente contempla os critérios de soberania popular, e torna fortes os presidentes sem nenhuma popularidade ou aprovação, como foi o caso de Michel Temer. O segundo quesito é que a questão da elaboração do orçamento tem que ser feita dentro de princípios de transparência e controle público. Sabemos que tais ações vão implicar fortes disputas entre o Executivo e o Congresso. Ou seja, a governabilidade no Brasil depende de um nível de falta de controle sobre o orçamento ou de um processo de negociação que gera corrupção e afeta legalmente a governabilidade. Em ambos os casos, temos um arranjo político indesejável e instável, cujos elementos principais precisam mudar.

É difícil apontar qual será o futuro da democracia brasileira. O que podemos afirmar é que, certamente, ele estará sendo determinado nos próximos anos. O ponto de partida que propomos aqui implica perceber que o bolsonarismo não foi um acidente na construção de nossa trajetória democrática, mas uma consequência de fortes erros cometidos na própria arquitetura institucional. É verdade que tivemos momentos virtuosos nesse período da Nova República causados pela autocontenção de alguns atores relevantes ou pela habilidade de outros. Mas é importante perceber que a trajetória de polarização política e de desinformação acabou reforçada por arranjos institucionais fortemente disfuncionais. Como citado anteriormente, problemas como o papel das Forças Armadas foram muito mais bem resolvidos por outros países, como Portugal, Argentina e Chile, e são poucos os países que têm as preocupações que o Brasil tem com intervenções políticas dos militares.

Outros problemas, como as prerrogativas ampliadas do poder Judiciário e sua interferência nas políticas públicas, raramente se expressam de forma tão intensa em outras democracias. Mas o problema maior para a estabilização da democracia brasileira continua sendo um sistema político pouco transparente que não conta com a confiança da população. Em uma situação de forte polarização política, governar o Brasil exigirá habilidade para desarmar os ataques que esses bastiões de uma cultura pouco democrática poderão provocar.

Dessa forma, é importante, nesse momento, não apenas conter a capacidade de veto desses poderes, como também tentar apontar para as articulações produtivas dessas forças que já existiram no passado e que podem passar a se comportar a partir de lógicas mais democráticas. A capacidade de gerar um novo equilíbrio virtuoso, que já existiu em momentos anteriores, e melhorar o funcionamento institucional será fundamental para conter ações antidemocráticas que certamente estão à espreita da disfuncionalidade que nosso sistema político gera. O sucesso de um processo de reconstrução democrática, portanto, dependerá desse novo equilíbrio virtuoso.

Referências

ABREU, Allan de. Investigações sobre o diretor da PRF estão protegidas por sigilo de 100 anos. *Piauí*, 1 nov. 2022. Disponível em: https://piaui.folha.uol.com.br/investigacoes-sobre-o-diretor-da-prf-estao-protegidas-por-sigilo-de-100-anos/. Acesso em: 5 dez. 2022.

ABRUCIO, Fernando Luiz. *Os barões da federação*: os governadores e a redemocratização brasileira. São Paulo: Hucitec, 1998.

ALI, Muhammad; SAPIEZYNSKI, Piotr; KOROLOVA, Aleksandra; MISLOVE, Alan; RIEKE, Aaron. *Ad delivery algorithms*: The hidden arbiters of political messaging. 2019.

ALMEIDA, Acir. A produção legislativa no pós-1988: tendências recentes e desafios. In: *Brasil em desenvolvimento 2014*: estado, planejamento e políticas públicas. Brasília: Instituto de Pesquisa Econômica Aplicada, 2014. p. 247-260.

ALMEIDA, Silvio. *Racismo estrutural.* São Paulo: Pólen, 2019.

ALONSO, Angela. A comunidade moral bolsonarista. In: ABRANCHES, Sérgio *et al. Democracia em Risco?* 22 ensaios sobre o Brasil hoje. São Paulo: Companhia das Letras, 2019. p. 52-70.

AMES, Barry. Electoral rules, constituency pressures, and pork barrel: bases of voting in the Brazilian Congress. *The Journal of politics*, v. 57, n. 2, p. 324-343, 1995.

ARANTES, Rogério. Polícia Federal e Construção Institucional. In: AVRITZER, Leonardo; FILGUEIRAS, Fernando (Orgs.). *Corrupção e sistema político no Brasil.* Rio de Janeiro: Civilização Brasileira, 2011. p. 99-132.

ARENDT, Hannah. *Entre o passado e o futuro*: oito exercícios sobre o discurso político. Lisboa: Relógio D' Água, 2006.

BAPTISTA, Rodrigo. Redes sociais influenciam voto de 45% da população, indica pesquisa do DataSenado. *Agência Senado*, 12 dez. 2019. Disponível em: https://www12.senado.leg.br/noticias/materias/2019/12/12/redes-sociais-influenciam-voto-de-45-da-populacao-indica-pesquisa-do-datasenado. Acesso em: 5 dez. 2022.

BARENDT, Eric. *Broadcasting Law*: A Comparative Study. Oxford: Clarendon Press, 1995.

BARENDT, Eric. *Freedom of Speech*. Oxford: Oxford University Press, 2007.

BARENDT, Eric; BOSLAND, Jason; CRAUFURD-SMITH, Rachael; HITCHENS, Lesley. *Media Law*: Text, Cases and Materials. Edinburgh: Pearson, 2013.

BERMEO, Nancy. On democratic backsliding. *Journal of Democracy*, v. 27, n. 1, p. 5-19, 2016.

BIROLI, Flávia; MARQUES, Danusa. Mulheres e política: violência contra as mulheres e de gênero na política. In: PERISSINOTTO, Renato *et al.* (Orgs.). *Política comparada*: teoria e método. Rio de Janeiro: EdUERJ, 2022. p. 645-678.

BOGHOSSIAN, Bruno. Alexandre de Moraes, do STF, suspende nomeação de Ramagem na Polícia Federal. *Folha de S.Paulo*, 29 abr. 2020. Disponível em: https://www1.folha.uol.com.br/poder/2020/04/alexandre-de-moraes-do-stf-suspende-nomeacao-de-ramagem-na-policia-federal.shtml. Acesso em: 23 nov. 2022.

BOLOGNESI, Bruno; RIBEIRO, Ednaldo; CODATO, Adriano. Uma nova classificação ideológica dos partidos políticos brasileiros. *Dados*, Rio de Janeiro, v. 2, n. 66, 2022.

BOLSONARO se defende por ter ido a loja da Maçonaria e diz que foi bem recebido. *Correio Braziliense*, 5 out. 2022. Disponível em: https://www.correiobraziliense.com.br/politica/2022/10/5042326-bolsonaro-se-defende-por-ter-ido-a-loja-da-maconaria-e-diz-que-foi-bem-recebido.html. Acesso em: 5 dez. 2022.

BORGES, André; VIDIGAL, Robert. Do lulismo ao antipetismo? Polarização, partidarismo e voto nas eleições presidenciais brasileiras. *Opinião Pública*, n. 24, p. 53-89, 2018.

BOYD, Danah. Social Network Sites as Networked Publics: Affordances, Dynamics, and Implications. In: PAPACHARISSI, Zizi (Ed.). *A Networked Self*: Identity, Community, and Culture on Social Network Sites. New York: Routledge, 2010. p. 39-58.

BOYD, Danah; ELLISON, Nicole. Social Network Sites: Definition, History, and Scholarship. *Journal of Computer-Mediated Communication*, v. 13, n. 1, p. 210-230, 2007.

BRADSHAW, Samantha. Disinformation optimised: gaming search engine algorithms to amplify junk news. *Internet Policy Review*, v. 4, n. 8, 2019. DOI: https://doi.org/10.14763/2019.4.1442. Acesso em: 29 dez. 2022.

BRANDINO, Géssica. Atuação do TSE contra fake news expõe omissão do Ministério Público e esbarra em censura. *Folha de S.Paulo*, 18 nov. 2022. Disponível em: https://www1.folha.uol.com.br/poder/2022/11/atuacao-do-tse-contra-fake-news-expoe-omissao-do-ministerio-publico-e-esbarra-em-censura.shtml?pwgt=1awhgagc25gm0fmwzhra41q9s6jc39lzmy44aa8765f0dn2a&utm_source=mail&utm_medium=social&utm_campaign=compmailgift. Acesso em: 5 dez. 2022.

BRASIL. Tribunal Superior Eleitoral. *Código eleitoral anotado e legislação complementar*. 15. ed. Brasília: Tribunal Superior Eleitoral, 2022. Disponível em: https://www.tse.jus.br/hotsites/catalogo-publicacoes/pdf/codigo_eleitoral/codigo-eleitoral-e-legislacao-complementar-15-edicao-2022.pdf. Acesso em: 5 dez. 2022.

BRYANT, Lauren Valentino. The YouTube Algorithm and the Alt-Right Filter Bubble. *Open Information Science*, v. 4, p. 85-90, 2020.

CAMPOS, Lígia Fabris *et al.* Competição política e desigualdades de gênero nas eleições para assembleias estaduais em 2018. *Revista Brasileira de Políticas Públicas*, v. 10, n. 2, p. 587-610, 2020.

CAMPOS, Luiz Augusto; MACHADO, Carlos. O que afasta pretos e pardos da representação política? Uma análise a partir das eleições legislativas de 2014. *Revista de Sociologia e Política*, v. 25, n. 61, 2017.

CAMPOS, Luiz Augusto; MACHADO, Carlos. *Raça e eleições no Brasil*. Porto Alegre: Zouk, 2020.

CARLSSON, Ulla. *Understanding Media and Information Literacy (MIL) in the Digital Age*: A question of Democracy. Sweden: University of Gothenburg, 2019.

CERVI, Emerson Urizzi. Eleições casadas, votos solteiros e PT em namoro eleitoral com PSDB: uma descrição da tendência de polarização das eleições presidenciais entre 1994 e 2014. *Debate*, v. 6, n. 6, p. 25-46, 2014.

CHANDLER, Alfred D. *The Visible Hand*: The Managerial Revolution in American Business. Harvard University Press, 2002.

CHARAUDEAU, Patrick. *A conquista da opinião pública*: como o discurso manipula as escolhas políticas. São Paulo: Contexto, 2016.

CHAVES, Beatriz Mendes; MANCUSO, Wagner Pralon. Raça e gênero nas eleições brasileiras: uma análise sobre a corrida eleitoral de 2018. *Boletim de Políticas Públicas*, v. 13, p. 13-22, 2020.

CHEIBUB, José Antonio; FIGUEIREDO, Argelina Maria Cheibub; LIMONGI, Fernando de Magalhães Papaterra. Partidos políticos e governadores como determinantes do comportamento legislativo na Câmara dos Deputados, 1988-2006. *Dados: Revista de Ciências Sociais*, v. 52, n. 2, p. 263-299, 2009.

CIOCCARI, Deysi; PERSICHETTI, Simonetta. Armas, ódio, medo e espetáculo em Jair Bolsonaro. *Revista Alterjor*, 2018.

CRUZ, Francisco; MASSARO, Heloísa; OLIVA, Thiago; BORGES, Ester. Internet e eleições no Brasil: diagnósticos e recomendações. *InternetLab*, São Paulo, 26 set. 2019.

D'AGOSTINO, Rosanne. TSE confirma abertura de investigação sobre "rede de desinformação" bolsonarista. *Globo*, 20 out. 2022. Disponível em: https://g1.globo.com/politica/eleicoes/2022/noticia/2022/10/20/tse-confirma-abertura-de-investigacao-sobre-rede-de-desinformacao-bolsonarista.ghtml. Acesso em: 23 nov. 2022.

DAGNINO, Evelina; FERLIM, Uliana; SILVA, Daniela R.; TEIXEIRA, Ana Cláudia C. Cultura democrática e cidadania. *Opinião Pública*, Campinas, v. 5, n. 1, p. 20-71, 1998.

DEMOCRACY NOW! Noam Chomsky & Vijay Prashad: A Lula Victory in Brazil Could Help Save the Planet. YouTube, 30 set. 2022. Disponível em: https://youtu.be/Ydw8lJ5z85k. Acesso em: 5 dez. 2022.

ESTADOS UNIDOS. House Committee on the Judiciary. *Transparency & Accountability*: Examining Google and its Data Collection, Use, and Filtering Practices. 11 dez. 2018. Disponível em: https://www.youtube.com/watch?v=Ul5fMAG2tk4. Acesso em: 25 nov. 2022.

FAJARDO, Vanessa. Como o analfabetismo funcional influencia a relação com as redes sociais no Brasil. *BBC News Brasil*, 12 nov. 2018. Disponível em: https://www.bbc.com/portuguese/brasil-46177957. Acesso em: 29 dez. 2022.

FERES JÚNIOR, João. *Cerco midiático*: O lugar da esquerda na esfera "publicada". São Paulo: Friedrich Ebert Stiftung, 2020. (Democracia e Direitos Humanos).

FIGUEIREDO, Marcus Faria. *A decisão do voto-democracia e racionalidade*. Belo Horizonte: Editora UFMG, 2008.

FRAZÃO, Felipe. Flávio Bolsonaro diz que é impossível conter reação de apoiadores a resultado de eleições. *O Estado de S. Paulo*, 30 jun. 2022. Disponível em: https://www.estadao.com.br/politica/flavio-bolsonaro-diz-que-e-impossivel-conter-reacao-de-apoiadores-a-resultado-de-eleicoes/. Acesso em: 2 dez. 2022.

FREIRE, Simone; MAZZEI, Beatriz. Metade dos parlamentares eleitos que dizem ser negros são brancos. *UOL*, São Paulo, 20 nov. 2022. Disponível em: https://noticias.uol.com.br/politica/ultimas-noticias/2022/11/20/metade-dos-parlamentares-eleitos-que-dizem-ser-negros-sao-brancos.htm. Acesso em: 5 dez. 2022.

FUKS, Mario; MARQUES, Pedro H. Afeto ou ideologia: medindo polarização política no Brasil? In: ENCONTRO DA ASSOCIAÇÃO BRASILEIRA DE CIÊNCIA POLÍTICA, 12. *Anais* [...]. João Pessoa: ABCP, 2020.

GOMES, Angela Maria de Castro; D'ARAUJO, Maria Celina. *Getulismo e trabalhismo*: tensões e dimensões do Partido Trabalhista Brasileiro. Rio de Janeiro: FGV, 1987.

GOODROW, Cristos. On YouTube's recommendation system. *Youtube Official Blog*, 15 set. 2021. Disponível em: https://blog.youtube/inside-youtube/on-youtubes-recommendation-system/. Acesso em: 5 dez. 2022.

HALL, Stuart *et al.* The Social Production of News. In: MARRIS, Paul; THORNHAM, Susan (Eds.). *Media Studies*: A Reader. New York: New York University Press, 2000.

HECLO, Hugh. Campaigning and governing: a conspectus. In: ORNSTEIN, Norman; MANN, Thomas (Eds.). *The Permanent Campaign and its Future*. Washington, DC: Brookings Institution Press, 2000.

HELMOND, Anne. The Platformization of the Web: Making Web Data Platform Ready. In: *Social Media & Society*, v. 1, n. 2, p. 1-11, 2015.

IYENGAR, Shanto *et al.* The origins and consequences of affective polarization in the United States. *Annual Review of Political Science*, v. 1, n. 22, p. 129-146, 2019.

JUSTIÇA ELEITORAL. Turma 1 – Curso WhatsApp, Facebook e Instagram. YouTube, 8 set. 2020. Disponível em: https://www.youtube.com/watch?v=N-PRIYsMaLxU&t=805s. Acesso em: 5 dez. 2022.

KERCHE, Fábio. Bolsonaro, o MPF e o equilibrista-geral da República. In: AVRITZER, Leonardo; KERCHE, Fábio; MARONA, Marjorie. *Governo Bolsonaro*: retrocesso democrático e degradação política. Belo Horizonte: Autêntica, 2021. p. 165-174.

KERCHE, Fábio; MARONA, Marjorie. *A política no banco dos réus*: a Operação Lava Jato e a erosão da democracia no Brasil. Belo Horizonte: Autêntica, 2022.

LAVINAS, Lena; GONÇALVES, Guilherme L. Brasil 2018: direitização das classes médias e polarização social. *Le Monde Diplomatique Brasil*, 4 out. 2018.

LEVIN, Simon; MILNE, Helen; PERRINGS, Charles. 2021. The dynamics of political polarization. *Proceedings of National Academy of Sciences*, v. 118, n. 50, 2021.

LILLEKER, Darren. G. *Key Concepts in Political Communication*. London: Sage, 2006.

LIMA, Marcia; PRATES, Ian. Racial inequalities in Brazil: a persistent challenge. *Paths of inequality in Brazil.* Springer, Cham., p. 113-134, 2019.

LIVE de Janones em apoio a Lula bate recorde pessoal nas redes. Carta Capital, 6 ago. 2022. Disponível em: https://www.cartacapital.com.br/politica/live-de-janones-em-apoio-a-lula-bate-recorde-pessoal-nas-redes/. Acesso em: 5 dez. 2022.

LLANOS, Mariana *et al.* Informal interference in the judiciary in new democracies: A comparison of six African and Latin American cases. *Democratization*, v. 23, n. 7, p. 1236-1253, 2016.

LUZ, Joyce; BITTENCOURT, Maiane; CANELLO, Júlio; FERES JÚNIOR, João. O perfil do Centrão na nova legislatura. *Observatório do Legislativo Brasileiro*, 2022. Disponível em: https://olb.org.br/o-perfil-do-centrao-na-nova-legislatura/. Acesso em: 1 dez. 2022.

MAINWARING, Scott; PÉREZ-LIÑAN, Aníbal. 2013. *Democracies and dictatorships in Latin America*: emergence, survival and fall. Cambridge: Cambridge University Press, 2013.

MAITINO, Martin Egon. "Direita, sem vergonha": conformações no campo da direita no Brasil a partir do discurso de Jair Bolsonaro. *Plural*, 2018.

MANSBRIDGE, Jane. Should blacks represent blacks and women represent women? A contingent "yes". *The Journal of politics*, v. 61, n. 3, p. 628-657, 1999.

MARCHETTI, Vitor. Governança eleitoral: o modelo brasileiro de justiça eleitoral. *Dados*, v. 51, p. 865-893, 2008.

MARONA, Marjorie; MAGALHÃES, Lucas. Guerra e paz? O Supremo Tribunal Federal nos dois primeiros anos do governo Bolsonaro. In: AVRITZER, Leonardo; KERCHE, Fábio; MARONA, Marjorie. *Governo Bolsonaro*: retrocesso democrático e degradação política. Belo Horizonte: Autêntica, 2021. p. 121-134.

MELLO, Patrícia Campos. *A máquina do ódio*: notas de uma repórter sobre fake news e violência digital. São Paulo: Companhia das Letras, 2020.

MOTTA, Anaís. Salário mínimo e aposentadoria vão perder valor? O que se sabe até agora. *UOL*, São Paulo, 24 out. 2022. Disponível em: https://economia.uol.com.br/noticias/redacao/2022/10/24/salario-minimo-vai-ser-reduzido-entenda-a-proposta-de-guedes.htm. Acesso em: 5 dez. 2022.

MOURA, Maurício; CORBELLINI, Juliano. *A eleição disruptiva:* Por que Bolsonaro venceu. Rio de Janeiro: Record, 2019.

NASCIMENTO, Lucas. *Língua fascista, discurso contraditório*: política de misoginia e homofobia. Disponível em: https://seer.ufu.br/index.php/RevistaHeterotopica/article/download/56642/30705/248501. Acesso em: 1 dez. 2022.

NETTO, Paulo Roberto. PF abre investigação sobre suposta milícia digital contra democracia. *Poder 360*, 16 jul. 2021. Disponível em: https://www.poder360.com.br/justica/pf-abre-investigacao-para-apurar-acao-de-suposta-milicia-digital-contra-democracia/. Acesso em: 5 dez. 2022.

NICOLAU, Jairo. *O Brasil dobrou à direita. Uma radiografia da eleição de Bolsonaro em 2018*. São Paulo: Cia das Letras, 2020.

NUZZI, Vitor. Desemprego segue maior entre mulheres, negros e jovens; 30% procuram emprego há mais de 2 anos. *Rede Brasil Atual*, 12 ago. 2022. Disponível em: https://www.brasildefato.com.br/2022/08/12/desemprego-segue-maior-entre-mulheres-negros-e-jovens-30-procuram-emprego-ha-mais-de-2-anos. Acesso em: 5 dez. 2022.

ORTEGA, Pepita. Com fim do 2 º turno, MPT soma 2.549 denúncias de assédio eleitoral e mira quase duas mil empresas. *UO*L, 31 out. 2022. Disponível em: https://noticias.uol.com.br/ultimas-noticias/agencia-estado/2022/10/31/mpt-soma-2549-denuncias-de-assedio-eleitoral-e-mira-quase-duas-mil-empresas.htm. Acesso em: 2 dez. 2022.

PARZIANELLO, Geder L. O governo Bolsonaro e o populismo contemporâneo: um antagonismo em tela e as contradições de suas proximidades. *Aurora*, v. 12, n. 36, 2020.

POPPER, Karl R. *The open society and its enemies*. London: Routledge, 1945.

POSETTI, Julie; BONTCHEVA, Kalina. *Disinfodemic*: Deciphering COVID-19 disinformation. Paris: United Nations Educational, Scientific and Cultural Organization, 2020.

PRZEWORSKI, Adam. *Crises of Democracy*. Cambridge: University of Cambridge Press, 2019.

PRZEWORSKI, Adam; SPRAGUE, John. *Paper Stones*: a History of Electoral Socialism. Chicago: University of Chicago Press, 1988.

RICKS, Becca; MCCROSKY, Jesse (2022). Does This Button Work? Investigating YouTube's ineffective user controls. Mozilla Foundation. 20 set. Disponível em: https://foundation.mozilla.org/en/blog/mozilla-investigation-youtubes-dislike-button-other-user-controls-largely-fail-to-stop-unwanted-recommendations/. Acesso: 12 jan. 2023.

RECUERO, Raquel. *A conversação em rede*: comunicação mediada pelo computador. Porto Alegre: Sulina, 2012.

RECUERO, Raquel. *Redes Sociais na Internet*. Porto Alegre: Sulina, 2009.

RELEMBRE ataques de Bolsonaro a ministros do STF. *Folha de S.Paulo*, 11 abr. 2021. Disponível em: https://www1.folha.uol.com.br/poder/2021/04/politicalha-acabou-porra-ligacao-com-pt-ativismo-e-militancia-veja-ataques-de-bolsonaro-a-ministros-do-stf.shtml. Acesso em: 23 nov. 2022.

SAID, Flávia. Ex-aliados de Bolsonaro mostram como funciona o Gabinete do Ódio. *Congresso em Foco*, v. 29, 2020.

SAMUELS, David J. Pork barreling is not credit claiming or advertising: Campaign finance and the sources of the personal vote in Brazil. *The journal of Politics*, v. 3, n. 64, p. 845-863, 2002.

SAMUELS, David J.; ZUCCO, Cesar. *Partisans, antipartisans, and nonpartisans*: voting behavior in Brazil. Cambridge: Cambridge University Press, 2018.

SAMUELS, David. Does money matter? Credible commitments and campaign finance in new democracies: theory and evidence from Brazil. *Comparative Politics*, p. 23-42, 2001.

SANTOS, Diel. Pandemia aumenta risco de trabalho infantil e exclusão escolar, principalmente entre crianças negras. *Criança Livre*, 6 jun. 2021. Disponível em: https://livredetrabalhoinfantil.org.br/noticias/reportagens/pandemia-aumenta-risco-de-trabalho-infantil-e-exclusao-escolar-principalmente-entre-criancas-negras/. Acesso em: 5 dez. 2022.

"SE A GENTE não ganhar nas urnas, a gente vai ganhar na bala", diz candidato bolsonarista no Ceará. *G1*, 8 set. 2022. Disponível em: https://g1.globo.com/ce/ceara/eleicoes/2022/noticia/2022/09/08/se-a-gente-nao-ganhar-nas-urnas-a-gente-vai-ganhar-na-bala-diz-candidato-bolsonarista-no-ceara.ghtml. Acesso em: 2 dez. 2022.

SIDES, John; TAUSANOVITCH, Chris; VAVRECK, Lynn. *The Bitter End*: The 2020 Presidential Campaign and the Challenge to American Democracy. Princeton, NJ: Princeton University Press, 2022.

SILVA, Márcio. Um estudo do discurso do ex-capitão Jair Messias Bolsonaro pela análise do discurso ecossistêmica. *Ecolinguística: Revista Brasileira de Ecologia e Linguagem*, v. 7, n. 1, p. 18-34, 2021.

TATAGIBA, Luciana F.; GALVÃO, Andreia. Os protestos no Brasil em tempos de crise (2011-2016). *Opinião Pública*, Campinas, v. 25, n. 1, p. 63-96, 2019.

THE DEMOCRACY Report 2022: The Autocratization Changing Nature? V-Dem Institute. Disponível em: https://v-dem.net/publications/democracy-reports/. Acesso em: 2 dez. 2022.

WARDLE, Claire. FIRST DRAFT'S ESSENTIAL GUIDE TO – Understanding Information Disorder. First Draft, October, 2019.

XU, Alice. The Political Origins of Deforestation in the Brazilian Amazon, 2000-2012. *SSNR*, 28 may 2020. Disponível em SSRN: https://ssrn.com/abstract=3707331. Acesso em: 29 dez. 2022.

Sobre os autores

Alexandre Arns Gonzales | Pesquisador colaborador do Instituto em Ciência Política (Ipol) pela Universidade de Brasília (UnB) e bolsista de pós-doutorado pelo CNPq. Doutor em Ciência Política pela UnB, também é mestre em Ciência Política pela Universidade Federal do Rio Grande do Sul (UFRGS) e graduado em Relações Internacionais pela Universidade Federal do Pampa (Unipampa).

Amanda Mota | Mestranda em Ciência Política pela Universidade de Brasília (UnB). É pesquisadora colaboradora do Instituto em Ciência Política (Ipol) da mesma instituição. Tem experiência na área de Internet e Democracia. Pesquisa principalmente sobre ativismo digital, populismo e relações entre sociedade e Estado.

Ana Luísa Machado de Castro | Doutoranda em Ciência Política pela Universidade Federal de Minas Gerais (UFMG), mestra em Direitos Humanos pela Universidade Federal de Goiás (UFG) e graduada em Relações Internacionais pela Universidade Federal de Uberlândia (UFU). Atualmente é pesquisadora visitante do Departamento de Estudos Afro-Americanos da Universidade da Califórnia, Berkeley. Integra o Núcleo de Estudos e Pesquisas sobre a Mulher (Nepem-UFMG).

Andressa Zanin Rovani | Jornalista formada pela Universidade Federal do Paraná (UFPR), trabalhou nos principais veículos de comunicação do país, como *Folha de S.Paulo* e UOL. É mestre em Economia Internacional e

Desenvolvimento pela Universidade Paris 9 – Dauphine, tendo sido bolsista do governo francês. Atualmente é doutoranda em Ciência Política pela Unicamp, onde também é pesquisadora do Centro de Estudos de Opinião Pública (CESOP). Estuda comportamento eleitoral e voto feminino.

Beatriz Rey | Pesquisadora sênior no Núcleo de Estudos sobre o Congresso (Necon) na Universidade do Estado do Rio de Janeiro (UERJ) e pesquisadora associada à Fundação POPVOX, nos Estados Unidos. É doutora em Ciência Política pela Universidade Syracuse e mestre em Ciência Política pela Universidade da Carolina do Norte, em Chapel Hill, ambas nos Estados Unidos. Como bolsista da Associação de Ciência Política Norte-Americana (APSA), trabalhou como assistente legislativa do congressista Gregory W. Meeks na U.S. House of Representatives.

Bia Calza | Mestranda em Ciência Política pela Universidade de Brasília (UnB) e pesquisa desinformação política. É estrategista de comunicação política da Avaaz no Brasil. Trabalha com projetos de combate à desinformação política.

Carla Rosário | Doutoranda e mestre em Ciência Política pela Universidade Federal de Minas Gerais (UFMG) e graduada em Gestão Pública pela mesma instituição. Pesquisadora do Projeto Democracia Participativa e do Instituto da Democracia e da Democratização da Comunicação (INCT/IDDC). Investiga crises da democracia e os mecanismos de reprodução das desigualdades de gênero e raça no Brasil.

Carlos Machado | Doutor em Ciência Política pela Universidade Federal de Minas Gerais (UFMG) e professor do Instituto de Ciência Política da Universidade de Brasília (UnB), onde coordena o Núcleo de Pesquisa Flora Tristán. É coautor do livro *Raça e eleições no Brasil* (Zouk, 2020). Pesquisa partidos políticos, sistemas eleitorais, raça, gênero e política.

Carlos Ranulfo F. Melo | Doutor em Ciência Política, professor titular aposentado do Departamento de Ciência Política da Universidade Federal de Minas Gerais (UFMG) e pesquisador do Centro de Estudos Legislativos (CEL-DCP/UFMG). Autor de diversos livros e artigos sobre partidos, estudos legislativos e instituições comparadas com foco no Brasil e em países da América do Sul.

Danusa Marques | Diretora do Instituto de Ciência Política da Universidade de Brasília (UnB). Pesquisadora do Núcleo de Pesquisa Flora Tristán e associada à Rede de Pesquisas em Feminismos e Política, é coorganizadora de *Feminismos em Rede* (Zouk, 2019). Pesquisa elites políticas, eleições e gênero.

Eduardo Barbabela | Investigador Auxiliar do Centro de Administração e Políticas Públicas, Instituto Superior de Ciências Sociais e Políticas, Universidade de Lisboa. Doutor e mestre em Ciência Política pela Universidade do Estado do Rio de Janeiro (UERJ), onde também é pesquisador associado. Tem experiência na área de Ciência Política, atuando principalmente nos seguintes temas: eleições, mídia, grande mídia, teoria democrática, liberdade de expressão e comportamento político.

Eliara Santana | Jornalista, doutora e mestre em Linguística e Língua Portuguesa pela PUC Minas. É pesquisadora do Observatório das Eleições, em estágio pós-doutoral no Instituto da Democracia e Democratização da Comunicação (INCT/IDDC) e pesquisadora colaboradora do IEL/Unicamp. Foi pesquisadora visitante do Teachers College (TC), Universidade Columbia, em Nova York (2019), integrando o grupo Media and Social Change Lab (MASClab). Pesquisa especialmente os temas: desinformação, desinfodemia, letramento midiático construção da narrativa midiática.

Fabiano Santos | Doutor em Ciência Política pelo Instituto Universitário de Pesquisas do Rio de Janeiro (IUPERJ). Professor e pesquisador do Instituto de Estudos Sociais e Políticos da Universidade do Estado do Rio de Janeiro (IESP/UERJ). Vice-coordenador do Instituto da Democracia e da Democratização da Comunicação (INCT/IDDC), também é especialista em poder legislativo e instituições políticas brasileiras.

Fábio Kerche | Doutor em Ciência Política pela Universidade de São Paulo (USP) e professor da Universidade Federal do Estado do Rio de Janeiro (Unirio). É pesquisador (licenciado) da Fundação Casa de Rui Barbosa e foi pesquisador visitante na New York University, American University e

University of Toronto. Seu último livro foi *A política no banco dos réus: a Operação Lava Jato e a erosão da democracia no Brasil* (Autêntica, 2022), escrito em parceria com Marjorie Marona.

Fabíola Brigante Del Porto | Graduada em Ciências Sociais, mestra e doutora em Ciência Política pela Universidade Estadual de Campinas (Unicamp). É pesquisadora do Centro de Estudos de Opinião Pública (CESOP) da Unicamp.

Felipe Nunes | Ph.D. em Ciência Política e mestre em Estatística pela Universidade da Califórnia, em Los Angeles (UCLA). É professor de Ciência Política na UFMG e sócio-fundador da Quaest.

Flávia Biroli | Doutora em História pela Universidade Estadual de Campinas (Unicamp) e professora do Instituto de Ciência Política da Universidade de Brasília (UnB). É pesquisadora do CNPq, foi presidente da Associação Brasileira de Ciência Política (2018-2020) e integrou grupos internacionais de especialistas que prepararam os relatórios da Commission on the Status of Women da ONU (2019 e 2020). É autora, entre outros, de *Gênero e desigualdades: limites da democracia no Brasil* (Boitempo, 2018) e coautora de *Gênero, neoconservadorismo e democracia* (Boitempo, 2020), com Maria Machado e Juan Vaggione.

Francisco W. Kerche | Mestre em Sociologia pela Universidade Federal do Rio de Janeiro (UFRJ) e consultor em análise de dados do Greenpeace Brasil. Seu trabalho tem ênfase em sociologia digital, métodos digitais e ciências sociais computacionais.

Gustavo Paravizo | Jornalista, mestre e doutorando em Ciências Sociais pela Universidade Federal de Juiz de Fora (UFJF) e membro do Núcleo de Estudos sobre Política Local (Nepol). Foi pesquisador visitante na Universidade de Salamanca, na Espanha.

Helena Dolabela | Pesquisadora de pós-doutorado no Instituto da Democracia e da Democratização da Comunicação (INCT/IDDC). Graduada em Direito, é doutora em Antropologia e mestre em Ciência

Política pela Universidade Federal de Minas Gerais (UFMG). Pesquisa temas como conflitos socioambientais e litigância climática.

Helena Martins | Professora da Universidade Federal do Ceará (UFC). Doutora em Comunicação pela Universidade de Brasília (UnB), com sanduíche no Instituto Superior de Economia e Gestão da Universidade de Lisboa (ISEG). É editora da revista *Eptic*, coordenadora do Laboratório de Tecnologia e Políticas da Comunicação (Telas) e integrante do Observatório de Economia e Comunicação (Obscom/Cepos).

João Feres Júnior | Cientista político da Universidade do Estado do Rio de Janeiro (UERJ) e coordenador do Laboratório de Estudos de Mídia e Esfera Pública (LEMEP). É também coordenador do GEMAA (Grupo de Estudos Multidisciplinares da Ação Afirmativa).

Leonardo Avritzer | Coordenador do Instituto da Democracia e da Democratização da Comunicação (INCT/IDDC) e do Observatório das Eleições. É professor do Departamento de Ciência Política da Universidade Federal de Minas Gerais (UFMG), doutor em Sociologia Política pela New School for Social Research e com pós-doutorado pelo Instituto de Tecnologia de Massachusetts (MIT), nos Estados Unidos. Foi representante de área da Capes, diretor da Associação Nacional de Pós-Graduação e Pesquisa em Ciências Sociais (Anpocs) e presidente da Associação Brasileira de Ciência Política (ABCP). Autor de vários livros, entre eles, *Governo Bolsonaro: retrocesso democrático e degradação política* (Autêntica, 2021) e *O pêndulo da democracia no Brasil* (Todavia, 2019).

Leonardo Barros Soares | Professor do Departamento de Ciências Sociais da Universidade Federal de Viçosa (UFV) e colaborador do Programa de Pós-Graduação em Ciência Política da Universidade Federal do Pará (UFPA). Mestre e doutor em Ciência Política pela Universidade Federal de Minas Gerais (UFMG), com período sanduíche na Université de Montréal, também é coordenador do Grupo de Pesquisa Política e Povos Indígenas nas Américas.

Luciana Santana | Professora da Universidade Federal de Alagoas (UFAL) e da Universidade Federal do Piauí (UFPI). Mestre e doutora em Ciência Política pela Universidade Federal de Minas Gerais (UFMG), com período sanduíche na Universidade de Salamanca, na Espanha. É líder do grupo de pesquisa Instituições, Comportamento político e Democracia e secretária-executiva da Associação Brasileira de Ciência Política (ABCP).

Maria Alice Silveira Ferreira | Doutora e mestra em Ciência Política pela Universidade Federal de Minas Gerais, com doutorado sanduíche pelo Centro de Estudos Sociais da Universidade de Coimbra. Tem especialização latu sensu em Produção de Mídias Digitais (IEC/PUC Minas). É graduada em Ciências Sociais pela Universidade Estadual de Montes Claros (Unimontes). Atualmente é pesquisadora em estágio pós-doutoral no Instituto da Democracia e da Democratização da Comunicação (INCT/IDDC).

Marisa von Bülow | Professora do Instituto de Ciência Política da Universidade de Brasília (UnB). Doutora em Ciência Política pela Johns Hopkins University, suas publicações tratam do tema do ativismo digital, das estratégias digitais eleitorais e das relações entre sociedade e Estado.

Marjorie Marona | Professora da Universidade Federal de Minas Gerais (UFMG), coordenadora do Observatório da Justiça no Brasil e na América Latina (OJb-AL) e pesquisadora do Instituto da Democracia e da Democratização da Comunicação (INCT/IDDC). Graduada e mestre em Direito, possui doutorado em Ciência Política. É coorganizadora de *Democracia e justiça na América Latina: para onde vamos*? (EdUERJ, 2022) e coautora de *A política no banco dos réus: a Operação Lava Jato e a erosão da democracia no Brasil* (Autêntica, 2022).

Marta Mendes da Rocha | Professora associada do Departamento de Ciências Sociais da Universidade Federal de Juiz de Fora (UFJF), onde coordena o Núcleo de Estudos sobre Política Local (Nepol). É doutora em Ciência Política pela Universidade Federal de Minas Gerais (UFMG) e pesquisadora do CNPq. Foi pesquisadora visitante na Universidade do Texas, em Austin, Estados Unidos.

Otávio Zilioli Catelano | Doutorando em Ciência Política pela Universidade Estadual de Campinas (Unicamp) e integrante do Grupo de Estudos em Política Brasileira (PolBras), vinculado ao Centro de Estudos de Opinião Pública (CESOP/Unicamp).

Pedro Paulo de Assis | Doutor em Ciência Política pela Universidade Federal de São Carlos (UFSCar) e membro do Centro de Estudos em Partidos Políticos. Pesquisa organizações partidárias, política brasileira, elites e sistemas eleitorais.

Priscila Delgado de Carvalho | Pesquisadora em pós-doutorado no Instituto da Democracia e Democratização da Comunicação (INCT/IDDC). Investiga atores coletivos em processos democráticos, com ênfase na transnacionalização de movimentos sociais e sindicatos rurais, e percepções de cidadãos sobre democracia e autoritarismo. Coautora de Crises na Democracia: legitimidade, participação e inclusão (Arraes Editores, 2021).

Priscila Zanandrez | Pesquisadora em estágio pós-doutoral no Instituto da Democracia e Democratização da Comunicação (INCT/IDDC). É doutora e mestre em Ciência Política pela Universidade Federal de Minas Gerais (UFMG) e uma das organizadoras de *Pensando a democracia, a república e o Estado de Direito no Brasil (*Editora UFMG, 2019*)*. Investiga temas como participação, cultura democrática e associativismo.

Rachel Callai Bragatto | Pesquisadora em estágio pós-doutoral no Instituto da Democracia e Democratização da Comunicação (INCT/IDDC) e editora do Observatório das Eleições. Doutora e mestre em Sociologia e jornalista pela Universidade Federal do Paraná (UFPR), foi pesquisadora visitante na University of California – Los Angeles, sob a supervisão de Carole Pateman. É coorganizadora de *Democracia digital, comunicação política e redes: teoria e prática* (Folio Digital, Letra e Imagem, 2016). Pesquisa temas como democracia digital, participação política e cibercultura.

Thomas Traumann | Jornalista com mestrado em Ciência Política pelo IESP-UERJ e pesquisador da Escola de Comunicação, Mídia e Informação da FGV (Ecmi-FGV). Foi porta-voz presidencial e ministro de Comunicação Social (2011-2014). É autor do livro *O pior emprego do mundo*, sobre ministros da Fazenda brasileiros.

Valéria C. Cabrera | Doutora em Ciência Política pela Universidade Federal de Pelotas (UFPel) e pesquisadora de pós-doutorado no Centro de Pesquisa de Opinião Pública (CESOP/Unicamp).

Viviane Gonçalves Freitas | Professora no Departamento de Ciência Política da Universidade Federal de Minas Gerais (UFMG). Doutora em Ciência Política pela Universidade de Brasília (UnB), é pesquisadora associada à Rede de Pesquisas em Feminismos e Política e ao Margem – Grupo de Pesquisa em Democracia e Justiça (UFMG), além de coordenadora e cofundadora do GT Mídia, Gênero e Raça (Compolítica).

O Observatório das Eleições é uma iniciativa do Instituto da Democracia e da Democratização da Comunicação (INCT/IDDC) e conta com o financiamento da Fapemig (Fundação de Amparo à Pesquisa do Estado de Minas Gerais), CNPq e CAPES. A publicação deste livro também foi apoiada pelo Projeto Democracia Participativa, através de emenda parlamentar do deputado Patrus Ananias nº 14080018.

FSC
www.fsc.org
MISTO
Papel | Apoiando
o manejo florestal
responsável
FSC® C092828

2021
CARBON
NEUTRAL
SAVE
cerrado

Este livro foi composto com tipografia Adobe Garamond Pro .
e impresso em papel Off-White 70 g/m² na Formato Artes Gráficas.